U0523155

广州海事录

从市舶时代到洋舶时代

蔡鸿生　著

商务印书馆
The Commercial Press

2018年·北京

图书在版编目(CIP)数据

广州海事录:从市舶时代到洋舶时代/蔡鸿生著.—北京:商务印书馆,2018
ISBN 978-7-100-15971-5

Ⅰ.①广… Ⅱ.①蔡… Ⅲ.①海上运输—交通运输史—广州 Ⅳ.①F552.9

中国版本图书馆 CIP 数据核字(2018)第 053917 号

权利保留,侵权必究。

广州海事录
——从市舶时代到洋舶时代
蔡鸿生 著

商 务 印 书 馆 出 版
(北京王府井大街36号 邮政编码100710)
商 务 印 书 馆 发 行
北京市十月印刷有限公司印刷
ISBN 978-7-100-15971-5

2018年5月第1版　　开本787×960 1/16
2018年5月北京第1次印刷　印张17
定价:49.00元

目 录

序篇　　海事发凡

"舶"字述略 ... 3
"鬼市"考辨 ... 13
古代海舶的生活形态 ... 21

上篇　　市舶时代

市舶时代广府的新事物 ... 39
广府波斯舶旧闻释证 ... 52
唐宋佛书中的昆仑奴 ... 63
岭南昆仑奴遗事 ... 74
宋代的广舶海商及其伦理 ... 82
宋代广州的蕃坊人家 ... 92
宋代广州蕃长辛押陁罗事迹 ... 103
宋代广州的市舶宴 ... 121
"舶牙"源流 ... 128

下篇　　洋舶时代

俄美公司与广州口岸 ... 137
清代广州的荷兰馆 ... 163

王文诰荷兰国贡使纪事诗释证 …………………………… 179
清代瑞典纪事及广州瑞行商务 …………………………… 193
清代广州行商的西洋观 …………………………………… 210
广州行商颜氏磊园的盛衰 ………………………………… 222
广州口岸与腹地商帮 ……………………………………… 231
广州海幢寺与清代"夷务" ………………………………… 237
广州外销画图考例释 ……………………………………… 251
广州风水观念"会城状如大舶"剖析 ……………………… 256

附录　书目举要 …………………………………………… 260
后记 ………………………………………………………… 265

序篇
海事发凡

"舶"字述略

在海洋史尤其是市舶史的文献中,"舶"字的使用频率极高,堪称首屈一指。对研究海洋文化来说,谈海而不谈舶,与谈舶而不谈海,都是不可思议的。时至今日,"船舶"两字,并列复合,已成一词,其历史差异似乎被人视而不见了。在这种情况下,探讨海事以"舶"字发其端,就不只是个人"读书先识字"的尝试,也是为了坚持历史叙事的逻辑起点。至于陈寅恪先生在《致沈兼士函》中倡导的学理——"依照今日训诂学之标准,凡解释一字即是作一部文化史",则虽不能至,心向往之,尚待今后继续提升学境。

一、"舶"字语源诸说

"舶"字的语源,众说纷纭,可大别为两类,即外来说和本土说。现按类辑述各家理据,以供比较探究。

(一)外来说

(1)冯承钧　早在1932年,冯氏翻译伯希和《关于越南半岛的几条中国史文》,对所引《南州异物志》加按语道:

> 舶字应是外国名称,《广韵》虽然说是"海中大船",《集韵》说"蛮夷泛海舟曰舶",服虔《通俗文》说"晋曰舶",可见舶是晋以后的

海舶名称,是否译音待考。①

(2) 王赓武　王氏1954年在《南海贸易——对南中国海中国早期贸易史的研究》第三章附注中认为:

"舶"这个字可能是来源于泰米尔语Padagu、Padao或Parao,意即船,后来用于指马拉巴尔海岸航行的一种船;马来人借用了这个词——并写作Perahu。②

(3) 苏继庼　苏氏遗著《岛夷志略校释》的叙论明确指出:

舶字为《说文》所未收。康泰在其《吴时外国传》中已一再使用此字。(《太平御览》卷三四七、三五七、七七一引)《水经注》卷三五《江水篇》有地名败舶湾,盖孙吴时代地名,已见上文。是舶字当三国时代在南方已甚流行。李虔《通俗文》云:"舟,晋曰舶。"(《初学记》卷二五舟字条引)是舶字在晋代已成为舟之通称矣。按舶字当是外来语,指有舱(俗名夹板)之大船。孟语名航海有舱船曰Kâpal,泰米尔语、爪哇语、马来语同。舶字疑为此海南诸国语之省音。吕忱《字林》云:"舶,大船,今江南凡泛海船谓之舶。"(玄应《一切经音义》卷一引)盖海船总比一般内河船为大故也。至于丁度等《集韵》于舶字云"蛮夷泛海舟",则又专指字源而言,显不可取。③

(4) 史有为　史氏《汉语外来词》(增订本)收"舶"列为专条:

---

① 冯承钧:《西域南海史地考证译丛》第一卷,商务印书馆1995年版,第161页。按:历史上既有服虔又有李虔。服虔为东汉人,有《通俗文》;李虔为北魏人,续作《通俗文》二卷。故此处服虔当为李虔之误。

② 王赓武著、姚楠编译:《南海贸易与南洋华人》,香港中华书局1988年版,第61页;并见 Southeast Asia-China Interactions,2007. NUS Press Singapore, pp. 88.

③ 汪大渊著、苏继庼校释:《岛夷志略校释》,中华书局1981年版,第4页。张永言赞同苏说,并举松本信广「舶」と云う文字に就て》(《东亚民族文化论考》,东京,诚文堂,1968年,771—778页),以资参正。见《语文学论集》,复旦大学出版社2015年版,第263页。

"舶":东汉末三国时借入中国。原词应为马来系语言。"舶"的中古汉语音为 buak。今马来语有 boekot,指一种爪哇船。①

(二) 本土说

(1)刘铭恕 刘氏在1945年发表的《宋代海上通商史杂考》中认为:

  古时曾指"舶"为狭义的"南海昆仑船"而言。慧琳《一切经音义》卷四十七"船舶"条云:下彭陌反。考声云:舶,昆仑船也,亦作"艒"。同上卷六十一"破舶"条云:下音白……亦曰"昆仑船"。运动此船多骨论(昆仑)水匠……今按《说文》木部"橃"字下云:海中大船也,从"木","发"声。知"舶"与"帛",皆"橃"字后起之形声字也。②

(2)沈福伟 沈氏1986年刊出《两汉三国时期的印度洋航业》一文,立专节讨论"汉语舶字的起源和流传",提出异于众说的主张:

  "舶"应当是岭南居民对海船的称呼。汉语中最早称这种南方的海船"舶",因为它大于内河和近海航行的船只。所以北宋官修的《集韵》,解释"舶"是:"蛮夷泛海舟曰舶。"意思也不外乎说"舶"是中国南方沿海少数民族对海船的专称。③

(3)章巽 章氏在《我国航海史的光辉经历》文中,附带谈及"舶"字,明确反对前述苏氏的外来说:

  《说文》有一个橃字,是海中大船。按:这个橃字(也写作"艬")的古音拟测可作 brwak,而舶字的古音拟测可作 bjwat,音近可通,

---

① 史有为:《汉语外来词(增订本)》,商务印书馆2013年版,第48页。
② 《刘铭恕考古文集(下集)》,河南人民出版社2013年版,第872页。
③ 沈福伟:《两汉三国时期的印度洋航业》,《文史》第二十六辑(1986年),第52页。

我相信舶字可能就是这个橃或"艬"字的一种简化写法,似乎可以不必定要去为它找外域的字源。①

(4)陈存广 陈氏在《"舶"与"市舶"及其他——从训诂角度纵谈市舶史有关问题》文中,也主张"橃"是"舶"的本字,并申述道:

> 舶字以白为偏旁,表声兼义。"白"与"伯"古通,有长大义。故《埤苍》训"舶"为"大船",《广雅疏证》说:"舶之言博大也。"事实上就是"太白船"的合音改写。据《初学记》引《蜀王本纪》:"秦为太白船万艘,欲以攻楚。"汪曰:"太白,船名。""太"即"大","白"加"舟"旁为"舶"。②

以上诸说,尽管各有所据,但文献中存在的关键性纠结,依然解不开。例如,"外域人名船曰舶"(《南州异物志》)与"江南凡泛海船谓之舶"(《字林》)的异说,同属魏晋时代,确实难以调和。至于义为"海中大船"的"橃"字,在《说文解字》中何以不入"舟"部而入"木"部,也是费解的。而外来说所拟的对音,也存在着泰米尔语、爪哇语和马来语的差异。更何况马来船 Perahu 是荡桨浅水艇,而且迟至明代嘉靖初年才被音译为"叭喇唬"。考虑到"舶"字的语源的复杂性,本文仅限于辑述已知诸说,存此悬案,提请历史学者和语言学者共同关注。

二、唐诗语境中的"舶"字

唐代是市舶贸易制度化(以设市舶使为标志)的时代,也是"舶"字入诗的时代。八世纪以后,对舶的吟咏,屡见于唐人涉及南海的诗篇,

---

① 章巽:《章巽文集》,海洋出版社1986年版,第17页。
② 陈存广:《"舶"与"市舶"及其他——从训诂角度纵谈市舶史有关问题》,《海交史研究》1988年第1期,第39页。

说明这种海运工具在社会生活中的地位较前代更为突出。例证如下：

(1) 杜甫《送重表侄王砅评事使南海》：

　　洞主降接武，海胡舶千艘。

(2) 刘禹锡《答南海马大夫》：

　　连天浪静长鲸息，映日帆多宝舶来。

(3) 白居易《送客春游岭南二十韵》：

　　牙樯迎海舶，铜鼓赛江神。

(4) 元稹《和乐天送客游岭南二十韵次用本韵》：

　　舶主腰藏宝，黄家砦起尘。

(5) 元稹《送岭南崔侍御》：

　　蛟老变为妖妇女，舶来多卖缎珠玑。

(6) 张祜《送徐彦夫南迁》：

　　月上行虚市，风回望舶船。

(7) 贯休《送友人之岭外》：

　　金柱根应动，风雷舶欲来。

(8) 陆龟蒙《奉和袭美吴中言怀寄南海二同年》：

　　城连虎踞山图丽，路入龙编海舶遥。

(9) 翁承赞《送人归觐南海》：

　　舶经秋海见，角向晚城闻。①

　　自盛唐至晚唐，"舶"字在诗篇出现的频率颇高，而且在语境中有特定的指向：其一是，"舶"字有确定的指海性；其二是，"舶"字有鲜明的涉外性。可以说，"海"和"外"是舶的两大文化属性。它多次见于题咏岭南的诗篇，表明唐代广州的外向型经济给诗人留下深刻印象。只要一动诗兴，广府与舶市就形影不离了。因此，"舶"字入诗，不妨理解为海洋意识觉醒的文化表现。

---

① 参见陈永正：《中国古代海上丝绸之路诗选》，广东旅游出版社 2001 年版，第 51 页。

三、"舶"字在文献中构词能力的扩张

随着市舶贸易日益繁荣,"舶"字在唐宋文献中的构词能力也日益扩张,以它为词冠和词根的名称,逐步形成一个专门的词族,丰富了中古汉语的词汇系统。按现存资料,可分成舶籍、舶务和舶事三类,逐一列举如后。

(一) 舶籍类
(1) 番舶(《新唐书·孔巢父传》)
(2) 蛮舶(《旧唐书·卢钧传》)
(3) 广舶(《岭外代答·故临国》)
(4) 泉舶(《诸蕃志·南毗国》)
(5) 昆仑舶(首见于《南齐书·荀佰玉传》)
(6) 波斯舶(《大唐西域求法高僧传》卷下)
(7) 师子国舶(《唐国史补》卷下)
(8) 婆罗门舶(《唐大和上东征传》)
(9) 西南夷舶(《新唐书·李勉传》)
(10) 西域贾舶(《投荒杂录》)
(11) 南蕃海舶(《癸辛杂识·后集》)

(二) 舶务类
(1) 舶使(市舶使)
(2) 舶亭(市舶亭)
(3) 舶脚(下碇税)
(4) 舶牙(保舶牙人)
(5) 舶法(市舶法则)

（三）舶事类

（1）舶主（船长）

（2）舶商（随舶货主）

（3）舶货（舶来品）

（4）起舶（起碇）

（5）回舶（回帆舶）

（6）漏舶（逃税舶）

（7）败舶（破损舶）

至于"洋舶"一词，则到明代中期以后才频繁出现，指葡萄牙、西班牙和荷兰航海东来的船只，它反映的是海洋世界从和平贸易到商业战争的社会变迁，已经与市舶时代的"海舶"不可同日而语了。

四、子虚乌有的"苍舶"

在回顾以"舶"字为基因的语言现象之后，还应澄清一个问题，即市舶史上是否存在一种巨型"苍舶"，它被以讹传讹已经多年了。

早在1945年，《福建文化》第2卷第3期刊出长文《唐代南海贸易志》，其中《商舶》一节称："大舶音曰䑦。苍舶：大船也，大者长二十丈，载六七百人者是也。"① 其后，又有"海上丝路"的论者再三强调："有一种名叫'苍舶'的大海舡长20丈，可载600—700人。"② 甚至研究中国古船的专著，既袭用此说又添加了时代错乱："唐代有种苍舶海船，长达二十丈，可载六七百人。"③

其实，这是破读字书《埤苍》之名造成的误会。唐释慧琳的《一切经

---

① 韩振华：《航海交通贸易研究》，香港大学亚洲研究中心2002年，第341页。
② 陈炎：《海上丝绸之路与中外文化交流》，北京大学出版社1996年版，第25、34、40页。
③ 王冠倬：《中国古船图谱》（修订版），生活·读书·新知三联书店2011年版，第105页。

音义》卷二十五,述"大舶"的音义,一据反切定音,二引字书释义,本来是明明白白的:

> 蒲白反。《埤苍》大船也。大者长二十丈,载六七百人者是也。①

按:慧琳之前,玄应《一切经音义》卷一释"舶"云:"舶,音白,《埤苍》:舶,大船也。"他们对"舶"字的解释,是用辑证立说的方法。除引三国魏人著的《埤苍》外,还有三国吴人万震的《南州异物志》(《太平御览》卷七六九引):

> 外域人名船曰舶,大者长二十余丈,高去水二三丈,望之如阁道,载六七百人,物出万斛。

检核以上的引据,可知所谓"苍舶",源出现代学人对"《埤苍》:舶,大船也"一句的误读误传,实则子虚乌有。对海事史的研究来说,这是应当正本清源的。

五、舶语拾遗

"舶语"指的不是海舶构件的专门术语,如称贯舵之绳为"肚带"之类,而是一种相当于市语的舶人行话。例如,"辞沙"一语,源出岭南舶俗。东莞石排《重修赤湾天妃庙记》云:"大洋之外,风讯叵测,往往多漂没。永乐间(1404—1424),中使张源始祠大妃与赤湾以卜济。其后,左行人加以祀田。王兵科、陈刑广以后殿周海,复踵而增之,而庙貌岿然。以世俗南北之济者,必祷于海岸,得吉而后敢济,谓之辞沙。"清初屈大均的组诗《澳门》六首之六有句云:"五月飘洋候,辞沙肉米沉。"借岭南舶语入诗,以形容当地放洋仪式。屈氏点铁成金,行话竟被典故化了。

---

① 《正续一切经音义(影印本)》第一册,上海古籍出版社1986年版,第984页。

当然，舶语杂而散，其辑集犹如海里捞针，并不是唾手可得的。现就浅见所及，列举若干条目，拾遗备考，以待来者。

住蕃——广舶在海外住港候风。(《萍洲可谈》卷二)

加突——舶上帆席。(同上)

凑浅——海舶触搁浅滩。(同上)

败水——"放洋之时，或飘它国，或溺，名曰败水。"(宋代佚书《广州市舶录》，见《海录碎事》卷十二。)

唐帕——译语人，"南藩海舶谓之唐帕。"(《癸辛杂识·后集》)

钻风——小型海舶又名"海鳅"，八橹或六橹，载百余人。(《梦梁录》卷十二)

阴阳交——疟疾。(《岛夷志略》"古里地闷"条)

抢风——驶风操帆的技术，"凡风从横来，名曰抢风。"(《天工开物》卷下)

更香——舶上焚香计时，"香一柱，为一更，名更香。"(《海南杂著》)

留报——海难幸存者，"海船遭溺，虽大洋，定有一二遇救，谓之留报。"(《越台杂记》卷一)

买水——孝敬海盗的买路钱，"舟楫往来，皆经给票。商旅货物，尽为抽分。"(《井东林先生文集》)

㦬——船帆之名。"广州船帆，多以通草席缝之，名曰㦬。"(《广东新语》)

更——海舶计算里程的单位，大致一昼夜分成十更。(《顺风相送》)

托——测量海水深浅的单位，长如两手分开者为一托。(《东西洋考》卷九)

出海——船长的别称。(《澄海县志》)

舵菜——"舵菜即海舶舵上所生菌也，亦不多得。"(潘之恒《广菌谱》)

带泄——托钱带走私货，"所谓带泄者，乃以钱附搭其船，转相结托，以买番货而归。少或十贯，多或百贯，常获数倍之货。"(包恢《敝帚稿略》卷一)

上述这些以双音词为主(三音词和单音词罕见)的舶语,既属海洋文化,又属民俗文化,堪称独特的"市头语"。作为沿海舶人的交际工具,舶语的行业性、地域性和历史性极强,属于特殊的语言现象。倘能在宋元明清的文献中旁搜广采,使舶语研究系统化,必将为海事史增添新的内容,并拓展对社会语言学的认识。

"鬼市"考辨

一、题　解

通商口岸起源于滨海地域，从萌芽到形成，经历过一个漫长的过程。无论在西方还是东方，其原始形态都被赋予神秘的色彩。地中海区域的所谓"无声贸易"(silent trade)，或译"沉默贸易"和"哑市"，如果要从中国古籍中寻求对应的事物，则"鬼市"(devil market)一名，庶几近之。

20世纪60年代，以费正清为首的一批汉学家，深入探讨过传统中国的对外关系，并编成文集《中国的世界秩序》。其中有马克·曼考尔撰写的专论《清代朝贡制度新解》一文，对中国通商口岸的起源作过如下阐释：

> 中国的贸易口岸，类似于古代地中海东岸、中美洲和西非沿海地区的市场。贸易口岸是"自古代几乎一直到近代开始之前"世界上若干地方管制贸易的主要机构。贸易口岸的长期存在反映出它在前近代技术和管理条件下各个社会进行的接触中发挥了重要作用。也许是源于人们喜欢在政治上中立的地方会面的传统习惯（它发端于原始的"沉默贸易"），贸易口岸一般是"那些具有为外国商人提供会面地点之特殊功能的城镇或城市"。①

---

① 费正清编、杜继东译：《中国的世界秩序——传统中国的对外关系》，中国社会科学出版社2010年版，第72页；并参柯丁著、鲍晨译：《世界历史上的跨文化贸易》，山东画报出版社2009年版，第87—104页。

从历史上看,"哑市"与"鬼市"的同一性,确实是一个饶有趣味的问题。忽略或曲解了它,海事史中的通商口岸起源史,就无从谈起了。笔者希望通过初步梳理中国古籍中有关"鬼市"的论述,将神话还原为历史,借以揭示"舶市"与"鬼市"的渊源关系;同时,也对文献上若干名同实异的"鬼市"记录加以辨正,以免混淆视听。

二、中国古籍"鬼市"纪事辑证

"鬼市"一名,作为海夷殊俗,屡见于中国古籍。从晋代开始,经唐宋至明清,都有史料可供辑证。现按年代顺序,标号录文,以明史源并探其流变。

(1)《法显传》狮子国记游:

> 诸国商人共市易,市易时鬼神不自现身,但出宝物,题其价直,商人则依价置直取物。因商人来、往、住故,诸国人闻其土乐,悉亦复来,于是遂成大国。①

(2)《通典》卷一九三"狮子国":

> 诸国商贾来共市易,鬼神不见其形,但出珍宝,明其所堪价,商人依价取之。诸国人闻其土乐,因此竞至,或有停住者,遂成大国。②

(3)《通典》卷一九三"大秦国"引杜环《经行记》:

> 西海中有市,客主同和,我往则彼去,彼来则我归。卖者陈之于前,买者酬之于后,皆以其直置诸物旁,待领直然后收物,名曰鬼市。③

---

① 章巽:《法显传校注》,中华书局2008年版,第125页。
② 《通典》,中华书局1984年影印本,第1041页。
③ 同上。并参夏德著、朱杰勤译:《大秦国全录》,商务印书馆1964年版,第123—124页;裕尔撰、张绪山译:《东域纪程录丛》,中华书局2008年版,第161页。

(4)《新唐书》卷二二一下《西域传》"拂菻"条：

　　西海有市，贸易不相见，置直物旁，名曰鬼市。

(5)《新唐书》卷二二一下《南蛮传》"婆利"条：

　　俗以夜为市，自掩其面。

(6)[唐]施肩吾《岛夷行》：

　　腥臊海边多鬼市，岛夷居处无乡里。
　　黑皮少年学探珠，手把生犀照咸水。①

(7)[宋]郑熊《番禺杂记》：

　　海边时有鬼市，半夜而合，鸡鸣而散，人从之，多得异物。②

(8)[宋]叶廷珪《海录碎事》卷十三下，《鬼神门》"鬼市"条：

　　海边人有鬼市，半夜而合，鸡鸣而散，人从乞，多得异物。（引者按："乞"字形讹，当据上条改作"之"。）

(9)[宋]赵汝适《诸蕃志》卷上，及乐史《太平寰宇记》卷一八四"大秦国"条引《经行记》：

　　西海中有市，客主同和，我往则彼去，彼来则我归。卖者陈之于前，买者酬之于后，皆以其直置诸物旁，待领直然后收物，名曰鬼市。

---

① 《全唐诗》卷四九四；并参傅璇琮主编：《唐才子传校笺》第三册，中华书局2000年版，第139—144页。
② 《番禺杂记》辑本，见杨宝霖：《自力斋文史农史论文选集》，广东高等教育出版社1993年版，第297页。

(10)［清］钱以垲《岭海见闻》：

> 莞之南六十里靖康坋有海市。当晦夜，海上有光，灯火照耀，人声杂遝，喧呼笑语。鲛人、螺女之属，卖珠鬻锦，沽酒市脯，量米数钱，廛肆往来，纷纷贸易，至晓乃散。①

以上所引，分属不同时期的史籍、笔记和诗文。按其史源，可分三类：第一类记南海"鬼市"，包括(1)、(2)，虽分见两书，实则同一文本，是《通典》对《法显传》的转录；第二类记西海"鬼市"，包括(3)、(4)、(9)，源于杜环《经行记》，文字详略稍有不同，主客交易方式的描述同出一辙；第三类记海边岛夷"鬼市"，包括(5)、(6)、(7)、(8)、(10)诸条，既有唐宋纪事，也反映明清之际的岛夷遗俗，尤其值得注意。

从中国古籍的三类纪事中，可知"鬼市"分布的海域甚广。"南海"即印度洋，"西海"即地中海，"海边"即南中国海。所谓"鬼市"的经济特征，似可作为如下概括：主客不现形、以货易货、夜合晨散。在缺乏中介的条件下，跨文化贸易以"鬼市"为原始形态，商品交换的主体被神鬼化，虽荒谬却可以理解。

三、从"鬼市"到"舶市"的演变

"舶市"是舶来品的集散地，也即古代的通商口岸，其前身可以追溯到远古的"鬼市"。公元前的"西海"，已出现过海舶与岛民通商的情景。请看希罗多德著录的一段伽太基人海外奇谈：

> 利比亚有这样一个地方，那里的人是住在海拉克列斯柱的外面的，他们到过了这个地方并卸下了他们的货物；而在他们沿着海

---

① 钱以垲：《岭海见闻》卷三。引自陈永正编注：《中国古代海上丝绸之路诗选》，广东旅游出版社2001年版，第198页。其中所述的海市场景，似为海边集市，而非蜃气幻影。

岸把货物陈列停妥之后，便登上了船，点起了有烟的火。当地的人民看到了烟便到海边来，他们放下了换取货物的资金，然后从停货的地方退开。于是伽太基人便下了船，检查资金；如果他们觉得黄金的数量对他们的货物来说价格公平的话，他们便收下资金，走他们的道路；如果觉得不公平的话，他们便再到船上去等着，而那里的人便回来把更多的黄金加上去直到船上的人满意时为止。据说在这件事上，双方是互不欺骗的。伽太基人直到黄金和他们的货物价值相等时才去取黄金，而那里的人也只有在船上的人取走了黄金的时候才去动货物。①

伽太基人与利比亚人在海岸以货换金，是以烟火为信号的，这种交换行为并没有任何贸易中介，讨价还价是在"无声"中进行的。根据唐宋时代的中国史书，舶来品的贸易，必须有"舶牙"和"译人"为中介，才能脱去"鬼市"的外衣，使跨文化贸易正规化。

一、舶牙。北宋初年，番禺牙侩徐审，结交舶主何吉罗，并获赠避疫海药，名为"鹰咀香"。舶牙籍贯，也有外省人士，已形成专门的行业，即"牙行"。

二、译人。海商与华商之间的通事，"南蕃海舶谓为唐帕"。② 译人作伪，应承担法律责任。见《唐律疏议》卷二五《诈伪律》。

如果说，"舶市"是通商口岸的古代史，那么，"鬼市"就是它的史前史了。在历史发展中，不仅商品结构更加多样化，参与人员也更加专业化了。

四、"鬼市"辨异

除作为"哑市"的"鬼市"外，还有不少名同实异的纪事见于前人的

---

① 王以铸译：《希罗多德历史》上册第四卷 196 节，商务印书馆 2007 年版，第 341 页。
② 周密：《癸辛杂识·后集》，中华书局 1997 年版，第 94 页。

著述,必须加以辨正。现列举如后,以免鱼目混珠。

其一,称海市蜃楼为鬼市。明代彭大翼《山堂肆考》卷二百二十三记"气成楼台"云:

> 《史记》:海旁蜃气成楼台,野气成宫阙。沈存中《笔谈》:登州海中时有云气始宫室、台观、城堞、人物、车马、冠盖之状,谓之海市。或谓蛟蜃之气,又名蜃楼,又名鬼市。浙人谓之海变。

其二,称黑市为鬼市。清代俞樾《茶香室三钞》卷二十四释"鬼市子"云:

> 宋孟元老《东京梦华录》云:潘楼东去十字街谓之土市子。又东十字大街每五更点灯博易,买卖衣服、图画、花环、领抹之类,至晓而散,谓之鬼市子。按今京师有所谓黑市者,殆即宋时鬼市子乎。

难怪今人笺注《东京梦华录》,将前述师子国和大秦国的"鬼市",与开封和北京的黑市混为一谈了。①

其三,称洋场为鬼市。清初陈伦炯《海国闻见录》,于记述西班牙人占据吕宋后如何进行市肆经营,便开了称洋场为鬼市的先例:

> 晨鸣钟为日,方许开市肆经营;午鸣钟为夜,阛市寂闭,不敢往来;昏鸣钟为日,灯烛辉煌,如昼营生;夜半鸣钟为夜,以闭市肆。昼夜各以三时辰,为日为夜。傍午捉夜禁,阛地皆鬼市。②

到了上海开埠之后,华洋杂处,"鬼市"之名也见诸吟咏。许瑶光《雪门诗草》卷十二《申江杂感》云:

---

① 伊永文:《东京梦华录笺注(上)》,中华书局 2006 年版,第 167 页。
② 李长傅:《海国闻见录校注》,中州古籍出版社 1985 年版,第 42—43 页。

灯火新开不夜城，冰笼铁竿自然明。
华鬘天阔星长朗，歌舞场宽月有情。
已把毒烟迷白昼，却添燐熠混残更。
荒唐鬼市罗珍异，玉碗金凫数未清。

根据以上三项引证，可知"鬼市"一名的内涵，可以各有所指，并不是清一色的。研究者应把原典与衍义区别开来，才能避免雾里观花，使通商口岸的起源史获得明确的文本依据。

五、结　语

在近代学术史上，中国历史文献中的"鬼市"问题，早已引起西方学者的关注。英国人泰能特在《锡兰》中认为，法显关于"鬼市"的描述，可与锡兰东部森林土著吠达人的习俗相印证："在他们需要为他们的自然经济所必不可少的简单工具时，往往乘夜走到他们行猎境界最近的村落，用一看就容易懂的符号或模型来表示他们所需物品的数量和品种，如矢镞、手斧及布之类，先以相当数量的干鹿肉或蜂蜜置于交易者的门外，然后悄然隐身于森林之中，过相当时候，又悄悄回原处携取对方所放而作为交换的制成品。"① 法国伯希和在注释《马可波罗行纪》中"黑暗之州"的人与"光明地界"的人如何进行毛皮贸易，也引述泰能特的见解，并追溯到法显的"鬼市"说，没有把古代民俗视为无稽之谈。② 相形之下，这样的看法就未免失之轻率了："买卖贸易之'鬼市'，《佛国记》《东京梦华录》中皆有类同之记载，谅为齐东野语之谈，不足信也。"③

鬼市、舶市和通商口岸，是跨文化贸易历史链条的基本环节。尽管现存史料有限，难以揭示全貌，但其演进过程还是有迹可循的。本文旨

---

① 夏德著、朱杰勤译：《大秦国全录》，商务印书馆1964年版，第124页。
② P. Pelliot, *Notes on Marco Polo* II, Pairs, 1963, pp. 623—624.
③ 杨博文：《诸蕃志校释》，中华书局2000年版，第85页。

在探索"鬼市"与通商口岸起源的关系,聊备一说,未敢视为确论。

最后,对"鬼市"在历史上消失后遗下的蛛丝马迹,似也应纳入通商口岸史的研究视野之内。清代广州长寿庵圩的独特功能和面貌,就颇堪玩味:

> 长寿庵圩,在城西门外长寿里。昧爽集而晨光散,骨董玩器、偏衣业屦,半作头须之窃,尚疑从者之瘦。城居无利者,重关仅辟,则鬼趋而蝇萃,往往得便宜东西,如京师之黑市。然今亦稍异矣。①

长寿庵圩"昧爽集而晨光散"的场景,也许会唤起人们对番禺"鬼市""半夜而合,鸡鸣而散"的历史记忆。它究竟是"黑市"的翻版,还是"鬼市"的蜕化形式,限于认识,只好疑而不断了。

---

① 黄佛颐:《广州城坊志》,广东人民出版社1994年版,第564页。

古代海舶的生活形态

引 言

海阔天空,苍茫浩渺。古人有"海者晦也"之说,道出了望海者的困惑。人类从陆地走向海洋,就是以海舶为载体,乘风破浪,进入一个全新的生活空间。舶人必须掌握新的生活技能,养成新的生活习惯,采取新的生活方式,实现从居民到船民的转变,方能在惊涛骇浪中有所作为。可以这样说,只有研究海舶的航行生活,才可避免见路不见人、见舶不见人、见货不见人的倾向,真正显示出海事史的人事本质。

从学术史来看,这是一个未经深入探讨的课题,涉及海洋学、人类学和历史学的交融会通,具有很强的专业性和综合性。它必须面对一系列物质与精神复合的人事和场景,例如:舶人分工、海粮储备、淡水供应、海难救护、疾病防治、祈禳仪式、舶上通讯和娱乐消闲等。所有这些,在历史文献中只留下吉光片羽,无论怎样整合,依然是雾里观花,难得其详。倘要深化这方面的历史认识,还有待于:第一,南海沉船资料的分析;第二,民间航海习俗的调查。作者自知缺乏考古和田野的知识积累,偶或引用一些相关资料,基本视野仅限于书本。因而以下整合的古代海舶生活形态,便只能是对历史现场作模拟性的记述,而不是还原式的叙事了。至于体例上详略失衡,也是显而易见的缺陷,期待着必要的匡补。

一、舶人分工

一艘放洋的海舶,犹如一个浮动的社区,各色人等,并非乌合之众。舶客是临时性的搭乘人员,虽有约定俗成的权利和义务,但无任何职司可言。舶人则要操控整个航程,是协作性和功能性的群体,分工细密,各就各位。据北宋初年朱彧《萍洲可谈》卷二的记述,可知海舶乘务如何落实到人:

> 海舶大者数百人,小者百余人,以巨商为纲首、副纲首、杂事,市舶司给朱记,许用笞治其徒,有死亡者籍其财。

历代的海舶,均以张帆乘风为基本动力,人员结构相当稳定,管理体制也大同小异。现存宋元明清的相关资料,可供印证和对比,尽管时间跨度较大,毕竟是前后传承的。

宋代市舶司签发的"朱记"即放洋许可证,广舶未见原件,泉舶则有一份遗存下来。日本《朝野群载》卷二十《大宰府·大宋国客事》录存泉州纲首李充于崇宁四年(1105)六月领取收执的"公凭",内开:

> 纲首李充　梢工林养　杂事庄权　部领吴弟

其余人员,分编"三甲":第一甲20人,第二甲25人,第三甲17人,贩往日本的舶货为丝、瓷两类。①

元代的海舶人员,据《通制条格》卷十八的"市舶"法,明文规定如下:

> 公验开具本船财主某人,直库某人,梢工某人,杂事等某人,部

---

① 引自李玉昆、李秀梅:《泉州古代海外交通史》,中国广播电视出版社2006年版,第102页。

领等某人,碇手某人,人伴某人,船只力胜若干;樯高若干,船面阔若干,船身长若干。①

明代的舶人结构,见于《东西洋考》卷九"舟师考":

> 每舶,舶主为政,诸商人附之,如蚁封卫长,合并徙巢。亚此则财副一人,爰司掌记。又总管一人,统理舟中事,代舶主传呼。其司战具者为直库,上樯桅者为阿班,司椗者有头椗、二椗,司缭者有大缭、二缭,司舵者为舵工,亦二人更代。其司针者名火长,波路壮阔,悉听指挥。②

清代舶人职司,除舶主和水手外,还有下列管理人员、技术人员和服务人员:

> 财副一名,司货物钱财;总杆一名,分理事件;火长一正一副,掌船中更漏及驶船线路;亚班舵工一正一副;大僚(当作"缭")二僚各一,管船中僚索;一碇二碇各一,司碇;一迁二迁三迁各一,司桅索;杉板船一正一副,司杉板及头僚;押工一名,修理船中器物;择库一名,清理船舱;香公一名,朝夕焚香祀神;总铺一名,司火食。③

总括前引资料,古代舶人的职称,有若干音义似应作进一步的解说。第一,舶主被称为"纲首",显然套用"纲官"之名。宋代市舶香药专程运送称"纲运",以五万斤为一全纲,押运官即纲官。除香药纲外,还有钱帛纲、花石纲,等等。第二,司针者(掌握指南针的导航员)称"火长","不是从唐朝军制中借用而来,而是因为航海罗盘中指南针指南的缘故。我国五行,阴阳、八卦学说中,将南方视为火,指南针既然指向火

---

① 方龄贵:《通制条格校注》,中华书局 2001 年版,第 535 页。
② 张燮:《东西洋考》卷九,中华书局 2000 年版,第 170—171 页。
③ 黄叔璥:《台海使槎录》卷一,"海船"条。

的南方,掌握航海罗盘的人又关系到航行的成败和一船人的生死,所以,这个人就被称作火长。"①第三,司火食者称"总铺",实即"总哺"的谐音,宋代另称"饭头",得其正解。第四,唐代中期已见"水手"之名,又称为"水匠"。宋代沿用"水手"专名,明清时代闽南又称"工社",闽西的道教科仪《船科》则用其谐音作"水首"。② 按"水手"一名的构词元素,似与中古汉语的"手力"有关。③ 其字面意义就是"水上手力",简称水手,正如海上设关遂有"海关"之名一样。由上诸例看来,舶人既然"以舟为车,以楫为马",其职称也就带有陆地生活的烙印,这是古代海舶生活形态的特点之一。

二、海粮储备

任何海舶,起航之前必须备足海粮,这是可想而知的。但因资料奇缺,难以了解详情。现存的一份海粮清单,出自唐代佛门,是天宝二年(743)扬州大明寺高僧鉴真和尚东渡日本弘法遗存的记录。此行僧俗共85人,加上雇用舟人18人,乘员总数103人。"备办海粮"如下:

　　落脂红绿米　一百石

　　甜豉　三十石

　　牛苏　一百八十斤

　　面　五十石

　　干胡饼　二车

　　干蒸饼　一车

　　干薄饼　一万个

---

① 刘义杰:《"火长"辨正》,《海交史研究》2013年第1期,第77页。
② 魏德毓:《闽西道教送瘟船仪式研究》,《仪式文献研究》第三辑,社会科学文献出版社2016年版,第170页。
③ 蒋礼鸿:《敦煌变文字义通释》第一篇释称谓"手力"条,上海古籍出版社1981年版。

捻头（糯米麻球）　　一半车

　　　毕钵、诃梨勒、胡椒、阿魏、石蜜、蔗糖等　　五百余斤

　　　蜂蜜　十斛

　　　甘蔗　八十束①

这份鉴真的海粮清单不具有典型性，因为僧俗和荤素之分是不能忽视的事实。不过，其中也存在着某种共同性，即海粮应包含主食和副食、生粮和干粮的搭配。因此，清单里的海粮项目，还有几点值得参考。第一，除米、面外，干饼类的食品也占很大比重，当与节约饮用水和燃料有关。俗人下海，也同此例。第二，既有石蜜、蔗糖等甜料，何必再带甘蔗八十束？其缘由不妨作这样的猜想：甘蔗是经久耐放的农作物，蔗汁含维生素，在蔬菜、水果欠缺的海舶上，嚼生蔗，可以减少患坏血病的风险。第三，一般海舶常备的鱼、肉、蛋类腌制食品，完全被排除在清单之外。因为鉴真之舶是用八十贯官铸铜币自行购置的佛徒渡海工具，旨在弘法，专船专用，自然就"不食人间烟火"了。

　　南宋时代，也有涉及海粮储备的记载，可供引述和评论。周去非《岭外代答》卷六"木兰舟"条云：

　　　浮南海而南，舟如巨室，帆若垂天之云，柂长数丈，一舟数百人，中积一年粮，豢豕酿酒其中，置生死于度外。径入阻碧，非复人也，人在其中，目击牲酣饮，迭为宾主，以忘其危。②

这样的历史信息，显然是周去非得自传闻，再加想象，竟将艰苦的海舶生活牧歌化和仙境化了。其实，仅仅"豢豕酿酒其中"，就不知要耗费多少饮用水。对常有缺水之虞的舶人来说，《岭外代答》的海外奇谈，是不攻自破的。

---

①　汪向荣校注：《唐大和上东征传》，中华书局2000年版，第47—48页。
②　周去非撰、杨武泉校注：《岭外代答校注》，中华书局1999年版，216—217页。

三、淡水供应

海水咸苦,不宜饮食。一旦淡水枯竭,就会死难临头。因此,如何取给淡水,是历代海舶的一大难题。

五世纪初,从印度泛舶南海的两位高僧都曾遭逢缺水之厄。据《法显传》云:"于时天多连阴,海师相望僻误,遂经七十余日。粮食、水浆欲尽,取海咸水作食。分好水,人可得二升,遂便欲尽。"又据慧皎《高僧传》卷三载,中天竺僧求那跋陀罗,于刘宋元嘉十二年(435)从狮子国(斯里兰卡)随舶来广州弘法,"中途风止,淡水复竭,举舶忧惶",幸遇"信风暴至,密云降雨,一舶蒙济。"靠雨得水,毕竟是可遇不可求的偶然性。舶人必须有常规性的措施,才能保证用水安全,这比一次备足海粮要复杂多了。

(一)汲水

海舶按针路指引,沿线定点汲水。为防搁浅,自身不宜靠岸,而是放下名为"柴水船"的小艇,去搬运淡水和燃料。南海上的岛洲,经文献著录的汲水点,所在多有。据《广东新语》卷六记载,"海中淡泉凡六。其在新安七都大洋中者,曰鳌泉。在五都蚊洲者,曰蚊洲泉。在阳江西北六十里三丫港西水旁者,曰三丫泉。在澄迈东海港中者,曰那陀泉。在文昌七洲洋山大海中者,曰淡泉。在陵水东大洋双女屿者,曰淡水井。皆不以海而咸者也。"宋元时代虽不如清代周详,但仍相当明确,如海南岛昌化,"有白马井,泉水甘美,商舶回日,汲载以供日用。"(《诸蕃志》卷下"海南"条)又如苏门答腊东岸的阿鲁,"其海面一流之水清淡,舶人经过,往往乏水,则必由汲之,故曰淡洋。"(《岛夷志略》"淡洋"条)

(二)保鲜

淡水久存会变质,换水之前必须保鲜。竹筒贮水,最为简便。明代宋应星在《天工开物》卷下写道："凡海舟以竹筒贮淡水数石,度供舟内人两日之需,遇岛又汲。"至于别的保鲜方法,限于见闻,未得其详。

(三)淡化

舶人对咸水作淡化处理,以补充饮用水的不足,靠的是"古之所有今之所无"的独特器材,见于文献的淡化器有两种:"海井"和"定水带"。分别介绍如后。

"海井"传世的旧闻,出自周密(1232—1298)的《癸辛杂识》续集上:

> 华亭县(江苏松江下游)市中有小常卖铺(吴语"杂货店"),适有一物,如小桶无底,非竹、非木、非金、非石,既不知其名,亦不知何用。如此者凡数年,未有过而睨之者。一日,有海舶老商见之,骇愕且有喜色,抚弄不已。扣其所值,其人亦驵黠,意必有所用,漫索五百缗。商嘻笑偿以三百,即取钱付。驵因扣曰:"此物我实不识,今已成交得钱,决无悔理,幸以告我。"商曰:"此至宝也,其名曰海井。寻常航海必须带淡水自随,今但以大器满贮海水,置此井中,汲之皆甘泉也。平生闻其名于番贾,而未曾遇,今幸得之,吾事济矣。"

这件能化海水为甘泉的奇器,"非竹、非木、非金、非石",究竟是什么质料的东西呢?据晚唐笔记《酉阳杂俎》前集卷十七记载,作者段成式从"梵僧普提圣"得知:"井鱼,脑有穴,每翕水辄于脑穴蹙出,如飞泉散落海中,舟人竟以空器贮之。海水咸苦,经鱼脑穴出,反淡如泉水焉。"经学者考证:"井鱼当属哺乳纲鲸鱼目动物。"[①]由此可知,某类鲸鱼的脑穴,具有化咸为淡的功能,遂被舶人称为"海井"。

另一种淡化器,名为"定水带"。清初詹钟玉的《记古铁条》一文,对

---

① 张崇根:《临海水土异物志辑校》,农业出版社1981年版,第31页。

其性状、用途和来源,作过传奇式的记述,摘录如下:

> 京师穷市上,有古铁条,垂三尺许,阔二寸有奇,形若革带之半,中虚而外绣涩,两面鼓钉隐起,不甚可辨,持此欲易数十文,人皆不顾去。积年余,有高丽使客三四人,旁睨良久,问此铁价几何?鬻铁者谬云:"钱五百。"使客立解五百文授之。
>
> 使客曰:"吾国航海,每苦海水咸,不可饮。一投水带其中,虽咸卤立化甘泉,可无病汲,是以足珍耳。"市有好事者随至高丽馆,请试验之,遂命汲苦水数石,杂盐搅之,投以水带,水沸作鱼眼数十。少顷,掬水饮之,甘冽乃胜清泉,遂各叹服而去。鬻铁者言:"闯(李自成)临京师时,得自老中贵。"盖先朝大内物也。①

无论是"海井"还是"定水带",两物均为奇珍异宝,当然不可能为普通海舶所拥有。因而,咸水淡化的事例,便因罕见而被传奇化,变成虚幻的航海故事了。

(四)配给

海舶上的饮用水,得来不易,通常都是定量配给的。在这方面,明代海患中的"倭舶",可以提供带水、分水和换水三项参照:

> 凡倭船之来,每人带水三四百斤,约七八百碗。每月(日?)用水五六碗,常防匮乏也。水味不同,海水咸不可食,食则令人泄。故彼国开洋,必于五岛取水。将近中国,过下八山、陈钱山之类,必停舶换水,所以欲换者,冬寒稍可耐久,若五六月,蓄之桶中,二三日即坏,虽甚清冽,不能过数日也。海洋浩渺,风涛叵测,程不可计,遇山而汲,亦其势耳。②

---

① 张潮辑:《虞初新志》,上海古籍出版社2012年版,第197页。
② 郑若曾:《筹海图编》卷二下,中华书局2007年版,第202页。

所谓"桶"者,即舶上水柜。管制用水的权限,当归伙房。司其职者,一身二任,既是"饭头"又是"水头",故称"总哺"。

四、疾病防治

在航行生活中,舶人多发的常见病有数种,即坏血病、晕眩症和"阴阳交",分述如次。

(一)坏血病

舶人多以干粮为主食、腌制品为副食,缺乏新鲜的蔬菜和水果,易患坏血病。其症状是鼻齿出血、浮肿溃疡,死亡率很高。唐文宗开成三年(838),日本一批僧人渡海来浙江台州,其第四舶就曾出现因坏血致死者:"船中人五人身肿死。"(圆仁:《入唐求法巡礼行记》卷一)如前所述,鉴真和尚东渡舶上储备"甘蔗八十束",就是为了防止坏血病引发皮肤爆裂。

(二)晕眩症

惊涛骇浪,令人晕眩。舶人也是人,岂能例外。《宣和奉使高丽图经》卷三十四写道:"连波起伏,喷盉淘涌,舟楫振撼。舟中之人,吐眩颠仆,不能自持,十八九矣。"习以为常云云,谈何容易,问题在于如何防治。从沉船出水遗物中,似乎可以获得一点信息。2010—2011年发掘的"南澳1号"沉船,清理出铜质针灸针一枚,长12.8厘米,直径0.1厘米,可能就是防治晕眩的简易器材。① 至于其他相关的医疗措施,由于书证、物证两缺,只得留下空白了。

(三)阴阳交

元朝汪大渊的《岛夷志略》"左里地闷"条,记14世纪初帝汶岛一带

---

① 广东省博物馆编:《牵星过洋》,岭南美术出版社2015年版,第242页。

有如下热病：

> 部领目纵食而贪酒色之余，卧不覆被，至染疾者多死。倘在番苟免，回舟之际，栉风沐雨，其疾发而为狂热，谓之阴阳交，交则必死。

据苏继庼先生考证，"阴阳交"即疟疾：

> 《星槎胜览》古里地闷条，其文录略袭本书者。其于"阴阳交"一名则改为"瘴"字，云："其地甚瘴。"故藤田据此谓"阴阳交"指"瘴"，即疟疾是。柔克义则以为阴阳交指花柳病。案：花柳病漫延旧大陆，乃十六世纪初葡萄牙人东来以后。故"阴阳交"一名，应依藤田说为是。①

又据《回回药方》卷二十五"疟疾类"，"阴阳交"可能指一种隔日疟，即"额卜发热症"，阿拉伯语"额卜"（Ghibb）意为"隔日"。② 在尚未发明治疟特效药奎宁之前，舶人染上"狂热阴阳交"即恶性隔日疟，是难逃"必死"的命运的。

五、祈禳礼仪

海舶远行，除立足于分工协作、备粮蓄水和依针而航等人力举措外，还有一系列超自然的祈禳和禁忌，这类荒诞不经的迷信，其实包含着人愿与天意合一的原始思维，虽然不是理性的，却是可以理解的。

作为舶人祈禳对象的精灵世界，可说是一座海上万神殿。明清时代的《定罗经中针祝文》，一开头就列出五花八门的神谱，从"历代御前

---

① 汪大渊著、苏继庼校释：《岛夷志略校释》，中华书局 2000 年版，第 213 页。
② 宋岘：《回回药方考释》，中华书局 2000 年版，第 213 页。

指南祖师"、"罗经二十四位尊神",到鲁班仙师、庇民天后、伏魔关圣、茅竹水仙,以及"本船随带奉祝香火一切尊神",等等。祈求神灵的动机,当然是为了现世利益:"人船清吉,海岛安宁。暴风急雨不相遇,暗礁沉石莫相逢。求谋遂意,财实自兴。"①

海上万神殿的"庙祝",是一位专职的"香公"。"凡舶中来往,俱昼夜香火不绝。特命一人为司香,不他事事。舶主每晓起,率众顶礼。每舶中有惊险,则神必现灵以警众,火光一点,飞出舶上,众悉叩头,至火光更飞入幕乃止。是日善防之,然毕竟有一事为验。或舟将不免,则火光必飚去不肯归。"(张燮《东西洋考》卷九)文中两次提及"众"字,可知祈禳是共同参与的活动。所谓"划水仙"的礼仪,就是如此行事:"康熙中,王君云森遭折舵,舟复中裂,舟师告曰:'唯划水仙可免。'乃披发与舟人共蹲舷间,以空手作拨棹势,众口假为钲鼓,如午日竞渡状,遂顷刻达岸。"(王椷《秋灯丛话》卷十四)

海外贸易,是一种跨地区、跨民族、跨文化的贸易。不同海域有不同的保护神,正如不同地区有不同的当权者一样。对此,舶人牢记于心,不敢怠妄。例如,明代海舶经占城华列拉岬,"山顶一石块似佛头,故名灵山。往来贩舶于此樵汲,崇佛诵经,燃放水灯彩船,以禳人船之灾。"(《东西洋考》卷九)此俗当承自元代,《岛夷志略》"灵山"条云:"舶至其所,则舶人斋沐三日。其什事,崇佛讽经,燃水灯,放彩船,以禳本舶之灾,始度其石。"所谓"水灯彩船"的禳厌术,无异一种民间巫术:"宋元时期,放彩船是刻木为舟,舶人斋沐三日,载佛经糇粮,崇佛讽经,书所载人名氏,纳于其中,而投诸海,燃水灯,放彩船。明清时期,以木编竹为小船,帆用杂色纸,陈牲馔、香烛、金钱以祭。祭毕,将牲馔等物,置船中,放诸海以厌之。放彩船时,敲锣打鼓,唱《送彩歌》。"②可知舶人的信仰,是以佛巫杂糅为特征的。

---

① 向达校注:《两种海道针经》,中华书局2000年版,第109页。
② 李玉昆、李秀梅:《略论舶(舟)人的宗教活动》,《海交史研究》2015年第1期,第67页。

海舶神的性别,当然以男神为主,但女神"天后"的庇佑能量,犹如西洋海神圣母玛利亚,①不仅足以令人敬畏,甚且后来居上,大有鹤立鸡群之势。海神中女性形象的确立,是一个相当复杂的过程。其成因既是精神性的,又是物质性的,并非三言两语说得清。耐人寻味之处在于:舶人的漂泊性和孤独感,往往难以排遣,直接牵动海外赤子的恋母(大地母亲)情结,从而构成市舶时代天后崇拜兴起的精神土壤。换句话说,舶人的独特心态,外化为女神降临的奇迹,并不是无根可寻的。

作为祈禳活动的派生物,海舶禁忌甚多。其中居于首位的大忌,是舶上不准停尸。例一:"舟人病者忌死于舟中,往往气味未绝便卷以重席,投水中,欲其遽沉,用数瓦罐贮水缚席间,才投入,群鱼并席吞去,竟不少沉。"(《萍洲可谈》卷二)例二:"海舶中最忌有病死者。众就山岸缚茅舍一间,置米菜灯烛并药饵,扶余(商客姓余)人处,相与诀别曰:'苟得平安,船回至此,不妨同载。'"(《夷坚志》三志己卷第二)在缺乏医疗设施而又容易染病的海舶,这样的禁忌对舶人和舶客同样造成威胁:一旦对病情作出误判,病号立即遭殃,完全失去生存的机会。于此可见,古代航行生活极其艰苦严酷,病人遭受非人待遇,被当作"活尸"抛弃,确实令人震惊。在涉及海商伦理的其他章节,当另详之。

六、海难脱险

在古代南海,"七洲洋"和"昆仑洋"是著名的海难频发区,故俗谚云:"上怕七洲,下怕昆仑,针迷舵失,人船莫存。"海难的成因多种多样,常见的有风、礁、鱼,三者性质不同,但都会给海舶带来灾难性的后果。

---

① 普塔克:《海神妈祖与圣母玛利亚之比较》,《海洋史研究》第四辑(2012年),第264—276页。

（一）风

"每当天地晦冥，鲸呿鳌掷，飓风起乎四方，雾雨迷其咫尺。舟中之人，涕泣呼号。"（《广东新语》卷六）狂风激起巨浪，海舶偏离针路迷航，缺粮断水，只能在死亡线上挣扎了。如果船体破漏，水手必须冒险抢修，并按纲首旨意，抛弃船上重货，以免快速下沉。脱险靠岸之后，这批意外的"海损"，货主当然无权也无法索赔，因为历代市舶条例并没有为"共同海损"（general average）规定分摊责任。

（二）礁

海上礁石，分布甚广。按位置分，露出水面的称"石礁"，沉于水下的称"暗礁"或"沉礁"；按颜色分，浅色的称"白礁"，深色的称"黑礁"；按形状分，为便记忆而被命名为"香炉礁""草鞋礁""竹牌礁""虎尾礁"，等等。其中的黑色沉礁，舶人视之为"恶礁"，是海难祸首之一。20世纪末，在勿里洞附近发现的缝合式唐代沉船，就是由于误触黑色沉礁而被命名为"黑石号"的。

沉礁可怕，浮沙也可怕。触礁和搁浅，都会造成海难。南海著名的浮沙即"万里长沙"："沙头在陵水境，沙尾即草鞋石。船误入其中，必为沙所涌，不能复行，多破坏者。遇此，须取木板浮于水面，人卧其上。数日内，若有海舶经过，放三（舢）板拯救，可望生还。三板，海舶上小舟也，舟轻而浮，故沙上可以往来。若直立而待，数刻即为沙掩没矣。"[①]

（三）鱼

海鱼也会带来海难，最突出的是鲨和鲸。第一，鲨类中的锯鲨，早在北宋已经恶名昭著："有锯鲨长百十丈，鼻骨如锯，遇舶船，横截断之

[①] 谢清高口述、杨炳南笔录、安京校释：《海录校释》，商务印书馆2002年版，第127页；并参韩振华编：《南海诸岛史地考证论集》，中华书局1981年版，第21—62页。

如拉朽尔。"(《萍洲可谈》卷二)到明代仍作为海上异鱼著录于书："鼻前有骨如斧斤,能击物坏舟者,曰锯鲨。"(《异鱼图赞笺》卷二)第二,鲸鱼也对海舶造成极大威胁："夜行破浪之时,附近之鲸见水起白沫,以为有食可取,奋起触船,常将船身某处破裂也。"①饿鲸如此,饱鲸也会闯祸,其排泄物污染航道,须药物化滑才能通行："遇大鱼放涎滑水中数里,不通舡也,遂乃煮此(诃梨勒,味酸涩)洗其涎滑,寻化为水。"这种波斯舶的化滑法,既经《海药本草》著录,②想必唐宋海舶也会采用。

海难史的研究,至今仍是海洋史中的薄弱环节,尚待揭秘之点甚多。近年已有学者从族谱中开拓史源,探讨清代泉州的海难事件及其相关仪式,别开生面,令人耳目一新。③

海难中的牺牲者,溺海身亡,不得尸葬,其事迹自然湮灭无闻了。只有海难中的幸存者,才有可能提供历史现场的细节,即使蒙上传奇色彩,仍然是不可多得的实录。如前所述,舶语称幸存者为"留报",下面就是乾隆年间一位岭南"留报"的历险记,题名《泥龟》,载于《粤屑》卷之五。④ 奇文共欣赏,疑义相与析,可乎?

> 阳江大朗乡许姓,亡其名,花号泥龟。少无赖,能泅水,又能生食。随人趁洋,遭风飘泊,舟覆,众为鱼矣,惟彼抱片板与浪浮沉,飘至岛边,急登岸,绝无人烟,惟见白骨累累,青箱叠叠耳。知是前时飘至此不能回者,启箱视之,黄白粲然,但四望烟水无边,拊膺痛哭而已。且饥不得食,遂拾岸边螺蛤,山中薯果生食之,得不死。见有板数块,架之树桠,为寝处之所。久之,衣衫霉烂,遍体生毛,寒暑风雨皆不畏,如猿猱然。如是者有年,忽一日,有舶飘至岛边,

---

① 冯承钧译:《马可波罗行纪》,中华书局 2004 年版,第 621 页。
② 尚志钧辑校:《海药本草》,人民卫生出版社 1997 年版,第 63 页。
③ 丁毓玲、王连茂:《清代泉州海难事件及其相关仪式》,《海交史研究》2011 年第 1 期,第 8—31 页。
④ 黄国声点校:《岭南随笔(外五种)》,广东人民出版社 2015 年版,第 265—266 页。

彼闻人声，奔前喊其援救。舟中人见其不类人形，讶为精怪，放枪击之不中，俟已登舟，各持刀欲杀之。彼跪诉情由，又能于船板上以手写字，云"乾隆四十二年飘至此间"。问今是何年？屈指计之，已八年矣。众怜之，留在舟中，与之衣食。又云：前有客至此，死于岛中，其箱尚存，中有金银异宝，倘能携我回籍，彼此平分。舟客允之，遂同搬运入舟，扬帆南归。伊在舟中饭食十余日，身毛脱去，不类异物矣。于是两分箱物，各得万金，抵家，人咸异之，一时传为奇闻。

七、结　语

海舶的生活形态，尽管与定居的方式大异其趣，但毕竟是人类社会生活的"海洋版"，其中同样有作息劳逸和离合悲欢。以上所记六项，仅仅画出一个粗略的轮廓，未尽其态，未详其情。待考之事尚多，例如，舶人如何娱乐，是排遣长期航行的沉闷所必需的活动，决不是可有可无的。目前已知有弈棋之戏，泉州南宋沉船的象棋子和"南澳1号"沉船的骰子和围棋子，可作物证。其余乐事，几乎湮没无闻。如既可取食又可取乐的钓鱼活动，即《萍洲可谈》卷二所记"舟人捕鱼，用大钩如臂，缚一鸡鹜为饵"之类，是否有普遍意义，就无从猜想了。至于海舶的信息交流，除知有"舶鸽"可作海陆通讯工具外，别的也是无从谈起的。因此，这里的论说，只能算是提出问题，而不是解决问题。换句话说，只有"发问"之劳，并无"发覆"之功。事实上，海事史的待发之覆是很多很多的，而当做问题提出的还很少很少。

除生活形态之外，像海洋意识和海商伦理之类的话题，同样也应当提上议事日程。因为任何航海活动，都是既有物质基础又有心理基础的。要以人为本，就不能只述人事而不察人心。

上篇

市舶时代

市舶时代广府的新事物

引　言

"边关互市"与"口岸市舶",作为商品交换的古老形式,虽同属物资流通而有海陆之分,不可混为一谈。清代岭南学者梁廷枏(1796—1861),对这两种同源殊途的历史事物,作过相当具体的表述:

> 在陆路者曰"互市",在海道者即曰"市舶"。其设官也,肇于唐;其立制也,备于宋。然有明中叶,又时通时罢者,何哉? 盖宋之市舶,主于助国用;明之市舶,主于总货宝。有所利而为之,势必有委曲以事弥缝、侵渔以快垄断者,求其万全,岂可得乎!①

梁氏这段市舶史的概括,颇具历史眼光。但是,尚需略加分解,以畅其说。第一,"市舶"是"互市舶"的简称,其集散地形成"舶市",即以海舶为载体的口岸贸易。② 第二,唐宋是市舶贸易制度化的时代,从设官到立制,比汉代至六朝更加完备,堪称市舶贸易的黄金时代。第三,从明代中期开始,南海舶商被西洋舶商所排挤,市舶贸易便逐步转变为

---

① 梁廷枏总纂、袁钟仁校注:《粤海关志》,广东人民出版社2002年版,第13页。
② 桑原骘藏认为"市舶即互市舶",参见[日]桑原骘藏著、陈裕菁译:《蒲寿庚考》,中华书局1954年版,第1页。藤田丰八另有驳议:"所谓市舶或互市舶是对于西北陆上互市而言,犹云舶上互市或海上互市。互市的船舶称商舶或海舶,自外国来的船称蕃舶或夷舶,或冠以国名名之,似无称市舶者。"参见[日]藤田丰八著、魏重庆译:《宋代之市舶司与市舶条例》,商务印书馆1936年版,第9页。本文协调两说,将"市舶"理解为"以海舶为载体的口岸贸易"。

洋舶贸易。"蕃"衰"洋"盛,终成定局。

从"市舶时代"到"洋舶时代",互市的贸易伙伴来自不同的地区和国家,因而对广州也出现不同称谓:(1)印度人称广州为"支那"(Cina)。"印度俗呼广府为支那,名帝京为摩诃支那也。"①(2)阿拉伯人称广州为"广府"(Khanfu)。此名是"广州都督府"的简称,从9世纪中期起屡见于阿拉伯地理文献。②(3)西洋人称广州为"广东"(Canton)。这个以省代市的葡语译名,自明代延续到现代,为西方世界所熟知,就不必细说了。

以上所述,旨在提供题解式的说明,使后面对新事物的论列,有明确的时空范围。换句话说,唐宋时代的广州,随着市舶贸易应运而生的诸多新事物,涉及官、商、民,对城市结构和社会变迁产生深远影响,是值得关注中外关系的学人认真探讨的。

一、新官制

广州濒临南海,是市舶贸易的发源地。早在汉代,已有舶来品输入,并向中原扩散,被誉为一大"都会"《汉书》卷二八下《地理志》。至于市舶贸易的制度化,则迟至唐代中期才出现,其标志就是新官制的建立,要点有三,即设官、置司和立法,体现了国家行政职能在新条件下的发展。

"市舶使"之名,首见于唐玄宗开元二年(714),是主持市舶事务的常设性职官。③ 至于临时派遣的涉外诸使,如"押蕃舶使""结好使"等,并非"市舶使"的别称,不可牵混。据李庆新先生考释,唐代市舶使选任可分三种情况:一是岭南节度使兼任(如王虔休),二是宦官或监军兼任

---

① 参见赞宁撰、范祥雍点校:《宋高僧传》卷二,中华书局1987年版,第31页;义净原著、王邦维校注:《大唐西域求法高僧传校注》卷上,中华书局1988年版,第103页。

② [法]费瑯辑注,耿昇、穆根来译:《阿拉伯波斯突厥人东方文献辑注》,中华书局1989年版,第835页。

③ 王钦若等编纂:《册府元龟》卷五四六,凤凰出版社2006年版,第6243页。

（如吕太一、李敬实），三是专官充任（如周庆立）。① 出任广州市舶使的官员，无论兼任还是专任，都是有责有权的。对此，唐尚书左司郎中李肇作过如下记述：

> 南海舶，外国船也。每岁至安南、广州。师子国舶最大，梯而上下数丈，皆积宝货。至则本道奏报，郡邑为之喧阗。有蕃长为主领。市舶使籍其名物，纳舶脚，禁珍异。蕃商有以欺诈入牢狱者。②

市舶使犹如海关监督，所谓"籍名物"，又称"阅货"，就是检查舶来品的门类和数量，以便"纳舶脚"即征收下碇税（通常是十分抽一）。至于"禁珍异"，则是对名贵物品实行"禁榷"，禁止私商插手，全归官方专卖。

宋太祖开宝四年（971），广州初置市舶司。为适应日益繁荣的市舶贸易，这个新的海事衙门配备更多官员：

> 初于广州置司，以知州为使，通判为判官，及转运司掌其事。又遣京朝、三班、内侍三人专领之。（《宋会要辑稿》职官四四）

据此，可知宋初广州市舶司的"班子"，是由地方官和京朝官联合组成的。后者所谓"三班"，即来自"三班院"（供奉官、殿直、承旨）的官员。整个权力结构是有所侧重的，正如藤田丰八所说："当时从事于市舶之职者有三种官，一为地方亲民官，即知州与通判；一为总理一路财赋的转运使；一为由中央每年派遣来的三班内侍。知州虽兼市舶使，而其权则分散在转运使与三班内侍。以专任市舶官的资格而与市舶最有直接关系者则为三班内侍。"③其所以由京官掌实权，就是因为"市舶者，其利不

---

① 李庆新：《濒海之地》，中华书局2010年版，第40—45页。
② 李肇：《唐国史补》，上海古籍出版社1979年版，第63页。
③ ［日］藤田丰八著、魏重庆译：《宋代之市舶司与市舶条例》，商务印书馆1936年版，第79页。

货,摧金山珠海,天子南库也"。①

宋代为市舶立法,也是为海商立法,为海洋立法,意义重大。它被官方冠以广州之名,称《广州市舶条》,推行沿海诸路:

> 元丰三年(1080)八月二十七日,中书言,广州市舶条已修定,乞专委官推行。诏广东以转运使孙迥,广西以转运使陈倩,两浙以转运使周直儒,福建以转运判官王子京,迥、直儒兼提举推行,倩、子京兼觉察拘拦。其广南东路更不带市舶使。(《宋会要辑稿》职官四四)

可惜《广州市舶条》全文内容没有流传下来,原貌已不可知。经过日本学者藤田丰八从历史文献中钩沉辑佚,宋代市舶条例被归纳为如下八类:(1)入口海舶运货的检查与输入税的征收;(2)禁榷即专买及其他舶货的收买、出卖、保管与解送;(3)关于海舶出口许可证的付给与回舶事项的规定;(4)舶货贩卖许可公凭即贩卖许可证的发给;(5)蕃国与蕃舶的招徕及其迎送;(6)铜币出口的禁止;(7)对于一般官吏及市舶官吏舞弊事项的规定;(8)关于飘着船舶与居留蕃人的规定。② 此外,从制度渊源方面来看,元承宋制,备载于《元典章》和《通制条格》中的市舶法则,也是可供参照的。③

二、新族群

唐宋时代的市舶贸易,不仅促使物产流通,又引发人口流动。因此,在广州便出现了来自海外的新族群。天宝九载(750),唐代高僧鉴

---

① 叶廷珪撰、李之亮校点:《海录碎事》,中华书局 2002 年版,第 680 页。
② [日]藤田丰八著、魏重庆译:《宋代之市舶司与市舶条例》,商务印书馆 1936 年版,第 85—129 页。
③ 参见陈高华等点校:《元典章》卷二二《市舶》,天津古籍出版社、中华书局 2011 年版;黄时鉴点校:《通制条格》卷一八《关市》,浙江古籍出版社 1986 年版,第 226—240 页。

真和尚路经广州,亲眼见到珠江上"海胡舶千艘"(杜甫句)的盛况:

> 江中有婆罗门、波斯、昆仑等舶,不知其数;并载香药、珍宝,积载如山。其舶深六七丈。师子国、大石国、骨唐国、白蛮、赤蛮等,往来居住,种类极多。①

上面引文中"往来居住"一语,反映出市舶贸易的季节性。当年的海舶靠季候风航行,冬去夏来:"船舶去以十一月、十二月,就北风。来以五月、六月,就南风。"候风之期,大约半年:"诸国人至广州,是岁不归者,谓之住唐。"②

滞留广州的"住唐"蕃人,最引人注目的有"大石"(大食)和"昆仑"(马来)两大族类。他们构成广州外来人口的上下层,即屡见于文献的"蒲姓蕃客"和"昆仑奴"。前者,号"白番人",聚居"蕃坊",富甲一方,宋人岳珂的《桯史》卷十一记述颇详,此处从略。至于后者,也不拟牵扯太远。因为岭南昆仑奴遗事零散琐碎,尚待辑集辨释。这里仅限于指出其类型化的特征,即有的充当海舶水手,号称"骨论水匠";大多数则以奴仆身分执役于富户豪门家中:

> 广中富人,多畜鬼奴,绝有力,可负数百斤。言语嗜欲不通,性淳不逃徙,亦谓之野人。色黑如墨,唇红齿白,发卷而黄,有牝牡,生海外诸山中。食生物,采得时与火食饲之,累日洞泄,谓之"换肠"。缘此或病死,若不死,久蓄能晓人言,而自不能言。有一种近海野人,入水眼不眨,谓之"昆仑奴"。③

广府的官员邸第,可常常见到昆仑奴的身影,有诗为证。例一,宋

---

① [日]真人元开著、汪向荣校注:《唐大和上东征传》,中华书局2000年版,第74页。
② 朱彧撰、李伟国点校:《萍洲可谈》,上海古籍出版社1989年版,第26—27页。
③ 同上书,第28页。

人丘濬《赠五羊太守》云:"碧睛蛮婢头蒙布,黑面胡儿耳带环。"①例二,郭祥正《广州越王台呈蒋帅待制》云:"鬼奴金盘献羊肉,蔷薇瓶水倾诸怀。"②诗中的"蒋帅"即广州安抚使蒋之奇,他也像五羊太守一样蓄养着被称为"鬼奴"或"黑面胡儿"的昆仑奴。

此外,北宋初年的广州,还有波斯妇女招摇过市:"广州波斯妇,绕耳皆穿穴带环,有二十余枚者。"③至于这类波斯舶的女性搭客是什么社会角色以及为何落户广州,就不得其详了。

三、新社区

海外舶商"住唐",并非蕃汉杂居或自成聚落,而是被安置到名为"蕃坊"的特设社区,按归化体制管理,这是唐宋时代广州的创举,现就其创新之点略加说明。至于广州蕃坊的形成年代、地理位置、蕃客礼俗及宗教建筑等问题,已有多种论著可供参考,不必一一复述了。④

广州蕃坊的管理体制,中外文献记述颇详,择要征引两种,以供比较研究。撰于851年的阿拉伯佚名著作《中国印度见闻录》写道:

> 商人苏莱曼(Solaiman)提到,在商人云集之地广州,中国长官委任一个穆斯林,授权他解决这个地区各穆斯林之间的纠纷,这是照中国君主的特殊旨意办的。每逢节日,总是他带领全体穆斯林做祷告,宣讲教义,并为穆斯林的苏丹祈祷。此人行使职权,做出的一切判决,并未引起伊拉克商人的任何异议。因为他的判决是合乎

---

① 厉鹗:《宋诗纪事》卷十一,上海古籍出版社1983年版,第290页。
② 郭祥正:《青山集》卷八,四库全书本。
③ 庄绰:《鸡肋篇》卷中,中华书局1997年版,第53页。
④ 参见[日]桑原骘藏著、陈裕菁译:《蒲寿庚考》,中华书局1954年版,第52—54页;马逢达:《广州蕃坊考》,广州市伊斯兰教协会文史资料研究组编:《广州市回族伊斯兰教文史资料选辑》,广州市伊斯兰教协会文史资料研究组2002年版,第190—192页;曾昭璇:《广州历史地理》,广东人民出版社1991年版,第234—243页;广州市越秀区地情丛书:《蕃坊觅踪》,2010年版,第2—15页。

正义的,是合乎尊严无上的真主的经典的,是符合伊斯兰法度的。①

北宋初年,随父宦游广州的朱彧,也曾留下有关"蕃坊"法权地位的见闻:

> 广州蕃坊,海外诸国人聚居,置蕃长一人,管勾蕃坊公事,专切招邀蕃商入贡,用蕃官为之,巾袍履笏如华人。蕃人有罪,诣广州鞫实,送蕃坊行遣。缚之木梯上,以藤杖挞之,自踵至顶,每藤杖三下折大杖一下。盖蕃不衣裈裤,喜地坐,以杖臀为苦,反不畏杖脊。②

可知,在广州蕃坊里,蕃长既是行政长官,又是宗教领袖,具有政教合一的法权特征。他出任此职,并非蕃商推举,而是由"中国长官委任"。因此,可说是一名"汉置蕃官";权限上,没有"鞫实"审判之权,仅有"行遣"惩罚之责;服饰上,"巾袍履笏如华人"。很明显,"管勾蕃坊公事"与"治外法权"有本质的区别,唐宋广州的蕃长与近代通商口岸的领事是不可混为一谈的。从历史上看,作为新社区的蕃坊,是归化现象而不是异化现象。

既言至此,或许还应当联想:源于市舶贸易的"蕃长"与源于商队贸易的"萨宝"(商主),是否有可比性呢? 可以说,两者都是为"归化"而作的行政性安排,至于政教合一的程度,以及人选、任命和权限,则还有某些差异,因为"蕃商"和"胡客"的族属和背景毕竟不同,管理体制也就不能是同一模式了。

四、新舶货

唐宋时代,经由市舶贸易输入广州的蕃货,包括南海和印度洋区域

---

① 参见穆根来、汶江、黄倬汉译:《中国印度闻见录》,中华书局2001年版,第7页;蔡鸿生:《宋代广州蕃长辛押陀罗事迹》,《澳门理工学报》2011年第4期。
② 朱彧撰、李伟国校点:《萍洲可谈》卷二,上海古籍出版社1989年版,第134页。

的特产,种类繁多。仅南宋绍兴十一年(1141)十一月户部裁定的"市舶香药名色",就达三百余种。真是梯航交集,宝货丛聚,与前代不可同日而语了。市舶司的"阅货",对象是批量商品,至于蕃商私带的某些"奇器",仍有不少流入市场。幸得宋代诗人的吟咏,后人才能获识某些不见于官书的舶货珍品,下面列举两个例子:

宋代诗人文同的《丹渊集》卷九,有一首名为《冷瓶》的五言诗,内云:

> 海南有陶器,质状矮而堉。
> 云初日炙就,锻铄不似火。
> 水壶丑突兀,酒瓶肥磈硐。
> 山垒颈微肿,石鼎足已跛。
> 圆如鸥夷形,大比康瓠颗。
> 华元腹且皤,王莽口何哆。
> 蕃胡入中国,万里随大舸。
> 携之五羊市,巾匮费包裹。
> 侏㒧讲其效,泻辩若炙輠。
> 课以沸泉沃,冰雪变立可。

这个陶水壶,体圆、颈肿、足跛、质粗、色暗,其貌不扬,却有使热水变凉的功能,故称"冷瓶"。它随蕃胡大舸漂洋过海,精致包装以防破损,高价出售于"五羊市"即广州市场。

还有一件由"大舶"输入"番禺宝市"的琉璃瓶,见于北宋张耒的诗篇《琉璃瓶歌赠晁二》:

> 大舶映天日百程,怒帆吼风战飞鹏。
> 舟中之人怪眉睛,兽肌鸟舌髻翘撑。
> 万金明珠络如绳,白衣夜明非缟缯。
> 以有易无百货倾,室中开橐光出楹。

非石非玉色绀青,昆吾宝铁雕春冰。
表里洞彻中虚明,宛然而深是为瓶。
补陀真人一铢衣,攀膝燕坐花雨飞。
兜罗宝手亲挈携,杨枝取露救渴饥。
海师跪请颡有胝,番禺宝市无光辉。①

这件"非石非玉色绀青"的琉璃瓶,刻花为饰,高度透明,是装蔷薇水(玫瑰露)的大食名牌货,被"海师"看做南海观音手中的杨枝瓶。

五、新行业

市舶时代的广州,应运而生的新行业五花八门,有正当的,也有不正当的。现就所知,列举如后。

(一)和香人

舶来的香料,都是原料,必须按"和香方"配制,才能成为香品。其成分、数量和剂型,均属专门技术,只有行家才能操作。"和香人"又称"合香人"(张世南《游宦纪闻》)。享誉宋代的"心字香",就是广州和香人吴氏独家秘制的招牌货。据叶寘《坦斋笔衡》记述:"有吴氏者以香业于五羊城中,以龙涎著名,香有定价,家富日享如封君。人自叩之,彼不急于售也。"吴氏名兴,是和香能手,掌握蒸香绝技:"法以佳沉香薄劈,着净器中,铺半开花,与香层层相向,密封之,日一易,不待花蔫,花过成香。番禺人吴兴作心字香、琼香,用素馨、末利,法亦然。大抵泡取其味,未尝炊燖。江浙作木犀降真香,蒸汤上,非法也。"(黄震:《黄氏日钞》卷六十七)

---

① 引自扬之水:《香识》,人民美术出版社2014年版,第137页。

（二）解犀人

象牙和犀角，是以原生态输入广州的，其计量单位称"株"。绍兴元年（1131）广州市舶使张书言报告："大食人使蒲亚里进贡大象牙二百九株，大犀三十五株，见收广州市舶库。象牙各系五十七斤以上，依例每斤估钱二贯六百文，约用本钱五万余贯。"（《宋会要辑稿》，《蕃夷》四）成株的象牙和犀角，必须经过切割之后，才能加工制成带扣、笏版、腰饰及其他工艺品。切割技工俗称"解犀人"，他们也是唐宋时代广州市井的新行当。

（三）译人

市舶贸易是一种跨文化的贸易，译人沟通买卖双方，在舶货成交过程中举足轻重。译人诈伪，依律惩处，见《唐律疏议》卷二十五《诈伪律》。又据南宋周密对"译者"的解释："今北方谓之通事，南蕃海舶谓之唐帕。"①尽管当年广州的"唐帕"姓甚名谁已无从知晓，但译人的存在则是毋庸置疑的。

（四）舶牙

"舶牙"即市舶牙郎，是舶来品的经纪人。按其籍贯来说，广府舶牙可分两类：岭南舶牙和江南舶牙。

先说岭南舶牙徐审，其人事迹如下：

> 番禺牙侩徐审，与舶主何吉罗洽密，不忍分判。临岐，出如鸟嘴尖者三枚，赠审曰："此鹰咀香也，价不可言。"当时疫，于中夜焚一颗，则举家无恙。后八年，番禺大疫，审焚香，阖门独免。余者供事之，呼为"吉罗香"。②

---

① 周密撰、王根林校点：《癸辛杂识·后集》，上海古籍出版社2012年版，第51页。
② 陶穀：《清异录》，见朱易安等主编：《全宋笔记》第1编第2册，大象出版社2003年版，第109页。

似此蕃汉情谊,堪称广州市舶史的佳话,可为"海上丝路"的友好交往添一例证。

次说江南舶牙杨二郎,他的发家史是这样的:

> 建康巨商杨二郎,本以牙侩起家,数贩南海,往来十有余年,累赀千万。淳熙(1174—1189)中,遇盗于鲸波中,一行尽遭害。杨偶先坠水得免。①

关于广州舶牙的经纪生涯,未见详确记载。但从宋诗中,仍可略知其市侩形象。曾丰的《送广东潘帅移镇湖南十口号》写道:

> 珠商贝客市门听,牙侩闲边自品评。
> 郡将不收蕃船物,今年价比往年平。②

"蕃船物"即舶来品,有常价与时价的差异。舶牙通过"品评",抑价贱买,从中牟利。

除上列四项外,还有不正当的谋生方式,如造假和卖淫,构成市舶时代两种畸形行业。关于前者,温格的《琐碎录》已明确指出"广州番药多有伪者"。③ 伪劣舶来品以假乱真,犀角可用牛角骡蹄冒充,甚或选取老竹头浸渍而成。假乳香、假蔷薇水就使更多人上当受骗了。至于后者,尽管花街柳巷早已存在,但在艇上出卖色相,则前所未闻。到宋代诗人曾丰题咏《广州》,才留下"游艇售倡优"之句(《缘督集》卷七),可以看作明清时代广州花艇贱业的萌芽。

六、新礼仪

随着市舶贸易的繁荣,新的官方礼仪也出现了,这就是创于北宋的

---

① 洪迈撰、何卓点校:《夷坚志·补志》卷二一,中华书局1981年版。
② 曾丰:《缘督集》卷十三。
③ 陈明:《中古医疗与外来文化》,北京大学出版社2013年版,第162—174页。

"市舶宴"。南宋的广州市舶司继续遵行,遂成定制。① 据绍兴二年(1132)六月二十一日广南东路经略安抚市舶司奏:

> 广州自祖宗以来,兴置市舶,收课日倍于他路。每年舶发月份,支破官钱,管设津遣。其蕃汉纲首、作头、梢工等人,各令与坐,无不得其欢心。非特营办课制,盖欲招徕外夷,以致柔远之意。
> (《宋会要辑稿》职官四四)

以上奏文,除表达"招徕外夷,以致柔远之意"的官方意图之外,还涉及设宴时间、地点、经费,以及嘉宾诸项内容。现参照相关文献记载,逐一说明:

(1)时间选定在每年十月。周去非《岭外代答》卷三明确记录的例行公事:"岁十月,提举司大设蕃商而遣之。"这当然是按海舶乘东北季候风返航的需要来安排的。大体而言,其航程是"冬往夏归":"船舶去以十一月、十二月,就北风;来以五月、六月,就南风。"

(2)地点选定珠江北岸市舶亭侧的海山楼,是相当隆重的饯行仪式。南宋诗人洪迈有《海山楼》一诗专咏其事:

> 高楼百尺迄岩城,披拂雄风襟袂清。
> 运气笼山朝雨急,海涛侵岸暮潮生。
> 楼前箫鼓声相和,戢戢归樯排几柁。
> 须信官廉蚌蛤回,望中山积皆奇货。

(3)经费即所谓"支破官钱",市舶司限定金额:"每年十月内,依例支破官钱三百贯文,排办筵宴。"三百贯折合金价十两。

(4)嘉宾包括离广海舶的主要人员,即货主、船长和舵师等代表人物。

广州市舶宴的模式,后被泉州市舶司变通仿行,引进的人正是福建

---

① 蔡鸿生:《宋代广州的市舶宴》,载《中外交流史事考述》,大象出版社2007年版;亦收入本书。

路市舶提举官楼璹。① 他于绍兴十四年（1144）九月六日奏称：

> 臣昨任广南市舶司，每年十月内，依例支破官钱三百贯文，排办筵宴，系本司提举官同守臣犒设诸国蕃商等。今来福建市舶司，每年止量支钱委市舶监官备办宴设，委是礼意与广南不同。欲乞依广南市舶司体制，每年于遣发蕃舶之际，宴设诸国蕃商，以示朝廷招徕远人之意。

从之。（《宋会要辑稿》职官四四）

泉州的"礼意"略逊广州，且经费并无定额，只是"量支"而已，楼氏请按"广南市舶宴"模式的奏议获准。至于"福建市舶宴"的饮馔结构，想必已有地区差异，反映出鲜明的闽南特色，但已无从知晓了。

结　语

唐宋时代的市舶贸易，是蕃汉交往的经济形式，具有鲜明的跨文化贸易（cross-cultural trade）的特征。人口流动与物资流通相伴而来，五光十色，影响深远。透过纷扰的"互市"现象，既见物又见人，从人出发向人回归，是研究市舶史者应有的学术自觉。

广州是市舶贸易的发源地，也是市舶管理制度的推行区。设市舶使，置市舶司，立市舶法，都是在"广府"先行先试的。市舶时代的广州模式，到洋舶时代发生变异，但从制度渊源来说，还是有迹可循的。例如，市舶司与粤海关、蕃坊与夷馆区、舶牙与十三行，乃至解犀行业与牙雕工艺的传承关系，都是不可截然分开的。随着和平贸易被商业战争所代替，"广州通海夷道"发生了重大的社会变迁。蕃客淡出，洋商登场。古老的"互市"已一去不复返了，留给后人的，只是舶影飘香的历史记忆。

---

① 杨清江、陈苍松编著：《福建市舶司人物录：纪念泉州市舶司设置九百周年》，厦门海关，1987年。

广府波斯舶旧闻释证

波斯与唐代中国的交通,是沿着两条路线展开的。按传统说法,陆路称西域道,即裴矩记述的"敦煌达西海三道"。① 海路称南海道,即贾耽(730—805)记述的"广州通海夷道"。两道的地理走向都是从东到西,但不是单线式而是网络式的,具有跨国度、跨文化的特征。广州是南海道的地理枢纽,唐宋香药珠宝贸易的物流中心,在中世纪享有盛名。自西东来的波斯舶,以广府为目的港是理所当然的。可惜,传世的唐代文献缺乏完整的相关记录,以致全景式的观察困难重重。暂时只能从史籍、僧传、诗文、笔记和墓志中辑集分散的旧闻,略加考释,合碎片为图景,借以填补广州早期海事史的空白。

一、"波斯舶"即"西域贾舶"

"波斯"一名,在正史中首见于《魏书》所记神龟年间(518—519)的贡表,内称:"波斯国王居和多千万敬拜。"人名"居和多"当为"哥巴德"(Kobad)的汉译,是萨珊王朝(224—651)第 21 位国王。正规地说,中波关系是从西域道通使而不是南海道通商开始的。

"波斯舶"之称,第一次出现于义净《大唐西域求法高僧传》卷下咸亨二年(671)纪事,距萨珊王朝灭亡(651)已经 20 年,故唐代广州所谓"波斯舶",绝大多数已非萨珊王朝的波斯船舶,也不仅是波斯人的船

---

① 岑仲勉先生指出:"三个西海,函义不一;南道之'西海'指印度洋,中道之'西海'指波斯湾,北道之'西海'指地中海。"见《隋唐史》上册,中华书局 1982 年版,第 47 页。

舶，而是阿拉伯哈里发治下的波斯湾船舶。按船籍而言，自可概称为"西域贾舶"（据《投荒杂录》）。它可以包括"大食舶"，但不会与"婆罗门舶"（印度）和"昆仑舶"（马来）相混。其发舶港口，初期是尸罗围（Siraf，977 年地震被毁），后为没巽（又译"勿巡"，即苏哈尔港的波斯语名 Mezoen 的对音）。中途港则是狮子国（斯里兰卡），由此驶向南海，整个航程约半年，直至广州收舶。①

在解读历史文本时，如何进行"波斯辨异"，是一个虽旧犹新的课题。正像中国科技史有个"李约瑟命题"一样，中外交流史包括海上丝路也有一个"劳费尔命题"。劳氏于 1919 年出版的《中国伊朗编》专章讨论"马来波斯及其物产"，指出"波斯"一名的双重意义，提醒学界注意南海波斯（马来波斯）与西域波斯（伊朗波斯）的差别。这个命题作如下表述：

  如果"波斯"一词附加在一个植物或是一个产品的头上，它只有两种意义：伊朗波斯或马来波斯。②

由于"劳费尔命题"涉及地理、民族、语言和物产等门类，非博雅之士无从证实或证伪。因而，时至今日，尚未获得圆满答案，尽管发问已经将近百年了。笔者浅陋，只能望题兴叹。暂且立足于"波斯舶"与"西域贾舶"的同一性，绕过盲点来展开下面各节的论述。辑旧多，创新少，权充写在"丝路"边上的札记。

---

  ① 参见 Hadi Hasan, *A History of Persian Navigation*, London, 1928, pp. 95—98; Mohammad Bagher Vosoughi, "The Maritime Silk Road from the Persian Gulf to the East China Sea in the Persian Historical Resources", 载《海陆交通与世界文明》，商务印书馆 2013 年版，第 10—14 页。关于尸罗围与唐代广州通航及其遗存文物，详见 Moira Tampoe, *Maritime Trade Between China and the West: An Archaeological Study of the Ceramics from Siraf (Persian Gulf), 8ᵗʰ to 15ᵗʰ Centuries A. D.* Oxford, 1989, pp. 97—102.

  ② B. Laufer, *Sino-Iranica*, Chicago, 1919, p. 303; 林筠因中译本，商务印书馆 2001 年版，第 315 页。

二、广府与波斯舶的因缘

在唐代广州的市舶事务中,尽管波斯舶介入既深且久,但限于史料,难以形成系统的编年纪事。以下引述的片段,只是一些并不衔接的历史事件,不足以言本末,聊记因缘而已。

唐代是取经的时代。经海路赴印度求法的僧徒,通常都是从广州泛舶西行的。波斯舶可由广州直航印度洋,因此,便成了佛门搭客的首选。僧人与商人同舟共济,并非罕见之事。咸亨二年(671)初秋,高僧义净从扬州来广州"与波斯舶主期会南行"(《大唐西域求法高僧传》卷下),十一月出海。按当年季候风"夏来冬往"的航行规律,该波斯舶应为上年夏季运货来广,经"住唐"候风之后返航,就是所谓"期会南行"了。

开元七年(719),印度高僧金刚智(跋日罗菩提)乘波斯舶抵达广州。他从师子国(斯里兰卡)登舶入海,"逢波斯舶三十五只其国市易珍宝,诸商主见和上同心陪从",结队向室利佛逝进发。中途遭逢恶风,"诸商舶三十余只,随波泛流不知所在,唯和上一舶以持随求,得免斯难。"(《贞元新定释教目录》卷十四,见于《大正新修大藏经》卷五十五,第八六七页;《宋高僧传》卷一)。金刚智是波斯舶的乘客,所记堪称实录。据此可知,波斯湾与狮子国之间"市易"甚盛,一个航次就多达三十五舶。又可知当年洋面海难严重,同航之舶只有一艘幸存到达广州。

开元十一年(723),新罗高僧慧超自广州赴印度求法,亲历波斯境并记下八世纪初波斯舶的航踪:"常于西海泛舶入南海,向师子国取诸宝物,所以彼国云出宝物。亦向昆仑国取金。亦泛舶汉地,直至广州,取绫绢丝棉之类。"(《往五天竺国传》)唐代波斯舶航向广州,乃是为"丝"而来,于此可获确证。慧超记述的波斯舶贸易网络,既包括"西海"和"南海",当然就不限于狮子国、昆仑国和汉地了。对此,波斯诗人萨迪(1208—1292)在其名著《蔷薇园》第3章第23节有更具体的描写:

"把波斯湾的硫磺运到中国,再把中国的瓷器运到罗马,把罗马的丝绸运到印度,把印度的钢运到阿勒颇,把阿勒颇的玻璃运到也门,再把也门的棉布带到波斯。"漂洋过海的波斯舶,在唐宋时代贩丝又贩瓷,其舶货包括奢侈品和日用品,使广府与欧亚贸易网络连成一体了。

唐代高僧鉴真及随行僧徒,从扬州东渡日本弘法。途中遭逢恶风,漂流到海南岛。天宝九载(750),又从海南岛北返,经广州时见到"江中有婆罗门、波斯、昆仑等舶,不知其数;并载香药、珍宝,积载如山。其舶深六七丈"。在此之前,他们滞留万安州(万宁县)三日,得知该州大首领冯若芳"每年常劫取波斯舶二三艘,取物为己货,掠人为奴婢。其奴婢居处,南北三日行,东西五日行,村村相次,总是若芳奴婢之住处也。若芳会客,常用乳头香为灯烛,一烧一百余斤。其宅后,苏芳木露积如山;其余财物,亦称此焉"①。这一极其重要的史料,对八世纪中期万安州波斯聚落的起源和存在方式,作了骇人听闻的记述:其成因为"劫",其形态为"村",其身分为"奴婢"。与广州"蕃坊"相比,这完全是一种畸形的社区,有点类似劫舶越货的滨海"山寨"。其实,由于当年海难频发,有机会"劫取波斯舶"者并不止冯若芳一家。处于万安州南端的振州(崖县),也有人因发海难财而成"海中大豪":"唐振州民陈武振者,家累万金,为海中大豪,犀象玳瑁,仓库数百。先是西域贾舶漂溺而至,因以有焉。"(《太平广记》卷二八六引《投荒杂录》)陈武振和冯若芳的发家史,无非是坐收"波斯舶"即"西域贾舶"漂溺带来的渔利,与暴力掠夺的海盗行径不可相提并论。可惜,唐代文献没有留下相关的后续纪事,以致所谓"村村相次"和"仓库数百"的社会经济内涵晦而不显,更无从探究那群被奴婢化的"西域贾舶"男女,是否也曾繁殖出"土生波斯"之类的遗裔了。

此外,还有两事涉及广府与波斯舶的因缘,附录备考:

西安新出土的唐岭南节度使韦正贯(公理)墓志载,宣宗大中初(约

---

① 真人元开著、汪向荣校注:《唐大和上东征传》,中华书局2000年版,第68—74页。

848年),"波斯、诃陵(爪哇)诸国,其犀象海物到岸,皆先籍其尤者,而市舶使以布帛不中度者酬之。公理一削其事,问其所便以给焉。"[1]这类纠偏的善举,为广州市舶营造了公平的贸易环境,确实值得墓志铭称道。

《新唐书·波斯传》载,乾元元年(758)十月,"波斯从大食袭广州,焚仓库庐舍,浮海而去。"(据两《唐书》波斯传)此事属广府市舶纠纷,并非王朝之间的军事冲突,故"浮海而去"的波斯和大食,往后依然泛舶重来。

三、波斯舶的船型及航海习俗

在唐代广州,波斯舶既然频繁出入,其船型和航海习俗也就为人所知。传世资料虽不算完整,毕竟是直观所得,弥足珍贵。现就见于著录者,列举如下四项:

船型　中世纪的波斯湾,盛行无钉缝合船。唐末刘恂在《岭表录异》中写道:"贾人船不用铁钉,只使桄榔须系缚,以橄榄糖泥之,入水如漆也。"慧琳在描述相同船型的海舶时又说:"运动此船多骨论(昆仑)水匠,用椰子皮为索,连缚,葛览糖灌塞,令水不入。不用钉鲽。"(《一切经音义》卷六十一)唐代波斯舶可能也雇用昆仑奴为水手。可喜的是,20世纪末在印尼苏门答腊东南勿里洞发现的"黑石号沉船",经水下考古学家确认为唐代波斯湾的缝合船,满载长沙窑瓷器,大约是826—840年在返航途中沉没的。[2]

信鸽　养鸽作航海通讯工具,是古代波斯的一大发明。段成式云:"波斯舶上多养鸽,鸽能飞行数千里,辄放一只至家,以为平安信。"(《酉

---

[1] 西安市长安博物馆:《长安新出墓志》,文物出版社2011年版,第283页。
[2] J. Keith Wilson and Michael Flecker, Dating the Belitung Shipwreck, Shipwrecked: Tang Treasures and Monsoon Winds, Singapore, 2010, pp. 35—38;谢明良《记黑石号(Batu-Hitam)沉船中的中国陶瓷器》,台湾大学《美术史研究集刊》第十三期(2002年),第1—35页。

阳杂俎》前集卷十六)李肇记南海舶所述略同:"舶发之后,海路必养白鸽为信。舶没,则鸽虽千里亦能归也。"(《唐国史补》卷下)

化涎　唐末"土生波斯"李珣在其《海药本草》书中写道:"波斯将诃梨勒、大腹(槟榔)等,舶上用防不虞。或遇大鱼放涎滑水中数里,不通舡也,遂乃煮此洗其涎滑,寻化为水。"

藏宝　元稹《和乐天送客游岭南二十韵》诗"舶主腰藏宝"句自注云:"南方呼波斯为舶主。胡人异宝,多自藏怀,以避强丐。"(《元稹集》卷十二)如果参照宋人的记载:"珠大率以圆洁明净为上。圆者置诸盘中终日不停。番商多置襦内及伞柄中,规免抽解。"(《诸蕃志》卷下)可知波斯舶主腰藏之宝,似多为明珠。其动机既为防盗,也为逃税,难怪那样小心翼翼了。

四、波斯舶与"波斯僧"

在唐代,"波斯僧""大秦僧""景教僧"三者,名异实同,均指聂斯脱里派的基督教士。因此,《宋高僧传》卷二才有"大秦寺波斯僧景净"这样典型的表述方式。至其历史缘由,陈垣先生已梳理得一清二楚:"大秦在唐代,本名景教,为基督教之别派,所谓聂斯脱里派是也。聂斯脱里倡异说于刘宋元嘉间(424—453),其说不容于西欧,乃转而传播于波斯及中央亚细亚,唐贞观九年(635)入中国,寺称波斯寺。波斯灭后,天宝四载(745)改称大秦寺。以其寺名大秦,故人又称其教为大秦。是大秦寺、波斯寺,一也。"他还对景教由海路入华,作出如下推断:"景教于唐贞观九年(635)至中国今陕西省,传教者为阿罗本。彼时中华与波斯大食交通频繁,伊大约由海路来也,景教碑有'望风律以驰艰险'句。"[①]此句究竟是颂圣(太宗)之言,还是纪程(海路)之文,尚待对7世纪初景

---

① 陈垣:《火袄教入中国考》,见《陈垣学术论文集》第一集,中华书局1980年版,第319、84页。

教入华的背景作出分析,未可轻断。

探讨波斯舶与"波斯僧"的关系,其实也就是探讨经南海道而来的景教徒在广府的历史命运。这对于研究"广州通海夷道"的宗教文化地理,是不可或缺的。当然,按现存资料状况,尚无揭示其真相之可能,不过,蛛丝马迹还是隐约可见的。下面列举的若干事项,纵非什么确证,似还具有"疑义相与析"的价值,不至于陷入"捕风捉影"的尴尬。

1.《册府元龟》卷五四六记波斯僧造奇器事:"柳泽开元二年(714)为殿中侍御史、岭南监造使,会市舶使、右威卫中郎将周庆立、波斯僧及烈等,广造奇器异巧以进。"所谓"奇器异巧"究为何物,不得而知。惟"波斯僧及烈"即《大秦景教流行中国碑》中的"大德及烈",其教阶为主教,则可无疑。他在岭南以"波斯僧"身分攀结市舶使,应有经济背景,也即"他是从海上来中国的"。① 从历史条件看,当年"波斯舶"输入的异方宝货,很可能就是周庆立进奉"奇器异巧"的主要来源。按8世纪初岭南的工艺水平,也许可以继承东晋时代"象牙细簟"的传统而有所创新,但要进供贡品达到"广造"的规模,则是难以想象的。换句话说,所谓"奇器异巧",无非是舶来品罢了。

2.《海药本草》是唐末"土生波斯"李珣编撰的海产药谱,其中"槟榔"一项记:"秦医云:槟榔二枚,一生一熟捣末,酒煎服之,善治膀胱诸气也。"②所谓"秦医",就是大秦景教医士的简称,也即善医的波斯僧。而槟榔则是常见的波斯舶货,唐宋时代曾经风靡广州,由海药变成居民嗜食的果品。李珣既撰药谱,又擅诗词。张荫麟指出,其《南乡子》"十七首皆写岭南风物,而第一首有'思乡处'云云,是作者以岭南为故乡,殆作者身虽居蜀,其家族尚有一部分在岭南,作者且曾归省故乡,故忆

---

① 朱谦之:《中国景教》,人民出版社1998年版,第71—72页;穆尔:《一五五〇年前的中国基督教史》,中华书局1984年版,第72页。

② 尚志钧辑校:《海药本草》,人民卫生出版社1997年版,第53页。

其风物也。"①他所记述的以槟榔为主剂的"秦医"药方,使岭南卫生方的内容更丰富了。

3. 唐僖宗乾符六年(879),黄巢的军队攻陷广州,造成大量伤亡。佚名的阿拉伯古籍《中国印度见闻录》卷二有一段引人注目的记载:"据熟悉中国情形的人说,不计罹难的中国人在内,仅寄居城中经商的伊斯兰教徒、犹太教徒、基督教徒、拜火教徒,就总共有十二万人被他杀害了。这四种宗教徒的死亡人数所以能知道得这样确凿,那是因为中国人按他们的人(头)数课税的缘故。"②关于四种外来宗教在广州被杀教徒的人数,岑仲勉先生早已详述"不信"的四点理由,予以实事求是的驳正。③ 当然,人数不实不等于教派不实,"波斯僧"即基督教徒的存在,对有"波斯舶"频繁出入的广府来说,是不足为奇的。当年的广州口岸,除本土的佛、道二教外,还有回、犹、景、祆四教杂然并陈,是比泉州更早的宗教"博览会",在宗教传播史上占有重要地位。只要去芜存真,不为"十二万人"的夸饰所惑,这段阿拉伯的传闻与前述"及烈"和"秦医"的事例,依然可以互补互证,相得益彰。

4. 公元10世纪末,巴格达著名书商伊斯哈克在其《书目》中记述了一位景教僧经南海到广府的见闻,堪称实录。大约980年即宋太宗太平兴国五年,来自纳哲朗的僧人和另外五名基督教徒"被卡托里科斯作为教义圣师(即神父或修道士)派往中国。六年之后,纳哲朗僧人和其中另一个人回来了。我在君士坦丁堡教堂后边遇见了他。""在他向我叙述的所有故事中有这么一段:海上旅行是不定的。航海以及很少人懂得航海是一件很严重的事情。在航海中,人们总是处于危险和恐慌不安之中。"纳哲朗僧人靠岸之后,曾观光过广府的寺庙,留下深刻印象:"在广府城为国王修建了一座大寺庙,寺庙长宽各约一万腕尺,是用

---

① 张荫麟:《五代时波斯人之华化》,《张荫麟全集》下卷,清华大学出版社2013年版,第1751页。
② 穆根来、汶江、黄倬汉译:《中国印度见闻录》,中华书局2001年版,第96页。
③ 岑仲勉:《隋唐史》下册,第526—527页;并参 Hadi Hasan,前揭书,第104—106页。

五颜六色的石头及砖、金和银建造的。前来寺庙（朝圣）的人，先观看各个不同的供像、雕像和绘画，这样可以使那些对其性质和真实含意一无所知的人大开眼界。"①《书目》所记的纳哲朗景士广府之行，为中国史籍所缺载，时、地、人都十分明确。尽管年代稍后，但对了解唐宋之际南海交通与景教东渐的关系，毕竟提供了不可多得的历史观照。据此可知，在唐武宗会昌五年（845）罢黜佛法并"勒大秦穆护袄三千余人还俗"（《唐会要》卷四七）一个世纪后，还有景教徒由南海道卷土重来，但他们已经无能为力，只好有辱使命地返回君士坦丁堡了。

五、"死波斯"的遗产处置

唐代寄寓广州的域外海商，一旦身死，便被称为"死客商"，其中有个重要类别，即所谓"死波斯"（如前所述，"南方呼波斯为舶主"）。其遗产如何处置，一直是市舶事务中必须面对的要务。

唐宪宗元和十二年（817），岭南节度使孔戣，曾对旧制作出修正："旧制，海商死者，官籍其赀。满三月，无妻子诣府，则没入。戣以海道岁一往复，苟有验者，不为限，悉推与。"（《新唐书》卷一六三《孔巢父附子戣传》）到唐文宗大和八年（834），又以敕文形式立法如下：

> 大和八年八月二十三日敕节文：当司应州郡死商，及波斯、蕃商资材物等，谨具条疏如后：
>
> 一、死商客及外界人身死，应有资财货物等，检勘从前敕旨，内有父母、嫡妻、男、亲侄男、在室女，并合付给；如有在室姊妹，三分内给一分；如无上件亲族，所有钱物等，并合官收。
>
> 二、死波斯及诸蕃人资财货物等，伏请依诸商客例，如有父母、

---

① 费琅编·耿昇、穆根来译：《阿拉伯波斯突厥人东方文献辑注》上册，中华书局1989年版，第146—148页。

嫡妻、男女、亲女、亲兄弟元相随,并请给还。如无上件至亲,所有钱物等并请官收,更不牒本贯追勘亲族。(《宋刑统》卷十二《户婚律》引)

有了上述条文,财物继承的"至亲"范围获得明确界定,对"死波斯"遗产的处置,就完全法制化了。

关于唐代广州"死波斯"的身后事,竟然在新的出土文物中有案可查,令人颇感意外。1988年,西安市西郊沣登路南口出土银铤三笏,有一笏重2130克,正面刻铭文"死波斯伊娑郝银壹铤,伍拾两,官秤",经岭南节度使张佰仪及市舶使刘楚江"官收"后共同进献唐代宗。这项重要资料公布后,经过通晓唐代财政史的学者潜心研究,终于真相大白,揭示出伊娑郝银铤蕴涵的历史信息,足以为波斯舶主的广府遗事续新篇。①

六、唐代岭南文化的波斯印痕

1. 波斯枣的移植和品尝　刘恂《岭表录异》卷中云:"波斯枣:广州郭内见其树。树身无间枝,直耸三四十尺,及树顶。四向共生十余枝,叶如海棕。广州所种者,或三五年一番结子,亦似北中青枣,但小耳。自青及黄,叶已尽,朵朵着子,每朵约三二十颗。刘恂曾于番酋家食本国将来者,色类砂糖,皮肉软烂。饵之,乃火烁水蒸之味也。其核与北中枣殊异,两头不尖,双卷而圆,如小块紫矿。恂亦收而种之,久无萌芽,疑是蒸熟也。"又据《酉阳杂俎》前集卷十八云:"波斯枣,出波斯国,波斯国呼为窟莽。"

2. "飞奴"落户岭南　波斯舶养鸽之风,被岭南人家仿习:"张九龄

---

① 李锦绣:《西安出土波斯胡伊娑郝银铤考》,《丝瓷之路》第二辑,商务印书馆2012年版,第250—273页;李锦绣:《银币与银鋋:西安出土波斯胡伊娑郝银鋋再研究》,《丝瓷之路》第五辑,商务印书馆2016年版,第207—232页。

少年时,家养群鸽。每与亲知书信往来,只以书系鸽足上,依所教之处飞往投之,九龄目之为飞奴。时人无不爱讶。"(《开元天宝遗事》)直至明清时代,见于《广东新语》卷二十的"广人有放鸽之会",也许是唐代"飞奴"之俗的流变,可惜已经无从取证了。

3."波斯邸"的传奇化　裴铏创作的传奇《崔炜》(《太平广记》卷三四)记贞元年间(785—805)广州市井的一段趣事,涉及波斯海商的珠宝贸易。情节离奇,历史的真实与艺术的虚构杂然并陈。从中可见"波斯舶"与"波斯邸"的关系:崔炜到"波斯邸"出售所谓"大食国宝阳燧珠",被"老胡人"以十万缗(贯)的重价收购,"胡人泛舶归大食去。"据此,可以推想,唐末广州的蕃坊似乎还有被称为"波斯邸"的海商客栈,供大食国胡人临时住宿和屯放舶货。至于成交额按钱贯而不按银两计算,则完全不合唐代岭南地区交易用银不用钱的金融背景,裴铏显然是"误将广州作扬州"了。①

此外,近年广州市区屡有"波斯蓝釉陶瓶"及陶片出土,制作年代属9世纪,当也与"波斯舶"有关。惟因未见实物,故对其造型、纹饰和釉料,只好存而不议了。

唐代广州的波斯舶,在后人心目中尽管"耳熟",却未必"能详",历史的悬念不止一端,令人困惑。这样别具一格的缝合船,既输入物质舶来品,也输入精神舶来品。作为海洋文明的载体,它与西域宗教东渐的历史分不开,其中佛徒的事迹较明朗,至于附舶而来的景士状况,学界尚未理清。前面引述的"旧闻",可以说是提示与疑点并存,而未能完全通解,期待着高明者来作更深细的释证。

---

① 所谓"阳燧珠",是聚日光(阳)取火(燧)之器,见章鸿钊:《石雅·宝石说》,中华书局1993年版,第177页。并参同书57—59页"火珠"考释。关于唐代岭南货币流通,详见加藤繁:《唐宋时代金银之研究》,中华书局2006年版,第94—97页。

唐宋佛书中的昆仑奴

20世纪初期,陈寅恪先生翻阅罗振玉辑录的敦煌佛曲,对《维摩诘经文殊师利问疾品演义》作过详细的读书札记。仅其中"骨仑狮子前后引"一句,他就引用十部文献,详加释证。至1932年,发表专文《敦煌本维摩诘经问疾品演义书后》,指出"骨仑即昆仑"之确诂(见《读书札记二集》及《金明馆丛稿二编》)。这项研究提示我们,对"昆仑奴"的探讨,绝对不能忽略唐宋佛书。

唐宋时代的昆仑奴,是一群所谓"头卷体黑"的南海岛民,以善水、驯象为能事。入华之后,他们因体态和技能的特殊性,享有比"胡旋女"和"高丽婢"更著的名声。不仅屡见于诗文和笔记,甚至还成为传奇的题材。随着近代国际汉学的兴起,昆仑奴作为体现中外文化交流的异族群体,尤其引人注目,很早就进入研究者的视野。1915年,日本桑原骘藏著《蒲寿庚事迹》[①],法国费琅1919年发表《昆仑及南海古代航行考》[②],都对古代南海的昆仑文明作过专门考证,堪称研究昆仑奴的东西洋两大先驱。

中国学人对昆仑奴的研究,如果以清末文廷式的《纯常子枝语》为开端,到现在已有百余年之久了。其间的是非得失,尚待认真回顾。这里只限于探寻文廷式在起跑线上留下的足印,及其对后学的示范意义。文氏字道希,号芸阁,进士出身,授翰林院侍读学士,兼日讲起居注官。戊戌变法失败后亡命日本,考察新政,钻研西学。1904年卒于江西萍

---

① 桑原骘藏著、陈裕菁译:《蒲寿庚考》,中华书局1954年版,第84—87页。
② 费琅著、冯承钧译:《昆仑及南海古代航行考》,中华书局1957年版,第27—32页。

乡故里,遗著《枝语》是一部百科全书式的学术札记,显露出中西文化交会的时代特征。该书卷一三考昆仑史事如下:

> 唐释道宣《续高僧传》译经篇云:新平林邑所获佛经合五百六十四夹、一千三百五十余部,悉昆仑书,多梨树叶。释义净《南海寄归内法传》第一云:南海诸洲有十余国,初至交广,遂使总唤昆仑国焉。唯此昆仑,头卷体黑(唐人说部,奴称昆仑,即此)。南至占波,即是临邑(按即林邑),此国多是正量,少兼有部。按:昆仑书当即今巫来由书,余曾得巫来由字母,乃与阿拉伯同。《岛夷志略》云:古者昆仑山,又名军屯山,山高而方,根盘几百里,截乎瀛海之中,与占城、西竺鼎峙而相望,下有昆仑洋,因是名也。①

从学术史来看,尽管文廷式未能对昆仑的地望和族属作出后代学者那样精详的考证,但他着眼于唐代佛书,也即从内典开拓史源,则是一个值得重视的导向。他注意"释藏中用儒籍,与儒书中杂禅学"的文化现象,有意探其变易之迹,是很有特色的思路。像任何课题一样,昆仑奴的研究也有方法论的问题。当代的学者,不少人已经注意到文献与文物(敦煌壁画和出土陶俑)互证的必要性;②至于文献与佛书互证,则似乎还缺少学术自觉,未能系统探索内典所储存的历史信息。本文之作,旨在辑集唐宋佛书中有关昆仑奴的史料,对前人著作只字未提的僧徒禅谈中的昆仑奴话题,试作一些批判性的分析,力求阐释其中蕴涵的社会文化意义。

---

① 文廷式:《纯常子枝语》,江苏广陵古籍刻印社1990年版,第198页;并参《文廷式集》下册,中华书局1993年版,第982—1020页。
② 步连生:《试论我国古代雕塑的昆仑人及其有关问题》,见《向达先生纪念论文集》,新疆人民出版社1986年版,第635—648页;秦浩:《唐墓昆仑奴俑考释》,《南京大学学报》1983年第2期,第106—113页;崔大庸:《唐代黑人形象初探》,香港《中国文物世界》第108期,第110—121页;葛承雍:《唐长安黑人来源寻踪》,《中华文史论丛》2001年第1辑(总第65辑),第1—27页。

一、慧琳《音义》的"昆仑"观

唐释慧琳,俗姓裴,疏勒国人,长安西明寺僧。自贞元四年(788)至元和五年(810),耗二十三年精力撰《一切经音义》一百卷。他是一名博学高僧,"印度声明,支那训诂,靡不精奥"。① 关于"昆仑"的地与人,《音义》作过训诂式的解释。该书卷六一云:

> 《广雅》:舶,海舟也。入水六十尺,驱使运载千余人,除货物,亦曰昆仑舶。运动此船,多骨论为水匠,用椰子皮为索连缚,葛览糖灌塞,令水不入。不用钉谍,恐铁热生火,累木枋而作之,板薄恐破。长数里(?),前后三节,张帆使风,亦非人力能动也。

同书卷八一又释"昆仑语"云:

> 上音昆,下音论,时俗语便,亦曰骨论,南海洲岛中夷人也。甚黑,裸形,能驯服猛兽犀象等。种类数般,即有僧祇、突弥、骨堂、阁蔑等,皆鄙贱人也。国无礼义,抄掠为活,爱啖食人,如罗刹恶鬼之类也。言语不正,异于诸蕃。善入水,竟日不死。②

上面两段《音义》释义,屡经学人引述,堪为典据。其中涉及"昆仑"的地域、族属、语言和技能,可以看做是慧琳的昆仑观。时代囿人,难免有"鄙贱"之类的言词,但瑕不掩瑜,重要的是纪实性的文字。所谓"南海洲岛"和"种类数般",冯承钧已画出一个四至的轮廓:"昔日昆仑国泛指南海诸国,北至占城,南至爪哇,西至马来半岛,东至婆罗洲一带,甚

---

① 陈垣:《中国佛教史籍概论》,中华书局1962年版,第81—89页;并可参看徐时仪:《慧琳音义研究》,上海社会科学院出版社1997年版,第113—133页。

② 《正续一切经音义》,上海古籍出版社1986年影印本。

至远达非洲东岸,皆属昆仑之地也。"①除此之外,如参照唐宋笔记的有关论述,似可补充如下两点:

第一,驯兽和善水,号称昆仑两大技能,容易被人误认为是复合性的本领,实则象奴和水匠各有地域渊源。据北宋朱彧的《萍洲可谈》卷二,昆仑虽属岛民,但有"山中野人"与"近海野人"之别。② 前者"食生物",与"入水眼不眨"者应分属两类:驯兽昆仑和善水昆仑。他们入华之后,一为官奴,一为私奴,身分上是有区别的。

第二,昆仑舶建造时使用的填料"葛览糖"即橄榄糖,其传播情况虽难详知,但唐代岭南人已知用此项技术,则是没有疑问的。刘恂《岭表录异》卷中列专条释"橄榄"云:"有野生者,子繁树峻,不可梯缘,则但刻其根下方寸许,内盐于其中,一夕,子皆自落。树枝节上生脂膏如桃胶,南人采之,和其皮叶煎之,调如黑饧,谓之橄榄糖。用泥船损,于后牢于胶漆,着水益坚耳。"③可知,昆仑舶所用的黏合剂是树脂和树皮混合煎成的,它之所以被称为"糖",完全是按性状如"饧"来命名,与甜味不存在任何对应关系。

二、义净笔下的昆仑文明

义净是唐代著名的求法高僧,俗姓张,山东齐州人。咸亨二年(671),由广州泛海赴印,遍礼圣迹,后滞留室利佛逝(即三佛齐,今苏门答腊)十年,于天授二年(691)完成两部佛学名著:《南海寄归内法传》和《大唐西域求法高僧传》。两《传》均为义净"入境观风"的实录,有重要历史价值。近年王邦维先生已详加校注,极便读者。

在义净笔下,古代南海的昆仑文明虽未完整呈现出来,但仍有若干纪事可与他书相互钩稽参证。

---

① 冯承钧:《中国南洋交通史》,上海书店出版社1984年版,第51页。
② 朱彧:《萍洲可谈》,上海古籍出版社1989年版,第28页。
③ 刘恂著·鲁迅校勘:《岭表录异》,广东人民出版社1983年版,第19页。

其一，关于物质文明。《南海寄归内法传》卷三云：

> 若南海骨仑国，则铜釜盛水，穿孔下流，水尽之时，即便打鼓。一尽一打，四椎至中，齐暮还然。夜同斯八，总成十六。亦是国王所施。由斯漏故，纵使重云暗昼，长无惑午之辰；密雨连宵，终罕疑更之夜。①

除这种计时铜漏外，还盛产丁香。同书同卷记药物云："两色丁香，咸生堀沦国。"②可知当地特产的丁香，品种完备：既有大的雌丁香或母丁香，又有小的雄丁香。前者由果实制成，后者由花蕾制成。③ 据岑仲勉先生说："堀沦洲既在东方，又专产丁香，则指摩鹿加群岛为近是也。"④

其二，关于"掘伦"专名与"昆仑"通名的关系。《南海寄归内法传》卷一序，指出"南海诸洲有十余国"总名"昆仑"的原因：

> 诸国周围，或可百里，或数百里，或可百驿。大海虽难计里，商舶惯者准知。良为掘伦初至交广，遂使总唤昆仑国焉。唯此昆仑，头卷体黑，自余诸国，与神州不殊。

在这段史文中，"掘伦初至交广"是最关键的情节，包含年代和身分两大问题。按现存史料，可追溯到南朝梁代。梁武帝正旦朝会时，"东有茹（当作茹茹）昆仑客，西有高句丽百济客。"⑤与作为客使的"昆仑客"并存的，还有作为象奴的"昆仑奴"。据宋吴淑《事类赋注》卷二〇"象"条引《三国典略》云："周军逼江陵，梁人出战。梁以二象被之以甲，束刃于鼻，令昆仑奴驭之以战，杨忠谢之，象反走。"⑥昆仑奴参战，首见于此。

---

① 义净著、王邦维校注：《南海寄归内法传》，中华书局1995年版，第170页。
② 同上书，第153页。
③ 赵汝适著、杨博文校释：《诸蕃志校释》，中华书局1996年版，第181页。
④ 岑仲勉：《中外史地考证》（上），中华书局1962年版，第305页。
⑤ 周一良：《魏晋南北朝史札记》，中华书局1985年版，第239—240页。
⑥ 吴淑：《事类赋注》，中华书局1989年版，第412页。

其三，义净在《求法传》中多处提及"昆仑语"和"昆仑音"，前引文廷式《枝语》曾比定"昆仑书当即今巫来由书"。文献缺略，难得其详。唯北宋有三佛齐人在广州诵经一事，或可聊备参证。《萍洲可谈》卷二记下朱彧本人一段妙趣横生的听后感：

> 余在广州，尝因犒设，蕃人大集府中。蕃长引一三佛齐人来，云善诵《孔雀明王经》。余思佛书所谓《真言》者，殊不可晓，意其传讹，喜得为证，因令诵之。其人以两手向背，倚柱而呼，声正如瓶中倾沸汤，更无一声似世传《孔雀真言》者。余曰其书已经重译，宜其不同，但流俗以此书荐亡者，不知中国鬼神如何晓会。

三佛齐人的昆仑音，既然"声正如瓶中倾沸汤"，自然是汉人无法晓会的。难怪宋代文人将此情景与"醉汉寐语"相提并论，作为雅谑之资。宋王君玉著《杂纂续》一书，在"难理会"项下，就举出"波斯念孔雀经"为例。① 按宋代南海"波斯"为三佛齐属地，费琅《南海中之波斯》已详考，②不必赘引。看来，唐不空译的《佛母大孔雀明王经》，曾不止一次地惊动过宋人的听觉，无非是因为传诵者操昆仑音。

三、《法苑珠林》的善水昆仑

《法苑珠林》是一部编集佛家故实的类书，长安西明寺法师玄恽撰，成书于唐高宗总章元年(668)。该书卷三八"故塔部"第六记隋郑州超化寺的塔基灵迹云：

> 今于上架塔二重，塔南大泉涌沸鼓怒，绝无水声，岂非神化所

---

① 《杂纂七种》，上海古籍出版社1988年版，第63页。可参看孔志远《中国印度尼西亚文化交流》，北京大学出版社1999年版，第112—117页。

② 冯承钧译：《西域南海史地考证译丛》卷一第二编，商务印书馆1995年版，第79—95页。

致也。有幽州僧道严者,姓李氏,形极奇伟。本入隋炀四道场,后从俗服。今年一百五岁,独住深山。每年七日来此塔上,尽力供养。严怪其泉涌注无声,乃遣善水昆仑入泉寻讨,但见石柱罗列,不测其际。中有宝塔,高可三尺,独立空中,四面水围,凝然而往,竟不至塔所。考其原始,莫测其由。时俗所传,育王所立。隋祖以来,寺塔现在。①

在唐代社会生活中,达官贵人或豪俊之士令昆仑奴潜水取物的事,屡见不鲜,尤以《太平广记》为多。至于佛门也用善水昆仑探险,虽除超化寺无声泉外未见他证,但据此仍可推知,当时役使昆仑奴的场合,是包括僧俗两界的。如果要开列一份事主的名单,那么,在李德裕、陶岘、周邯之后,僧道严是应当补上去的。有这样的背景,禅门出现"昆仑奴"话题,就完全可以理解了。

四、僧徒禅谈中的"昆仑奴"话题

自中唐至两宋,正值禅宗兴盛时期,又是南海贸易繁荣的年代。在"绕路说禅"中,僧徒的答问广泛涉及世态人情,其中也有"昆仑奴"的话题。谈禅固然"第一义不可说",但作为史料使用,当可不问玄机,只求其字面意义就够了。现将从《五灯会元》(宋普济著)和《古尊宿语录》(宋赜藏主编集)辑出的语录分成六项,略加评介,以供参考。

第一,《五灯会元》卷一二记汴州净因寺继成禅师上堂说法,示众的话题别开生面:

上堂:"昆仑奴着铁挎,打一棒行一步。争似火中钓鳖,日里藏冰,阴影间翻魍魉,虚空缚杀麻绳。"②

---

① 《法苑珠林》(上),中国书店1991年影印本,第590页。
② 《五灯会元》(中),中华书局1984年版,第767页。

"争似"之后列举四事,纯属无中生有,用来反衬话头两句的真确性。实则同样虚妄,都是非现实的事物。南海昆仑不着袴,更无所谓"铁袴"。他们只用布幅缠腰,名为"合曼"。慧琳《一切经音义》卷八一说得很清楚:

> 梵语也。遮形丑之下裳,如此方之裈袴。一幅物,亦不裁缝,横缠于腰下,名曰合曼也。

第二,《五灯会元》卷一九又有一段涉及昆仑奴的禅谈:

> 潭州大沩海评禅师,上堂曰:"灯笼上作舞,露柱里藏身。深沙神恶发,昆仑奴生嗔。"喝一喝曰:"一句合头语,万劫堕迷津。"

按字面意义,"昆仑奴生嗔"与"深沙神恶发",是指一人一神失态,同样不可思议。其中有关佛教传说和宋代俗语,应略作诠释才知寓意所在。"深沙神"是玄奘法师西行求法时在沙河降伏的神魔,作法时吼声如雷,手托金桥,供玄奘师徒渡河。改恶从善之后,他念出四句悟道诗:"一堕深沙五百春,浑家眷属受灾殃。金桥托手从师过,乞荐幽神化却身。"①至于"恶发",是宋代俗语。陆游《老学庵笔记》卷八云:"恶发,犹云怒也。"既然深沙已由魔成神,一"怒"就不是慈悲为怀了。昆仑奴历来以"性淳不逃徙"(《萍洲可谈》卷二)著称,居然"生嗔",也是一反常态的。可见,海评禅师上堂举似之事,全都属于不合事理的反常现象。

第三,《古尊宿语录》卷二三,记汝州叶县广教寺归省禅师施教答问云:

> 问:"如何是西来意?"师云:"昆仑背象牙。"②

据《海药本草》卷四,"昆仑诸国有象,生于山谷,每遇解牙,人不可取。

---

① 《大唐三藏取经诗话校注》,中华书局1997年版,第23页。
② 《古尊宿语录》(上),中华书局1994年版,第438页。

昆仑以白木削为牙,而用易之。"可知禅答句的字面意义很清楚,背犹负,指昆仑奴运昆仑货,可说是答非所问。正如著名的禅门公案用"庭前柏树子"回答"祖师西来意"一样,"昆仑背象牙"也是同类的接引方式。

第四,上书卷二四记潭州神鼎山洪諲禅师《偶述八偈》之二云:

> 神鼎有一机,不用更迟疑。
> 日午打三更,白净昆仑儿。

唐代诗人张籍的七律《昆仑儿》最后四句刻画出如下形象:

> 金环欲落兽穿鼻,螺髻长卷不裹头。
> 自爱肌肤黑如漆,行时半脱木棉裘。①

很清楚,"白净昆仑儿"云云,正如"日午打三更"一样,完全是蓄意的颠倒,实则并无其事。神鼎之"机",可说是为破"疑"而设的悖论。

第五,上书卷三四,舒州龙门佛眼和尚语录云:

> 盘山临入灭,垂示云:"还有人邈得吾真么?"众人竞写呈师,师皆不纳。时普化出众云:"某甲邈得。"山云:"何不呈似老僧看!"普化乃打筋斗而出:
> 师真丑拙不堪呈,用尽身心笑杀人。
> 彼中莫觅丝头意,白鼻昆仑贺新正。

如前所述,昆仑"肌肤黑如漆",何来"白鼻"? 显然,盘山之"真",是无法"邈得"的。执意去描,"丑拙"毕露,就成为"白鼻昆仑"了。

第六,上书卷三八记襄州洞山守初禅师语录云:

---

① 《全唐诗》(上),上海古籍出版社1986年版,第961页。

> 问:"金乌出海耀天地,与此光阴事若何?"师云:"昆仑渡海夸珍宝,波斯门下骋须多。"

昆仑乘舶渡海,携珍宝到汉地兜售,犹如波斯胡多须,并不是什么罕见的事。

据上引六项,可知唐宋僧徒禅谈中的"昆仑奴"话题,没有纪实性,只有思辨性。它之所以值得重视,并不在提供什么新史实,而是因为从中反映出一种社会心理,说明昆仑奴在现实生活中扮演的角色,不仅为俗世所知,甚至在僧徒中也留下印象。而且,这类禅谈既然遍及汴州、潭州、汝州、舒州和襄州,可知在岭南之外,大江南北的人们对昆仑奴并不陌生。禅宗语录中包含的这种认识价值,在前人有关昆仑奴的研究著作中,似乎被当做于"实证"无补而忽略掉了,真是可惜。

五、结　语

昆仑奴问题,是古代南海昆仑文明的一个组成部分,与昆仑舶、昆仑货一样,都是唐宋时代海外交通引人注目的历史现象。

昆仑奴作为拥有长技(善水、驯象)的劳动人手,不仅在社会生活中起过独特作用,甚至对历史文化也有一定影响。举其著者,如传奇题材(如裴铏的《昆仑奴》,以及由此敷演出来的元、明杂剧)和造型艺术(陶俑、壁画),乃至修辞手段(用"昆仑"形容黑色)和王朝威仪(宋代卤簿以昆仑奴乘象为前导),以及本文介绍的禅谈话题,等等。可见,问题还大有探索的余地,并非山穷水尽。

从史源来看,文献当然是主要依据。经过前人的爬梳,正史、笔记和诗文中的资料,已基本征引出来了。[①] 至于文献与文物互证,文献与传奇互证,文献与佛书互证,似乎还有不少工作待做。就佛书而言,可

[①] 李季平:《唐代昆仑奴考》,《文史》第16辑,第292—298页。

备探寻的门类不少,如僧传、行记、音义、语录及变文。据《续高僧传》卷二五《僧意传》可知,北魏泰山灵岩寺有昆仑铜像置于佛堂:

> 元魏中,住太山朗谷山寺……寺有高丽像、相国像、胡国像、女国像、吴国像、昆仑像、岱京像。如此七像,并是金铜,俱陈寺堂。

"昆仑像"的特征,可与《高僧传》卷五《道安传》参证:四世纪高僧道安"神智聪敏,而形貌甚陋",被谑为"昆仑子"和"漆道人"。除肤黑外,"生而便左臂有一皮,广寸许著臂,捋可得上下之,唯不得出手。又肘外有方肉上有通文,时人谓之为印手菩萨。"似指臂长肉瘤。

取自内典的历史信息,不仅可补外书所未备,甚至还有利于提出这样的假设:中国人对昆仑奴的使用,未必一开始就是世俗性的奴役,很有可能是与佛教东传相伴而来的。按佛曲的描述,文殊菩萨骑狮赴法堂,就是用昆仑奴二人为侍从的。历来研究昆仑奴问题,单纯从交通史方面去探源,似乎失之偏颇;其实,佛教史与昆仑奴的关系,在初传阶段,是尤其密切的。昆仑奴的"奴"字,最初是指象奴,后来才演变成家奴。中国昆仑奴起源是否包含着双重性,是一个颇具新意的课题,也许在今后的研究中会得到进一步的阐明。

岭南昆仑奴遗事

岭南通海甚早,广州是番禺故地,长期处于市舶贸易的领先地位。8世纪首设市舶使,9世纪首辟蕃坊,10世纪首置市舶司,均属于广州海事的创举。

来广互市的海舶,既输入舶来品,也输入劳动力。因此,有关昆仑奴的遗事,在岭南史籍、笔记和诗文中,往往有迹可循。由于本文是限定地域范围来讨论,避免泛泛而谈,或更有助于对唐宋时代昆仑奴问题的探索。

现存资料表明,冠以"昆仑"两字的人称,除昆仑奴外,还有四种:(1)昆仑客,见《酉阳杂俎》卷一;(2)昆仑人,见《隋书》卷八一;(3)昆仑儿,见张籍诗《昆仑儿》;(4)昆仑僧(弟子),见真人开元《唐大和上东征传》。可知,在入华的南海昆仑族类中,存在着官民、主奴和僧俗的差别,不可混为一谈。人群的社会属性有了明确界定,遗事的辑证才能避免芜杂,使昆仑奴的真相显现出来。

一、南海的昆仑舶

在中古时代,夏季是南海市舶贸易的旺季。像其他蕃舶一样,昆仑舶也是趁五六月的季候风到来的。早在南朝时期,其舶来品已在广州享有盛誉,曾被陈朝官员巧取豪夺:"遇昆仑舶至,得奇货猓然褥表、美玉盈尺等数十种。"① 到了唐代,"广州通海夷道"更加畅旺,南海蕃舶,

---

① 《北齐书》卷三七《魏收传》;并可参看《饶宗颐二十世纪学术文集》卷七《海道之丝路与昆仑奴》,新文丰出版股份有限公司2003年版,第147—151页。

云集珠江。天宝九载(750),据目击者云:"江中有婆罗门、波斯、昆仑等舶,不知其数;并载香药、珍宝,积载如山。其舶深六七丈。"①在唐人心目中,昆仑舶非同凡舶,故对其排水、载重、结构和运作,记载特详:

  入水六十尺,驱使运载千余人,除货物,亦曰昆仑舶。运动此船,多骨论为水匠。用椰子皮为索连缚,葛览糖灌塞,令水不入。不用钉鍱,恐铁热生火,累木枋而作之,板薄恐破。长数里(?),前后三节,张帆使风,亦非人力能动也。②

"骨论"是昆仑的同名异译。"水匠"即专业水手,在舶主役使下,他们成了"昆仑舶"上的"昆仑奴"。唐宋时代曾经两度介入广州政治事件的,正是"舶上昆仑奴",而不是"家蓄昆仑奴"。现特先揭此义,聊表新知;至其具体事迹,当于以下两节详之。

二、唐代岭南的昆仑奴

有唐一代,昆仑奴在岭南的行迹,既见于广府,也见于外州。下面列举三事,分别出现在广州、潮州和清远。详略不同,各具特色。

(一)广州都督路元睿被杀事件

此事发生于武则天临朝的光宅元年(684),按史书记载,详略不同。现逐一引录,以便比较。

《旧唐书》卷八九《王方庆传》云:

  则天临朝,拜广州都督。广州地际南海,每岁有昆仑乘舶以珍

---

① 真人开元:《唐大和上东征传》,中华书局 2000 年版,第 74 页。
② 慧琳:《一切经音义》卷六一;参见《正续一切经音义》,上海古籍出版社 1986 年影印本。

物与中国交市。旧都督路元睿冒求其货,昆仑怀刃杀之。方庆在任数载,秋毫不犯。

《新唐书》卷一一六《王綝传》云:

武后时,迁累广州都督。南海岁有昆仑舶市外区琛琲。前都督路元睿冒取其货,舶酋不胜忿,杀之。方庆至,秋毫无所累。

《资治通鉴》卷二〇三"光宅元年"条云:

有商舶至,僚属侵渔不已。商胡诉于元睿,元睿索枷,欲杀治之。群胡怒,有昆仑袖剑直登厅事,杀元睿及左右十余人而去,无敢近者。登舟入海,追之不及。

据上所引,全部纪事当以《通鉴》最为详确。《新唐书》将怀刃的昆仑坐实为"舶酋",意在确指其人的身分,未详所据。其实,历史的现场要复杂得多。按司马光的记述,当时投诉闹事者是成"群"的,被杀者竟多达十余人,则挺身而出的"袖剑"昆仑,与其说是"舶酋",不如说是"舶奴"(即"骨论水匠"),也许更适合充当血洗官厅的杀手。

(二)潮州鳄鱼滩上的昆仑奴

唐宣宗大中元年(843)冬十二月,李德裕被贬为潮州司马,次年九月,再贬为崖州司户。李德裕赴贬所的南下路线,是自洛阳水路经江淮入岭南,再乘海舶入潮。到潮州时,发生了一件意外的事。据刘恂《岭表录异》卷中云:

故李太尉德裕贬官潮州,经鳄鱼滩,损坏舟船,平生宝玩、古书图画,一时沉失,遂召舶上昆仑取之。但见鳄鱼极多,不敢辄近,乃是鳄鱼之窟宅也。(《太平广记》卷四六七引《岭表录异》)

按康骈《剧谈录》卷下,李德裕在潮州沉失的"宝玩",内有暖金带、辟簪和白龙皮,均属"希代之宝"。又据王谠《唐语林》卷七载,杭州甘露寺僧允恭,陪送李德裕抵潮州,归后有《南中李太尉事》之作,言其所历苦况:"金币为鳄鱼所溺,室宇为天火所焚。"①可证上引《岭表录异》纪事属实。

很明显,在9世纪中期,岭南海舶也有"骨论为水匠",即雇用昆仑奴为船工。其人被称为"舶上昆仑",可知不是李德裕的随行家仆。

(三)清远沉犀潭的昆仑奴故实

南宋初诗人方信孺,宁宗时曾任番禺尉,著《南海百咏》一卷。内有关于《沉犀潭》的题咏,诗序云:

> 昔传昆仑奴献犀,至此犀忽沉入海中,百计购之,终不复出。后有渔者得金锁一尺余以进。

诗句云:

> 西来异兽路应迷,金锁何年落此溪。
> 不比李侯心似水,归舟自掷石门西。

诗中连类而及,提起"李侯"即唐代岭南节度使李勉。至于"献生犀"事,元和十三年(818)南海诃陵国也有先例,因此,所谓"昔传"很可能传自唐代。又据《清远县志》,此潭俗称犀牛潭,在县东30里处,②正是唐代南海贡道必经之地。惟祝穆《方舆胜览》卷三四作"秦时昆仑奴贡犀牛,带金锁走入潭中",当属妄改,不足为据。因为"金锁潭"之名,见于晚唐人裴铏《传奇》的《金刚仙》篇,前此未闻。

---

① 王谠撰、周勋初注解:《唐语林校证》下册,中华书局1987年版,第618页。
② 陈永正编注:《中国古代海上丝绸之路诗选》,广东旅游出版社2001年版,第89页。

三、昆仑奴在宋代广州

北宋湖州乌程文士朱彧,崇宁年间(1102—1106)随父朱服游宦(任安抚使兼市舶使)广州,根据亲身见闻,记述了昆仑奴在广州的具体情况:

> 广中富人,多畜鬼奴,绝有力,可负数百斤。言语嗜欲不通,性淳不逃徙,亦谓之野人。色黑如墨,唇红齿白,发卷而黄,有牝牡,生海外诸山中。食生物,采得时与火食饲之,累日洞泄,谓之"换肠"。缘此或病危,若不死,即可蓄。久蓄能晓人言,而自不能言。有一种近海野人,入水眼不眨,谓之"昆仑奴"。(《萍洲可谈》卷二)

昆仑奴因其体态独特而在广州被称为"鬼奴",源出志怪的物语:

> 广州显明寺道州法力,向晨诣厕,于户中遇一鬼,状如昆仑,两目尽黄,裸身无衣。(《太平广记》卷三二七引《述异记》)

难怪在北宋广州安抚使蒋之奇的官宴上,端盆送酒的昆仑奴被描述成:"鬼奴金盘献羊肉,蔷薇瓶水倾诸怀。"[①]富室显宦,多蓄鬼奴,借此摆阔。北宋诗人丘濬《赠五羊太守》云:

> 碧睛蛮婢头蒙布,黑面胡儿耳带环。
> 几处楼台皆枕水,四周城郭半围山。[②]

丘诗开头两句,与晚唐诗人杜荀鹤《赠友人罢举赴交趾辟命》所咏"舶载

[①] 郭祥正:《青山集》(四库本)卷八,《广州越王台呈蒋帅待制》。郭氏曾于元祐(1086—1094)中,知端州。

[②] 厉鹗辑撰:《宋诗纪事》卷一一,上海古籍出版社1983年版,第290页。

海奴环硾耳,象驼蛮女彩缠身"(《全唐诗》卷六九三)是完全一致的。其实,"鬼奴"也好,"海奴"也好,正如"黑面胡儿"和"昆仑奴"一样,无非是同类异称而已。有了广府蒋帅和五羊太守这两个事例,昆仑奴作为"鬼奴"的形象,已经十分鲜明了。

除此之外,昆仑奴在宋代广州的行迹,还出现于两种特殊的场合,不可不记。

第一,参与攻城。皇祐四年(1052)四月,侬智高自邕州发所部战兵七千余人,谋取广州。围城期间,"贼掠得海船昆仑奴,使登楼车以瞰城中,又琢石令圆以为炮,每发辄杀数人,昼夜攻城,五十余日,不克而去。"(《涑水记闻》卷一三)昆仑奴所"瞰"之城,就是广州的子城。据方信孺《南海百咏》"三城"条云:"子城乃庆历四年(1044)魏公瓘以得古砖有'委于鬼工'之字,遂筑之。后侬智高来寇,望城坚,不得逞而去。"

第二,随贡上京。三佛齐为南海大国,汎海使风20日至广州。天禧元年(1017),"其王霞迟苏勿咤蒲迷遣使蒲谋西等奉金字表,贡真珠、象牙、梵夹经、昆仑奴。诏许谒会灵观,游太清寺、金明池。"(《宋史》卷四八九《外国传五》)参照景德年间(1004—1007)汴京的礼仪,这种昆仑奴应为象奴,在卤簿仪仗中,"命昆仑奴乘以前导。"[1]

根据上引资料,可以看出宋代昆仑奴的社会角色并不是清一色的。这些在广州被称为"鬼奴"的南海岛民,既可以是家奴,也可以是官奴,甚至因被贡而成为皇室专用的象奴。至于他们是否有流动性,取证甚难。下节所述,只是试探性的解释,聊备一说,以待研讨。

四、岭南昆仑奴向北流徙的迹象

唐咸通九年(868),祠部郎中袁郊著《甘泽谣》一卷,内有陶岘游岭南的故事,情节如下:

---

[1] 杨忆:《杨文公谈苑》,上海古籍出版社1993年版,第164页。

曾有亲戚，为南海守，因访韶石，遂往省焉。郡守嘉其远来，赠钱百万，遗古剑，长二尺许；玉环径四寸；海舶昆仑奴，名摩诃，善游水，而勇健；遂悉以所得归，曰："吾家之三宝也。"及回棹，下白芷，入湘江。每逢水色可爱，则遗环剑，令摩诃下取，以为戏笑也。如此数岁。①

南海守即广州太守，他将昆仑奴摩诃赠予陶岘，带往岭北，数年之间，转徙湘鄂各地。通过馈赠的方式，来自岭南的昆仑奴，随主北行，实现了不以个人意志为转移的流动。

唐代长安的豪门显宦，常从岭南购买奴婢。据《旧唐书》卷一五四《孔巢父传》附孔戣传云："先是帅南海者，京师权要多托买南人以为奴婢。"其中可能就有昆仑奴。北宋诗僧道潜住西湖智果院，常往来于杭州、余杭间。其诗《归宗道中》云：

> 吾乡东南会，百货常源源。
> 金环衣短后，群奴列昆仑。
>
> （释道潜：《参寥子诗集》卷一）

据此，似可推测转贩构成昆仑奴自南向北流动的另一个途径。诗中"群奴"与"百货"对举，"昆仑"作为商品的寓意隐约可见。此外，也应考虑到早在咸平二年（999），杭州和明州（宁波）已各置市舶司，海舶上有昆仑奴在此登岸，是有可能的。

南宋诗人李南金，乐平人，绍兴二十七年（1157）进士，其《江头吟》有句云：

> 侧立昆奴面铁色，楚客不言未吹笛。
> 关山有月无人声，自是江头渚花发。
>
> （《鹤林玉露》卷之一）

---

① 汪辟疆校录：《唐人小说》，中华书局1963年版，第256页。

此诗虽为拟杜甫《哀江头》而作,但也反映了"昆奴"(昆仑奴之略)随主浪迹江湖的实情。

关于唐宋时代岭南昆仑奴向北流徙的探索,只是提出问题而不是解决问题。限于资料,本文对其北徙方式仅及馈赠和疑似贩卖两项,至于是否还存在着逃亡的可能性,由于前引朱彧已有"言语嗜欲不通,性淳不逃徙"的记述,又未发现相关任何迹象,因此不宜妄断,仍以存疑待考为妥。

宋代的广舶海商及其伦理

市舶时代的广府,连结海外和海内两大市场,梯航交集,盛极一时。正如《大德南海志》所说:"广东南边大海,控引诸蕃,西通牂牁,接连巴蜀,北限庾岭,东界闽瓯,或产于风土之宜,或来自异国之远;皆聚于广州。"这里的港务是双向的,既有"引"进来的蕃舶,又有"放"出去的广舶。市舶不能没有广舶。可惜,相关的历史记录简略隐晦,年代断层甚多,令人难以勾画出广舶在海外贸易中的具体形象。以下所述,只是拾遗补缺,离再现还原尚远。敝帚而已,岂敢自珍,仅寄望于研究"海上丝路"的学人,能够作出更深更广的探索。

一、广舶的形制和装载

"广舶"之名,首见于《岭外代答》,正如"泉舶"之名首见于《诸蕃志》,两者均明指地域归属,与"汉舶"的泛称有所不同。随着唐代海洋意识的觉醒(其具体表现有:天宝十载封南海为"广利王"、市舶贸易开始制度化,以及"舶"字入诗频率上升,等等),大概从北宋开始,广舶才大规模介入南海贸易,具有常年性和群体性特征,随父宦游广州的朱彧才会在《萍洲可谈》(成书于 1119 年)中给予相对集中的记载。举其要者,共有五项:

船型 "船方正若一木斛,非风不能动。其樯植定而帆倒挂,以一头就樯柱如门扇,帆扇谓之'加突',方言也。海中不唯驶顺风,开岸就岸风皆可使,唯风逆则倒退尔,谓之使三面风,逆风尚可用矴石不行。广帅以五月祈风于丰隆神。"其中提及"方言"而非蕃言,"广帅"而非蕃酋,可知描述的是广舶。

导航 "舟师识地理,夜则观星,昼则观日,阴晦观指南针,或以十丈绳钩,取海底泥嗅之,便知所至。"按 12 世纪初的科技状况,指南针为中国所特有,是广舶先进的导航设备。加上传统的观星、观日和嗅泥方法,舟师的技能是相当全面的。

组织 "海舶大者数百人,小者百余人,以巨商为纲首、副纲首、杂事,市舶司给朱记,许用笞治其徒,有死亡者籍其财。"官授"朱记"(市舶公验)的船当然不是外船,只能是广舶。纲首为一舶之长,又称"船头",集财力与权力于一身,可对舶人发号施令。

舱位 "舶船深阔各数十丈,商人分占贮货,人得数尺许,下以贮物,夜卧其上。货多陶器,大小相套,无少隙地。"当年广舶的货舱与客舱尚未分开,舶商既是货物的所有者,又是保管人。商与货连成一体的装载方式,是由舱位空间狭小决定的。"货多陶器"一语,表明广舶的最大宗出口商品是陶或粗瓷。陶器粗重,货源必须舍远求近,才能节约成本。因此,与广府近在咫尺的佛山石湾窑口,就成为宋代海商的首选了。东南亚各地出土的所谓"广东罐"(Kwantung jar),正是石湾俗称的"埕",即小口鼓腹的四系罐。①

赊贷 "广人举债总一倍,约舶过回偿,住蕃虽十年不归,息亦不增。富者乘时蓄缯帛陶货,加其直与求债者,计息何啻倍蓰。广州官司受理,有利债负,亦市舶使专敕,欲其流通也。"可知舶商借债办货,不是货币借贷而是实物借贷。利率高达百分之百,不论期限,债主贷出之货已预先加值,不必担心"回偿"缩水。如果发生债务纠纷,舶司立足于搞活市场,往往作出"有利债负"的裁决。政策的倾斜,显然是以开发货源为重点的。

---

① 邹华:《古代广东石湾窑的外销陶器》,《景德镇陶瓷》1983 年(总第 21 期),第 170—176 页。参见黄慧怡:《新加坡福康宁遗址出土 14 世纪"广东罐"上的戳印纹饰与沉船货物盛载容器的几个问题》,《航海——文明之迹》,上海古籍出版社 2011 年版,第 80—113 页。

宋代广舶的出口商品，以"缯帛陶货"为主，行销"广州通海夷道"沿途各地，使"丝路"与"瓷路"合二而一。到了洋舶时代，才形成"丝、瓷、茶"三位一体的外销局格，为广州海事添异彩，那是后话了。

二、从发舶到放洋

宋代广州市舶司，对广舶从发舶到放洋实行全程监控，以免海商夹带违禁品出境，尤其是防止铜钱流失海外，后者属国计民生的大事，稍一不慎，就会引发"钱荒"："比年公私上下，并苦乏钱，百货不通，人情窘迫，谓之钱荒。"(《宋史》卷一八《食货志》)

当年的蕃汉海商，可分两大系统："夷舶"属回蕃船，"汉舶"属贩蕃船。他们的代表人物，冬季启航前均应邀参加官方在海山楼举办的市舶宴，完成这项礼仪之后，就可以陆续发舶出港了。详本书《宋代广州的市舶宴》，此处不赘。

海山楼下市舶亭前的珠江水域，是广舶的泊位，由五洲巡检司监管。据宋人记述，"广州市舶亭枕水有海山楼，正对五洲，其下谓之小海，中流方丈余，舶船取其水，贮以过海，则不坏。逾此丈许取者并汲井水，皆不可贮，久则生虫，不知何理也。舶船去以十一月、十二月，就北风。"(朱彧:《萍洲可谈》卷二)地名"五洲"，指江面上五处浮沙，到明代才淤积成片，称"太平沙"。所谓"小海"是形容江面水阔，与黄埔称"大海"相对而言，诗人杨万里有"大海更在小海东"之句，即指此。其"中流"之所以有不坏的淡水，是因为南濠泉眼的喷泉汇流于此。① 食用水备足后，广舶便启碇出港，朝着"放洋"的方向驶去了。

"广州自小海至溽洲七百里，溽洲有望舶巡检司，谓之一望，稍北又有第二、第三望，过溽洲则沧溟矣。商船去时，至溽洲少需以诀，然后解

---

① 曾昭璇：《广州历史地理》，广东人民出版社1991年版，第290页；并参徐俊鸣：《岭南历史地理论集》，中山大学学报编辑部1990年出版，第57页。

去,谓之放洋"。(《萍洲可谈》卷二)文内"少需以诀"一句,语意含糊,可能是指应纳少量离境手续费。至于放洋之地,则名称一清二楚。为了确定潚洲的今地,有三点不可忽略:第一,"放洋"是市舶司的官方用语,即"放令开洋"的简称。宋代尚未像清代那样,将近岸洋面划分成为内洋和外洋。① 第二,该地自南向北设置的瞭望哨有三处之多,必为海防要地。第三,"小海至潚洲七百里"一语,提供了该地与广州之间的里程,使潚洲地望的考证有所依循。

有了上述前提,再来回顾学术史上的几种潚洲今地说,其是非得失就比较容易判断了。早在1917年,日本学者藤田丰八曾拟定潚洲即阳江县海陵岛,理由是此岛旧名罗州,"罗与潚在声音上有些相似";其地距广州六百里,"路程亦无大差别"。② 此说无论声音或里程,均与前引宋代记述不合,难以成立。其后,罗香林另创一说,将潚洲定为屯门,即今香港青山。③ 屯门是广州东南海行200里可到之地,失之太近。这个悬案,到80年代初终算解决了。岭南掌故名家黄良在《广海与潚洲》一文中指出:"潚洲地理上位于崖门口西南侧,即今台山县广海。"此地因明代设广海卫所而得名,原属新会,今属台山。清人杜臻的《粤闽巡视纪略》,已提到"广海卫城,本为新会县褥(潚)洲巡检司",据说尚存"潚洋台"遗址。④ 在清人著述中,顾炎武的《肇域志》说得更明白:"广海卫,地名乌峒,在广州府西南海滢四百余里。原隶新会县,宋置巡检司于此。是乃古褥(潚)洲地,一面枕山,三面濒海。"⑤广海放洋,可为定论。然而,直到近年,西方还有学者在研究《萍洲可谈》的专题论文

---

① 方龄贵:《通制条格校注》,中华书局2001年版,第539页。
② 藤田丰八著、魏重庆译:《宋代之市舶司与市舶条例》,商务印书馆1936年版,第29页。
③ 罗香林:《屯门与其地自唐至明之海上交通》,《新亚学报》第2卷第2期。
④ 黄良:《广海与潚洲》,《岭南文史》1983年第2期;并参林家劲《宋代南海航线的潚洲》,《东南亚历史学刊》,1987年第四辑。
⑤ 顾炎武:《肇域志》,上海古籍出版社2004年版,第2275页。并参《筹海图编》卷一,"广东沿海山沙"图六,中华书局2007年版,第15页。宋代潚洲的"望"即明代广海的"烽堠"。

中,将"溽洲"误判为"珠三角"①,未免失之太泛了。

对放洋前广舶的查检,南宋比北宋更严,并就点检和覆视明文立法。绍兴十一年(1141),刑部立法如下:

> 诸舶船起发(贩蕃及外蕃进奉人使回蕃船同),所属先报转运司,差不干碍官一员,躬亲点检,不得夹带铜钱出中国界。仍差通判一员覆视,候其船放洋,方得回归。诸舶船起发,所委点检官、覆视官同纵容夹带铜钱出中国界首者,依知情引领停藏负载人法,失觉察者减三等。即覆视官不候其船放洋而辄回者,徒一年。(《宋会要辑稿》职官四四)

至嘉定十年(1217),又规定:

> 差官检视之外,令纲首重立罪状,舟行之后,或有告首败露,不问缗钱多寡,船货悉与拘没。仍令沿海州郡多出榜示于湾隩泊舟去处,重立赏格,许人缉捉。每获到下海铜钱一贯,酬以十贯之赏,仍将犯人重与估藉,庶几透漏之弊少革。

可惜,吏治的腐败削弱了立法执法及举报有赏的成效,铜钱透漏之弊,依然禁而不止。现代水下考古发现的宋船,出土的铜钱成千上万,就是舶商阳奉阴违和舶司腐败无能的证明。

三、海商"住冬"的港口和事务

每年冬季,广舶于溽洲放洋之后,即在南中国海乘北风航行,直抵三佛齐属国蓝里(南巫里)"住冬",处理海商事务。南巫里位于"广州通

---

① Derek Heng, "Shipping, Customs Procedures, and the Foreign Community: The 'Pingzhou Ketan' on Aspects of Guangzhou's Maritime Economy in the Eleventh Century." *Journal of Song-Yuan Studies*, No. 38(2008), p. 10.

海夷道"中途,是西太平洋与东印度洋的交接点,早在唐代,已以"婆露国"之名见知于世。① 至宋元时代,相关的记载更多更详,举要如后,以明梗概。

(一)《岭外代答》卷二云:

　　广舶四十日到蓝里住冬,次年再发舶。
　　广州自中冬以后,发舶乘北风行,约四十日到地名蓝里,博买苏木、白锡、长白藤。住至次冬。

(二)《诸蕃志》卷上云:

　　蓝无里国,土产苏木、象牙、白藤。国人好斗,多用箭药。

(三)《岛夷志略》"喃哑哩"条云:

　　地当喃哑哩洋之要冲,大波如山,动荡日月,望洋之际,疑若无地。居民环山,各得其所。男女椎髻露体,系布捎。田瘠谷少。气候暖,俗尚劫掠,亚于单马锡也。
　　地产鹤顶、龟筒、玳瑁,降真香冠于各蕃。贸易之货,用金、银、铁器、蔷薇水、红丝布、樟脑、青白花碗之属。

(四)《马可波罗行纪》第一六五章云:

　　入一别国,名称南巫里,居民自称隶属大汗而为偶像教徒。多有樟脑及其他种种香料;亦有苏木甚多。种植苏木,待其出小茎时,拔而移种他处,听其生长三年,然后连根拔之。

据上所引,可略知广舶住冬之地的物产民情,及其岛国风光。由于

---

① 苏继顾:《南海钩沉录》,台湾商务印书馆1989年版,第375页。

蓝里是三佛齐一处古港，海商进出频繁，其地名蕃音汉译五花八门，经苏继庼先生考释梳理，始知其演变的轨迹：

> 婆罗师州——指今苏门答腊岛北部为 Barús 之对音。《新唐书》卷二二二下《室利佛逝国传》作郎婆罗斯，则为 Lam Barús 之对音。今亚齐语谓区域曰 lam，引伸之可作"国"解。马来语之 Lambri，爪哇语之 Lamuri，阿拉伯语之 Ramni 或 Ramin，皆由 Lam Barús 转成。元明载籍之南巫里、南浡里、南无里，皆为巫语名，爪哇语之对音。宋代著录之蓝里，则为阿拉伯语名之对音。今亚齐（Aljeh）一带殆为其地。①

显然，宋代广舶海商是按大食蕃商的母语称呼此港口为"蓝里"的，从中反映出阿拉伯语在南海贸易中的主流态势。到了明代，亚齐仍被看作"西洋之要会"②，这与它作为宋舶的"住冬"地，可谓一脉相承。

在蓝里住冬期间，广舶除修船候风外，最重要的事务就是"博买"，即购入当地土特产，如苏木、白锡、白藤、象牙、龟筒、降真香之类，并将中国舶货铁器和青白花瓷等出售。其贸易方式不是单一的，或金银购买，或实物交换，似乎并行于市，以利于互通有无。到了次年冬季，广舶如继续西航，就进入印度洋，去从事新一轮"博买"了。

限于现存资料，难以提供更多广舶住冬的细节。不过这里可以补充一下，"住冬"与"压冬"是两个不同的海事概念，应予明确区分。清代厦门的下洋商船，因延误风期无法返航，也有在海外过冬的："厦门洋船出口在腊尽春初，乘北风南下，明年秋初，乘南风回棹。风讯愆期不及回棹者，曰压冬，再俟来年南风时始可回厦。亦有漂收广东就地发卖

---

① 苏继庼：《南海钩沉录》，台湾商务印书馆1989年版，第286页；并可参阅：P. Pelliot, *Notes on Marco Polo*, II. Pairs, 1963. pp. 761—762.

② 黄省曾：《西洋朝贡典录校注》卷四，中华书局2000年版，第70页。

者。"(《厦门志》卷五,《船政略》)可知,"压冬"是例外,"住冬"是常态,两者不可牵混。

四、广府海商事迹辑存

在重农轻商的传统社会,漂洋过海比离乡背井更受鄙视,谁也不会为海商树碑立传,因而其事迹几乎湮没无闻。尽管"住蕃"者不乏其人,但并未载明姓甚名谁,以致宋代广府海商声名不彰,个体面貌相当模糊,实为憾事。欲补此缺,只得从文献和文物中钩沉摸索,勉强提供若干幸存的或疑似的事例,借以彰显广府海商的历史踪迹。

刘富　南海县人,出身乡贡进士。曾应募下海,"往真腊国宣谕。闻往来海上,亦颇勤劳",获宋仁宗下令酬赏(《续资治通鉴长编》卷二九〇)。熙宁七年(1074),刘氏晋见广州知州兼市舶使程师孟,乐捐私产,助办蕃学:"富有负郭不腴之土,而廪庾居舍卒,尝改治之,总其价与废,为钱百五十万,乞资于学官。"①

邵保　广东人,在占城住蕃经商,曾为广府提供情报。"庆历元年(1041)九月,广东商人邵保见军贼鄂邻百余人在占城,转运司选使臣二人赍诏书、器币赐占城,购邻致阙下,余党令就戮之。"(《宋史》卷四八九)司马光《涑水记闻》卷十二所记略异:"温台府巡检军士鄂邻,杀巡检使,寇掠数十州境,亡入占城。泉州商人邵保以私财募人之占城,取鄂邻等七人而归,枭首广市。"同案异闻,可两存之。

陈德安　宋代广舶纲首陈德安,是一位颇有财力的舶主。为祈求亡母冥福,献给曲江南华寺两座涂金木雕罗汉,座面均有铭文。一座刻:"广州纲首陈德安,捨尊者奉为先妣梁十五娘生界",另一座刻:"广州纲首陈德安,收赎尊者奉为先妣梁十五娘早生天界,丁亥二月　日题"。"丁亥"为宋仁宗庆历七年(1047),正是广府市舶兴旺的年代,故

---

① 《元大德南海残志(附辑佚)》,广东人民出版社1991年版,第164—165页。

铭文标明"广州纲首"这一体面的身分。[①] 当时的纲首,若能在海外招诱蕃客入华贸易,增加市舶税源,政府即给予补官重赏,如绍兴六年(1136),"纲首蔡景芳招诱舶货,收息钱九十八万缗",补授"承信郎"(《宋史》卷一八五,《食货下七》)。

曾聚 南雄人曾聚,是从事东洋(日本)贸易的一名"船头"。延久四年即宋神宗熙宁五年(1072),曾运载日僧到五台山朝圣。据成寻《参天台五台山记》云:"船头曾聚,字曾三郎,南雄州人",发舶地点为肥前松浦郡壁岛。

樊氏 樊氏名佚,宋神宗年间(1068—1085)广府海商中的"大商"。此人财大气粗,身为"部民",竟敢挑战地方官的权威,致遭杖臀之辱。据《东都事略》卷一百十《苏缄传》:"为南海簿。广州领市舶司,每海商至,选官阅实赀货。其商酋皆州里右姓,至则陵轹官府,以客礼见主者。缄以选往。大商樊氏入见,遽升阶就榻,缄捕系杖之。樊氏诉于州,州将召缄,责以专决罚。缄曰:主簿虽卑,邑官也;舶商虽富,部民也。部民有罪,而邑官杖之,安得为专。"(并参《宋史》卷四四六,《苏缄传》)在官本位的宋代社会,官商平起平坐的场面,是皇法所不容的。部民无条件地从属于邑官,表现出宋代封建专制的强势,决定此时此地不可能形成独立的海商集团。

五、海商伦理

如果说海商事迹的真相若隐若现,那么,海商伦理似乎就更加虚幻缥缈了。其实,后者是存在的,有迹可循的,只不过罕受关注罢了。

对这个待发之覆,不妨由此入手:死生大事,乃伦理之要项,海商是无从回避的。《萍洲可谈》卷二云:

[①] 广东省文物管理委员会编:《南海丝绸之路文物图录》,广东科技出版社1991年版,第68、86页。

> 舟人病者忌死于舟中，往往气未绝便卷以重席，投水中，欲其遽沉，用数瓦罐贮水缚席间，才投入，群鱼并席吞去，竟不少沉。

"广舶"对垂危病者的临终关怀，是使其速沉免遭漂流之苦。"泉舶"则有另外的处理方式。据《夷坚志》三志己卷第二云：

> 海舶中最忌有病死者。众就山岸缚茅舍一间，置米菜灯烛并药饵，扶余（泉州商客余某）入处，相与诀别曰："苟得平安，船回至此，不妨同载。"

这是人性化的诀别，旨在苟延残喘，望其幸存。上述两种临终关怀，说明海商伦理有地域差异，却都是悲生悯死的。

在帆船时代，海外贸易既是高利润又是高风险的事业，海难频发，溺死者众，令人望而生畏。大姓豪右之家，是不愿亲生骨肉随舶泛海，用生命去作赌注的。因此，"乞养他人子，谓之螟蛉子"，便应运而生了。这类名子实仆的家人，"平时豢养同豕牢，给资行商涉洪涛，割蜜饲蜡酬其劳。"[①]粤东有，闽南也有："闽人多养子，即有子者，亦必抱养数子。长则令其贩洋，赚钱者，则多置妻妾以羁縻之，与亲子无异。"（《厦门志》卷十五，《风俗记》）此风虽盛于明清，其渊源则似始于宋元时代。苏继庼先生对中世纪南海所谓"指腹卖"的遗俗，作过合情合理的推断："南海人民多置船营海外贸易，或从事渔捞，故需用人手甚多，乃广置养子承乏。"[②]"养子"，又称"假子"或"义儿"，是民俗而非制度。它在脉脉含情的家族面纱下，培植冒死发财的工具。这种略带腥味的海商伦理，已经与"幼吾幼以及人之幼"的儒家教条相去甚远了。

---

① 陈坤著、吴永章笺注：《岭南杂事诗钞笺证》，广东人民出版社2014年版，第521—522页。

② 汪大渊著、苏继庼校释：《岛夷志略校释》，中华书局2000年版，第384页。

宋代广州的蕃坊人家

一、蕃坊是市舶制度与城坊制度结合的产物

唐宋时代来广贩货的蕃商,无论乘波斯舶、大食舶或昆仑舶、婆罗门舶,都是按季候风的规律航行,因而,市舶贸易具有明显的季节性。"舶船去以十一月、十二月,就北风;来以五月、六月,就南风。"如有存货待售账目未清或修理船只,就只能上岸候风,跨年度居留下来:"诸国人至广州,是岁不归者,谓之住唐。"(均见《萍洲可谈》卷二)初期"住唐",虽蕃汉杂居,仍有"蕃长为主领"(《唐国史补》卷下),后来才形成独立的社区,名为"蕃坊"。

"广州蕃坊"之名,首见于房千里《投荒杂录》。此书成于唐文宗大和(827—835)中,可知九世纪初,广州已有蕃坊存在了。(泉州城南有"蕃人巷",到南宋才见著录,约迟三百年。)至于其位置和范围,则未见记载。到了宋代,因"广州每年多有蕃客带妻儿过广州居住"(《宋会要辑稿》,《刑法》二之二一),才出现比较具体的描述。北宋诗人郭祥正有句云:"蕃坊翠塔卓橼笔"(《青山集》卷八《广州越王台呈蒋帅待制》),可知蕃坊与光塔(塔体似笔)是连成一体的,后者是地标,前者是地界,均在广州西城。"蕃坊"又名"蕃巷",坊巷连片建造。据研究广州历史地理的学者考证,宋代蕃坊的四至,可按现代街道名称说明如下:"北到中山路,南达惠福路和大德路,西抵人民路(西城之西墙),东达解放路。"①这个呈长

---

① 曾昭璇:《广州历史地理》,广东人民出版社1991年,第235页。

方形的地段包括10条街巷,今属越秀区光塔街道办事处管辖。
"广州蕃坊"的体制,《萍洲可谈》有简明的表述:

> 广州蕃坊,海外诸国人聚居,置蕃长一人,管勾蕃坊公事,专切招邀蕃商入贡,用蕃官为之,巾袍履笏如华人。蕃人有罪,诣广州鞫实,送蕃坊行遣。

关于"蕃长一人"的职司,无非就是两项,即"管勾蕃坊公事"和"招邀蕃商入贡",一清二楚。至于"海外诸国人聚居"一句,则提示其中居住过族属不同的若干人家,绝对不能视而不见。可惜这个课题未经前人系统清理,致使蕃坊的人文状况若明若暗,社区概念显得空洞,难以形成实体化的印象。下面对广州蕃坊人家略加考述,是从现存宋代资料中爬梳出来的蛛丝马迹,无系统可言。体例上既不可能按共时性作出比较论列,只能依历时性的顺序略加整合:先北宋,后南宋,时段不明者则附于末尾。

宋代的广州蕃坊,是市舶制度与城坊制度相结合的产物,并非自发形成的蕃人聚落。以往蕃汉杂居的状态,变成蕃人聚居一坊,是管理体制的创举。在二百多年(960—1229)的时间里,它经历过兴替盛衰,这是不言而喻的。从总的趋势来看,北宋的广州市舶比南宋更加兴旺;但蕃坊人家中的豪门大户,却又出现在南宋时代。指出这种矛盾性的历史现象,有利于观察社会变迁对家族命运的影响,但也不必强作解人,因为客观事物的复杂性远远大于主观想象。与其放言高论,不如存疑待考。

二、广州蕃坊人家事辑

1. 大食舶主蒲希密父子

宋朝开国之初,广州蕃坊已有常住蕃客。舶主蒲希密冒充贡使,从事香药贸易二十余年,跨越太祖、太宗两朝。其父子事迹,载入《宋史》

卷四九〇《大食传》：

> 开宝九年(976)，遣使蒲希密，以方物来贡。
>
> 淳化四年(993)，又遣其副酋长李亚勿来贡。
>
> 其国舶主蒲希密至南海，以老病不能诣阙，乃以方物附亚勿来献。其表曰："……昨在本国，曾得广州蕃长寄书招谕，令入京贡奉，盛称皇帝圣德，布宽大之泽，诏下广南，宠绥蕃商，阜通远物。臣遂乘海舶，爰率土毛，涉历龙皇之宫，瞻望天帝之境，庶遵玄化，以慰宿心。今则虽届五羊之城，犹赊双凤之阙。自念衰老，病不能兴，遐想金门，心目俱断。今遇李亚勿来贡，谨备蕃锦药物，附以上献。臣希密凡进象牙五十株、乳香千八百斤、宾铁七百斤、红丝吉贝一段、五色杂花蕃锦四段、白越诺二段、都爹一琉璃瓶、无名异一块、蔷薇水百瓶。"诏赐希密敕书、锦袍、银器、束帛等以答之。
>
> 至道元年(995)，其国舶主蒲押陁黎齎蒲希密表来献白龙脑一百两、腽肭脐五十对、龙盐一银合、眼药二十小琉璃瓶、白砂糖三琉璃瓮、千年枣、舶上五味子各六琉璃瓶、舶上褊桃一琉璃瓶、蔷薇水二十琉璃瓶、乳香山子一座、蕃锦二段、驼毛褥面三段、白越诺三段。引对于崇政殿，译者代奏云："父蒲希密因缘射利，泛舶至广州，迄今五稔未归。母令臣远来寻访，昉至广州见之。"……降诏答赐蒲希密黄金，准其所贡之值。
>
> 三年(997)二月，又与宾同陇国使来朝。

据上所引，可知如此"老病"的蕃坊人家有两点值得注意：第一，蒲希密身为舶主，以因缘射利为务，却上表称臣，呈献方物，其"借贡行贾"的特质，已经昭然若揭了；第二，蒲希密滞留广州五年未归，其子蒲押陁黎奉母命来广寻父，其身分也是"舶主"。可以推想，蒲氏舶商的海外经营，并非合伙制，而是家族制。

2. 辛押陁罗邸宅

辛押陁罗是 11 世纪阿曼巨商谢赫·阿卜杜拉（Shaykh

Abdullāh),意即"阿卜杜拉长老长"的粤语译名,此人被宋神宗封为"归德将军",并出任广州蕃长。他的邸宅,就是"统察蕃长司"的所在地。辛押陁罗"住唐"数十年,家财数百万贯,曾捐资兴建"蕃学"的斋宇和别舍,在蕃坊中享有盛誉。一家只有父子两口:"本获一童奴,过海遂养为子。"(苏辙:《龙川略志》卷五)其他情况,另详拙作《宋代广州蕃长辛押陁罗事迹》(已收入本书)。

3. 宗女刘婿

蕃坊中,也有蕃汉通婚立户的事例。《萍洲可谈》卷二云:

> 元祐间(1086—1094),广州蕃坊刘姓人娶宗女,官至左班殿直。刘氏,宗女无子,其家争分财产,遣人挝登闻院鼓。朝廷方悟宗女嫁夷部,因禁止,三代须一代有官,乃得娶宗女。

这位"蕃坊刘姓人"究竟是什么人?桑原骘藏推测:"唐代每以国姓赐外国人,此刘姓回氏,或南汉刘氏赐予广州蕃客者。"①陈寅恪先生则认为:"鄙见刘与李俱汉唐两朝之国姓,外国人之改华姓者,往往喜采用之,复愚及其他教徒之多以刘为姓者,殆以此故欤?"②无论是赐姓还是改姓,"刘氏"实一回蕃。其官"左班殿直",只不过是正九品的武官衔而已。他作为宗女选中的女婿,其优势不在贵而在富。(《宋史》卷二四四《燕王德昭传》已指出:"宗女当嫁,皆富家大姓以货取,不复事铨择。")因此,身后才有"争分财产"的家丑外扬。

4. 三佛齐客

宋徽宗崇宁年间(1102—1106),朱彧曾与蕃长引见的一位奉佛蕃客会晤,留下深刻印象:

> 余在广州,尝因犒设蕃人大集府中。蕃长引一三佛齐人来,云

---

① 桑原骘藏著、陈裕菁译订:《蒲寿庚考》,中华书局1957年版,第77页。
② 陈寅恪:《刘复愚遗文中年月及其不祀祖问题》,《金明馆丛稿初编》,生活·读书·新知三联书店2001年版,第365页。

善诵《孔雀明王经》。余思佛书所谓真言者,殊不可晓,意其传讹,喜得为证,因令诵之。其人以两手向背,倚柱而呼,声如瓶中倾沸汤,更无一声似世传《孔雀真言》者。(《萍洲可谈》卷二)

宋代三佛齐人讲昆仑语,如何"可晓"?我们感兴趣的,只是蕃坊中也有三佛齐人寄寓,并且奉佛诵经。蕃长既引此人共赴广州宴会,可知他也是一位头面人物了。

5. 大商蒲亚里家

《宋会要辑稿》职官四四之十三至十四(《蕃夷》四之九三复出,文字较略):

> 绍兴元年(1131)十一月二十六日,提举广南路市舶张玉言言:"契勘大食人使蒲亚里所进大象牙二百九株,大犀三十五株,在广州市舶库收管。缘前件象牙,各系五七(六?)十斤以上,依市舶条例,每斤结钱二贯六百文九十四陌,约用本钱五万余贯文省,欲望详酌。如数目稍多,行在难以变转,即乞指挥起发一半,令本司委官秤估,将一半就便搭息出卖,取钱添用,给还蒲亚里本钱。"诏令张书言拣选大象牙一百株,并犀二十五株,起发赴行在,准备解筅造带,宣赐臣僚使用。余依。

《宋会要辑稿》蕃夷四之九三云:

> (绍兴)四年七月六日,广南东路提刑司言:"大食国进奉使人蒲亚里,将进奉回赐到钱,置大银六百锭及金银器物、匹帛,被贼数十人持刀上船杀死蕃牧(奴?)四人,损伤亚里,尽数劫夺金银等前去。已帖广州火急捕捉外,乞施行诏当职巡尉,先次特降一官,开具职位姓名,申枢密院。其盗贼,令安抚提刑司督责捕盗官,限一月须收获。如限期不获,仰逐司具名闻奏,重行黜责。"

王应辰《文定集》卷二十二《王公(师心)墓志铭》云:

初，大食遣蒲亚里入贡，而广东市舶司例计置回赐。官吏并缘侵刻，讼久不决。诏公同御史往广州即讯，狱乃竟。

《宋会要辑稿》职官四四之二十云：

绍兴七年（1137）闰十月三日，上曰："市舶之利最厚，若措置合宜，所得动以百万计，岂不胜取之于民？朕所以留意于此，庶几可以少宽民力尔。"先是诏令知广州连南夫条具市舶之弊，南夫奏至，其一项：市舶司全籍蕃商来往贸易，而大商蒲亚里者，既至广州，有右武大夫曾纳利其财，以妹嫁之，亚里因留不归。上令委南夫劝诱亚里归国，往来干运蕃货。故圣谕之。

上引史文，说明南宋初年广州市舶的盛况，从中并可见当年的吏治和民风：

第一，蒲亚里财力雄厚，不愧"大商"称号，仅绍兴四年输入的舶来品，估价即达五万余贯。据王仲荦《金泥玉屑丛考》折算物价①，可知宋高宗为何特别关注这名蕃客了。

第二，蒲亚里财物被劫案，反映出广州的市舶环境缺乏安全感。此案惊动朝廷，由御史会同提刑司破案，反映出广州市舶作为"天子南库"的重要性。

第三，蒲亚里与曾纳之妹结婚，尽管是以"财"为纽带，毕竟是一宗涉外婚例。此例的特殊性在于：既是蕃汉通婚，又是官商联姻，不妨看作是财力与权力勾结的独特形式。户婚与市舶交叉，是值得重视的历史现象。

6. 蒲姓佚名豪宅

宋代泛舶来广的蕃客，不仅输入以香药为大宗的舶来品，还带来大食文明，即阿拉伯精神文化和物质文化，集中表现于广州蕃坊的蒲姓

---

① 王仲荦：《金泥玉屑丛考》，中华书局2007年版，第263—268页。

豪宅。

南宋人岳珂的笔记《桯史》卷十一,详述蒲宅情况如下:

> 番禺有海獠杂居,其最豪者蒲姓,号白番人,本占城之贵人也。既浮海而遇风涛,惮于复反,乃请于其主,愿留中国,以通往来之货。主许焉,舶事实赖给其家。岁益久,定居城中(引者按,应即西城蕃坊),屋宽稍侈靡逾禁。使者方务招徕,以阜国用,且以其非吾国人,不之问,故其宏丽奇伟,益张而大,富盛甲一时。绍熙壬子(1192),先君帅广,余年甫十岁,尝游焉。今尚识其故处,层楼杰观,晃荡绵亘,不能悉举矣。然稍异而可纪者,亦不一,因录之以示传奇。
> 獠性尚鬼而好洁,平居终日,相与膜拜祈福。有堂焉以祀,名如中国之佛,而实无像设,称声聱牙,亦莫能晓,竟不知何神也。堂中有碑,高袤数丈,上皆刻异书如篆籀,是为像主,拜者皆响之。旦辄会食,不置匕箸,用金银为巨槽,合鲑炙、粱米为一,洒以蔷露,散以冰脑。坐者皆寘右手于褥下不用,曰此为触手,惟以溷而已,群以左手攫取,饱而涤之,复入于堂以谢。居无溲匽。有楼高百余尺,下瞰通流,谒者登之。以中金为版,施机蔽其下,奏厕铿然有声,楼上雕楼金碧,莫可名状。有池亭,池方广凡数丈,亦以中金通甃,制为甲叶而鳞次,全类今州郡公宴燎箱之为而大之,凡用钲铤数万。中堂有四柱,皆沉水香,高贯于栋,曲房便樹不论也。尝有数柱,欲洿于朝,舶司以其非常有,恐后莫致,不许之,亦卧庑下。
> 后有窣堵波,高入云表,式度不比它塔,环以甃,为大址,累而增之,外圜而加灰饰,望之如银笔。下有一门,拾级而上,由其中而圜转焉如旋螺,外不复见。其梯磴,每数十级启一窦,岁四五月,舶将来,群獠入于塔,出于窦,啁哳号呼,以祈南风,亦辄有验。绝顶有金鸡甚巨,以代相轮,今亡其一足。闻诸广人,始前一政雷朝宗(滚)时,为盗所取,踪捕无有。会市有鬻人駑精金,执而讯之,良

是,问其所以致,曰:"獠家素严,人莫闯其藩。予栖梁上,三宿而至塔,裹籹粮,隐于颠,昼伏夜缘,以刚铁为错,断而怀之,重不可多致,故止得其一足。"又问其所以下,曰:"予之登也,挟二雨盖,去其柄。既得之,伺天大风,鼓以为翼,乃在平地,无伤也。"盗虽得,而其足卒不能补,以至今。

他日,郡以岁事劳宴之,迎导甚设,家人帷观,余亦在,见其挥金如粪土,舆皂无遗,珠玑香贝,狼藉坐上,以示侈。帷人曰:"此其常也。"后三日,以合荐酒馔谢大僚,曰:"如例。"龙麝扑鼻,奇味如黄金,酒醇而甘,几与崖蜜无辨。独好作河鱼疾,以脑多而性寒故也。

余后北归,见滕守王君(兴翁)诸郎,言其富已不如曩日,池匽皆废。

上引的长篇纪事,可以说是岳珂直观的实录。从中可知这户豪奢的"舶獠",具有如下的社会文化面貌:

第一,蒲姓号"白番人",指"白巾缠头"者,显非占城土著,应为流寓当地的大食客商。泛舶来广定居已经是"二度流寓"了。

第二,蒲姓豪宅位于"银笔"式的窣堵波即"光塔"前方,其池亭楼台均有大食园林建筑风格。饮食习惯和膜拜礼俗,也是按穆斯林的规矩行事的。所谓"同槽会食"之习,尤具特色。惟取食之手,则被误记。当据《通典》及《太平寰宇记》所述"右手为净,左手为秽",方合实情。

第三,蒲姓与广州地方大吏频有交往,虽未见"乞官"情事,但居室侈靡"逾禁"也即违章建筑被置之"不问",说明官方因"方务招徕,以阜国计"而给予容忍和庇护。市舶之利对典章制度的侵蚀,于此可见一斑。

岳珂关于12世纪末广州蒲姓豪宅的记述,以缩影的形式描述了蕃坊人家的"大食风",这是难能可贵的,也是同时代扬州和泉州的文献无可比拟的。

7. 玛呿阿家族

广州蕃坊的玛呿阿家族,是一个土生蕃客家族。"土生蕃客"之名,首见于宋哲宗元符三年(1100)五月二十八日诏文,指的是入华蕃客衍生出来的后裔。据《南海甘蕉蒲氏家谱》(创修于明万历四十七年)记载,该族"先世居西域",入粤始祖即为玛呋阿(Mohinyee),其人教子有方,二世嗨吤呢(Kitoro)遂显于世。"朝廷闻其贤,官授太中大夫,晋授中奉大夫,擢广东常平茶盐司提举、管军千户侯。……奉封翁就养粤署。时粤中茶盐两政,流弊滋多。公下车悉心整顿,官山府海,赋税骤增。贡船商航,鹅湖云集,阛阓之盛,溢郭填城,府库充盈,闾阎无怨。……爱珠海之澄清,因就穗城玳瑁巷而家焉。"①透过谱文的溢美之词,史实性的话语一清二楚:蒲氏父子同住蕃坊玳瑁巷(玛瑙巷),是个富贵人家。至元明时代,玛呋阿家族演分为八房,散居粤东和琼州。

8. 民家戾女

南宋洪迈曾记下一则广州蕃坊轶闻:

> 广州番巷内民家女,父母甚爱之,纳婿于家。女很戾不孝,无日不悖其亲。绍兴二十五年(1155)七月,因昼饮过醉,复詈母,既又走出户,以右手指昼,肆言秽恶不可闻。邻人不能堪,至欲相率告官者。忽片云头上起,雷随大震,女击死于道上,其身不仆,手犹举指如初。予时在南海,即闻之。②

引者按,此女族属不明。但在《孝经》风行的南宋时代,竟敢悖亲詈母,践踏孝道,以致为邻人所不容,可知与"华化"相去甚远。她酒醉之后,口出秽言,右手指划,则大有"胡气"。此女既出身"民家",显非上层,也许就是蕃坊里面的破落户了。

9. 波斯妇家

五代的广州,已有波斯女在南汉后宫充当宠婢(《南汉纪》卷五)。宋代的波斯妇,则以民妇身分出入广州市井。物以类聚,人以群分,将

---

① 罗香林:《蒲寿庚研究》,香港中国学社1959年版,第148—153页。
② 洪迈:《夷坚志》丙志,卷第十六,中华书局2006年版,第504页。

波斯妇家列入蕃坊人家，似无不妥。南宋初年到过广州的庄绰，这样记述波斯妇的形象：

　　广州波斯妇，绕耳皆穿穴带环，有二十余枚者。家家以篾为门，人食槟榔，唾地如血。①

当年的波斯妇，究竟来自伊朗还是来自印度，不得而知。倘属后者，那么，她们就可看做是清代"巴斯妇"（Parsi）的前身了。

　　10.蕃坊铺户

　　蕃坊既为"海外诸国人聚居"之地，当有相应的生活设施，如供应日用品的铺户之类。可惜，至今还未见有明确记载。因此，只能于迹象中求之。据陈善《扪虱新话》卷十五云：

　　郑德素侍其父将漕广中，能言广中事。云素馨唯蕃巷种者尤香，恐亦别有法耳。龙涎以得蕃巷花为正云。

素馨即耶悉茗（Jasmine），茉莉花属，是龙涎香的和合剂。作为蕃巷的正宗特产，当由拥有祖传秘法的花店出手。至于糖蜜、槟榔和鱼俎之类的食品，也为蕃坊人家所必需，究属什么铺户的经营范围，就不得而知了。

三、蕃坊社区的人文特征

　　唐宋时代的市舶贸易，不仅带来商品流通，而且带来人口流动。物流与人流，同步注入广府。应运而生的蕃坊，是官方准予设置而又具有海外风情的社区，其文化上的二重性，使它在广州西城别具一格。本文据以整合的蕃坊人家资料，十分有限，不足以作全景式的记述。尽管如

---

　　① 庄绰：《鸡肋编》卷中，中华书局1997年版，第53页。

此，从引述的若干个案中，仍可约略地看到蕃坊社区的人文特征。

第一，族属。蒲姓人家，屡见著录，说明蕃坊是以大食蕃客为主体的。除此之外，还有阿曼人、三佛齐人和波斯人杂居其中，甚至也有汉族妇女因通婚而入户的。族属的多元性，是广州蕃坊不可忽略的人文特征。

第二，信仰。光塔和怀圣寺，是蕃坊的标志，并不等于可以把它视为清一色的穆斯林社区。其实，佛教信徒也有人在。如果波斯人依然保持祆教信仰，那就三教共存了。

第三，生计。蕃商"住唐"日久，其谋生手段非多样化不可。他们或继续当舶主，做贩客，或改入仕途，另谋生计。把蕃坊设想成职业固定化的"商"坊，是不合实际状况和缺乏历史观念的。

第四，世代。住唐蕃商与土生蕃客，氏族上分属不同世代，华化上分属不同层次。虽然都是蕃坊人家，其族性已经不可同日而语了。从实质上看，广州蕃坊不是"化外之坊"，而是"华化之坊"。

第五，分化。蕃坊人家作为社会实体，也有贵贱之分和贫富之别。尽管现有资料不足以对蕃坊的社会分化作出精确分析，但观察其生存状态有何变动，从而了解这个独特社区的浮沉，依然是研究广州市舶制度史必须面对的课题。

宋代广州蕃长辛押陁罗事迹

宋代是市舶贸易的黄金时代。作为中国头号舶市的广州,在阿拉伯海商中享有"广府"(Khanfu)的盛名。香药集散于此,蕃商也寄寓于此。① 唐代在广州设置的蕃长,到宋代获得充分发展的机遇,并涌现出典型人物辛押陁罗。这名来自波斯湾的阿曼富商,亦贡亦贾,政教合一,商学并举,体现了蕃汉跨文化贸易的显著特征。本文对其入华之后的事迹略加考述,虽有集腋之劳,未必有成裘之功。区区之意,只在通过为"广州蕃长"造像,把"海上丝路"的泛论,还原为具体的人物研究。

一、南海航程与蕃商"住唐"

自汉武帝以来,南海道长期被看作"遣使贡献"的贡道。贡使、僧徒和海商,接踵而来,互通有无。经过长达千年的拓展,到唐代中期以"广州通海夷道"之名出现,才具有丰富的地理内涵。宋代的海外交通,就是沿着这条中世纪的著名国际航路展开的。其东西走向,是从广州启碇,到潡洲放洋,经屯门山、七洲列岛、马六甲海峡,越印度洋,入波斯湾,直抵东非海岸。沿途所经的山、洲、城、国,共有百余处之多。② 航

---

① 参阅全汉昇:《宋代广州的国内外贸易》,载氏著《中国经济史研究》下册,台北:1991年,第478—519页。
② 前人对"广州通海夷道"的研究,以地名考释为多,可参看伯希和著、冯承钧译:《交广印度两道考》,中华书局1955年版,第63—138页;张星烺:《中西交通史料汇编》第二册,中华书局1977年版,第154—159页;冯承钧:《中国南洋交通史》,商务印书馆1937年版,第42—45页;邱新民:《东南亚文化交通史》第十四章,新加坡文学书屋1984年版,第204—220页;苏继卿遗著:《南海钩沉录》,台湾商务印书馆1989年版,第373—378页;曾昭璇:《广州历史地理》,广东人民出版社1991年版,第251—258页。

程如自西徂东,必经下列三大贸易港:

(1)没巽,又译"勿巡",是辛押随罗的故乡。位于波斯湾西侧,今阿曼的苏哈尔港。"在中世纪时期,阿曼不仅在海湾地区具有航海、文明的优势,而且在整个东方的海域都留下了它那快捷的帆影。阿曼人也不仅仅局限于到东非沿岸的有秩序的航行,他们还涉足远东,在印度和中国沿海地区留下了几个阿拉伯人聚居点(引者按,指广州和泉州的蕃坊),阿曼人在那里传播了伊斯兰教。"①

(2)故临,又译"俱蓝",即印度半岛西南的奎隆。"其国有大食国蕃客,寄居甚多","中国舶商欲经大食,必自故临易小舟而往,虽以一月南风至之,然往返经二年矣。"②

(3)三佛齐,位于苏门答腊东南部。"大会诸蕃所产,萃于本国。蕃商兴贩用金、银、瓷器、锦绫、缬绢、糖、铁、酒、米、干良姜、大黄、樟脑等物博易。其国在海中,扼诸蕃舟车往来之咽喉,古用铁索为限,以备他盗,操纵有机,若商舶至则纵之。"③三佛齐是著名的转运中心,"大食国之来也,以小舟运而南行,至故临国易大舟而东行,至三佛齐国乃复如三佛齐之入中国。其他占城、真腊之属,皆近在交阯洋之南,远不及三佛齐国、阇婆之半,而三佛齐、阇婆又不及大食国之半也。诸蕃国之入中国,一岁可以往返,唯大食必二年而后可。"④

南海航程处于印度洋的季候风区,因此,宋代往来中国的商舶,必须靠季候风航行。其规律是夏来冬去:"船舶去以十一月、十二月,就北风。来以五月、六月,就南风。"候风期约半年左右:"诸国人到广州,是

---

① 阿曼苏丹国新闻部:《阿曼苏丹国》,世界知识出版社1991年版,第17页。"蕃坊"相当于"跨文化的贸易聚落",参看 Philip D. Curtin, *Cross-cultural Trade in World History*, Cambridge University Press, 1984, pp. 2—3。
② 周去非著、杨武泉校注:《岭外代答校注》,中华书局1999年版,第91页。
③ 赵汝适原著、杨博文校释:《诸蕃志校释》,中华书局2000年版,第35—36页;藤善真澄:《诸蕃志译注》,关西大学出版部1990年版,第47—53页。
④ 周去非著、杨武泉校注:《岭外代答校注》,中华书局1999年版,第126—127页。

岁不归者，谓之住唐。"①市舶贸易的季节性，"住唐"候风的必要性，逐步形成蕃商聚居的社区，所谓"蕃坊"于是在广州应运而生。"蕃坊"之名，首见于唐人房千里《投荒杂录》，此书撰于文宗大和年间（827—835），可知9世纪初期，蕃客寄寓已经成为广州一种新的风尚。此风到11世纪中期大盛，按其历史地位而言。似乎可以称为广州蕃坊的辛押陁罗时代。

二、"蕃长"的起源和职权

唐代"广州通海夷道"的开拓，加强了印度洋区域与南中国海的经济联系，使广州的市舶贸易日益繁荣。8世纪中期，诗人杜甫已用"海胡舶千艘"之句概括了广府舶商云集的盛况。② 同时代的僧人行纪，也留下了可供印证的直观实录。天宝九载（750），鉴真和尚路过广州，目睹"江中有婆罗门、波斯、昆仑等舶，不知其数；并载香药、珍宝，积载如山。其舶深六七丈。师子国、大石国、骨唐国、白蛮、赤蛮等往来居住，种类极多。"③"大石"即"大食"，指阿拔斯王朝统辖下的阿拉伯国家，主要分布于两河流域和波斯湾。

种类庞杂的蕃商，在广州并不是群龙无首的。正如陆路入华的"兴生胡"有商主（音译"萨宝"）一样，海路来广的"海胡"也有号称"蕃长"的头领。开元二十九年（741）的"番禺界蕃客大首领伊习宾"，④就属于这类头面人物。"蕃客大首领"的规范化名称为"蕃长"，首见于《唐国史补》卷下：

---

① 朱彧：《萍洲可谈》，中华书局2007年版，第133—134页。
② 《全唐诗》卷二百二十三，杜甫：《送重表侄王砅评事使南海》。
③ 真人元开著、汪向荣校注：《唐大和上东征传》，中华书局2000年版，第74页。
④ 赞宁《宋高僧传》卷一，中华书局1987年版，第7页。廖大珂认为："蕃长的职责与外国沙班达尔几乎完全相同，因此蕃长就是波斯语中的沙班达尔，在唐代又称作'蕃客大首领'或'伊习宾'；在元代则称为'亦思巴'或'亦思八夷'。"见《"亦思八奚"初探》，《海交史研究》1997年第1期，第80页。

南海舶，外国船也。每岁至安南、广州。师子国舶最大，梯而上下数丈，皆积宝货。至则本道奏报，郡邑为之喧阗。有蕃长为主领，市舶使籍其名物，纳舶脚，禁珍异，蕃商有以欺诈入牢者。①

从上引的简略记述中，可知在唐代市舶使监管下，蕃首之责涉及督促蕃舶完纳下碇税、遵守舶来珍异物品"禁榷"（官专卖）的规定，以及追究蕃商的贸易欺诈行为，等等。至于历史文献对蕃长职权的详确介绍，则到北宋时代才出现。"广州蕃长"的全称，首见于宋淳化四年（993）大食舶主蒲希密的报告："昨在本国，曾得广州蕃长寄书诏谕，令入京贡奉，盛称皇帝圣德，布宽大之泽，诏下广南，宠绥蕃商，阜通远物。"（《宋史》卷四九〇）可知招商引贡，责在蕃长。宋徽宗崇宁年间（1102—1106），朱彧随父宦游广州，写下了一段亲身的见闻：

广州蕃坊，海外诸国人聚居，置蕃长一人，管勾蕃坊公事，专切招邀蕃商入贡，用蕃官为之，巾袍履笏如华人。蕃人有罪，诣广州鞫实，送蕃坊行遣。缚之木梯上，以藤杖挞之，自踵至顶，每藤杖三下折大杖一下。盖蕃人不衣裈裤，喜地坐，以杖臀为苦，反不畏杖脊。徒以上罪则广州决断。②

佚名的阿拉伯人著作《中国印度见闻录》（撰于回历237年，即西元851年），也为广州蕃长的行政职能和宗教职能提供了佐证：

商人苏莱曼（Solaiman）提到，在商人云集之地广州，中国官长委任一个穆斯林，授权他解决这个地区各穆斯林之间的纠纷；这是照中国君主的特殊旨意办的。每逢节日，总是他带领全体穆斯林做祷告，宣讲教义，并为穆斯林的苏丹祈祷。此人行使职权，做

---

① 李肇：《唐国史补》卷下，上海古籍出版社1979年版，第63页。
② 朱彧：《萍洲可谈》，中华书局2007年版，第134页。

出的一切判决,并未引起伊拉克商人的任何异议。因为他的判决是合乎正义的,是合乎尊严无上的真主的经典的,是符合伊斯兰法度的。①

这两段中阿历史资料,虽不同时,却具有历时性的价值,可供互补互证。开元二年(714),市舶使出现于广州,标志着市舶制度的兴起,属于盛唐气象之一。应运而生的蕃长,被赋予"管勾蕃坊公事"和"招邀蕃商入贡"两大任务。他并非由蕃商推举,而是"中国官长委任"的社区官吏。严格来说,蕃长既非蕃官,也非汉官,而是"照中国君主的特殊旨意"而设的"汉置蕃官"。因此,服饰上,"巾袍履笏如华人";权限上,没有"鞫实"审判之权,只有"行遣"惩罚之责。其独特性十分明显,不仅与近代洋人在通商口岸的"治外法权"大异其趣,②与荷属东印度名为"甲必丹"的华人港主也不可相提并论。唐宋时代广州的蕃长,既是行政官员,又是宗教领袖(伊斯兰教),具有政教合一的法权特征。他们既然是来自大食帝国的蕃商首领,就难免被打上"哈里发"行政体制的烙印了。本文考述的辛押陁罗事迹,按其名称、身分和功业,堪称"跨文化贸易"时代的人物典型。以下诸节,对历史的碎片略加整合,是把"蕃长"从概念变成实体的初步尝试。

三、辛押陁罗入贡及授官

在宋代市舶史上,辛押陁罗犹如天方来客,起初是以阿拉伯贡使身分出现的。从入贡到授官,是他舶商生涯的一大关键。

---

① 穆根来、汶江、黄倬汉译:《中国印度见闻录》,中华书局1983年版,第7页。
② 早期研究广州市舶史的日本学者,对蕃长职能屡有以今喻古的说法,是不能苟同的。如桑原骘藏云:"蕃坊似有治外法权",见《蒲寿庚考》,中华书局1957年版,第48页;藤田丰八也持此说:"蕃坊有蕃长,管辖蕃人,并处理其公务,略如后世之领事馆,且带有几分治外法权",见《宋代之市舶司与市舶条例》,商务印书馆1936年版,第32页。

宋神宗熙宁五年（1072）四月五日，"大食勿巡国遣使辛毗（押）陁罗，奉表贡真珠、通犀、龙脑、乳香、珊瑚笔格、琉璃水精器、龙涎香、蔷薇水、五味子、千年枣、猛火油、白鹦鹉、越诺布、花蕊布、兜罗绵毯、锦襈、蕃花簟。"①

同年六月二十一日，朝廷下诏嘉许："大食勿巡国进奉使辛押陁罗辞归蕃，特赐白马一匹、鞍辔一副。所乞统察蕃长司公事，令广州相度。其进助修广州城钱银，不许。"②

上引史文，除"助修广州城"一事另立专节讨论外，其余有关国名、人名、官名和贡品，逐一释证如后。

（一）国名

"勿巡"又作没巽，波斯湾苏哈尔港，波斯语称为 Mezoen，③在阿曼苏丹国首都马斯喀特西北 220 公里处。阿曼，即宋代"瓮蛮"。其风土物产，宋人已略知悉："地主缠头，缴缦不衣，跣足；奴仆则露首跣足，缴缦蔽体。食烧面饼、羊肉、并乳鱼菜。土产千年枣甚多，沿海出真珠，山畜牧马，极蕃庶。他国贸贩，惟买马与真珠及千年枣，用丁香、豆蔻、脑子等为货。"④

（二）人名

辛押陁罗作为大食属国的进奉使，其名称当应源于阿拉伯语，可能就是 Shaykh Abdullāh（谢赫·阿卜杜拉）的音译。其对应的音节，

---

① 《宋会要辑稿》，《蕃夷》七之三二，中华书局 1957 年版，第 7855 页。
② 《宋会要辑稿》，《蕃夷》四之九二，第 7759 页。
③ 张星烺：《中西交通史料汇编》第二册，中华书局 1977 年版，第 159 页；陈佳荣等：《古代南海地名汇释》，中华书局 1986 年版，第 208 页。
④ 赵汝适原著、杨博文校释：《诸蕃志校释》，第 107—108 页。现存河南巩义市的北宋永定陵石雕，仍存有一尊缠头金使形象，可供参考。见《北宋皇陵》，中州古籍出版社 1997 年版，第 121 页。"大食勿巡国"的商人，在唐末至北宋曾从广府贸贩大量瓷器，详见（法）米歇尔·皮拉左里著、程存三告译：《阿曼苏哈尔遗址出土的中国陶瓷》，《海交史研究》1992 年第 2 期。

似可比拟如下：辛（谢赫）、押（阿卜）、陁（杜）、罗（拉）。"谢赫"即"长老"，是穆斯林对教内长者的尊称。所谓"辛押陁罗"，其实就是"阿卜杜拉长老"。由长老出任贡使，说明入宋的勿巡使者具有政教合一的特征。

（三）官名

宋廷对辛押陁罗授官，不止一次，既有实职，还有散官。前引神宗诏令，有"所乞统察蕃长司公事，令广州相度"之句，《宋史·大食传》作"诏广州裁度"，即由广府安排他出任"蕃长"的实职。此外，为了对这位进奉使表示嘉勉，辛押陁罗还被授予"将军"头衔，任命书《辛押陁罗归德将军敕》是由大学士苏东坡草拟的，全文如下："敕具官辛押陁罗，天日之光，下被草木，虽在幽远，靡不照临。以尔尝诣阙庭，躬陈琛币，开导种落，岁致梯航，愿自比于内臣，得均被于霈泽，祗服新宠，益思尽忠。可。"①按"归德"一名，使用甚早。北魏洛阳城南，为安置归化之民而设置的四夷里，已有"归德里"之称。② 唐贞元十一年（795）正月十九日正式设置"归德将军"，以授蕃官。北宋前期沿袭唐制，"归德将军"附于武散官二十九阶之第五阶，授蕃官，从三品。③ 可知，广州蕃长辛押陁罗，是兼有散官和实职两重身分的。

（四）贡品

据前引的贡品名单，可知种类繁多，来源不一。其中真珠、龙脑、乳香和千年枣，均为辛押陁罗故国方物，可以无疑。除此之外，则多为沿途采购的马来群岛物产。属于家居用品的席子，原不足以入贡，但"蕃花簟"却是爪哇岛国丹戎武啰的特产："山产草，其状似藤，长丈余，纹缕

---

① 《苏轼文集》，《外制集》卷中。
② 杨衒之撰、周祖谟校释：《洛阳伽蓝记校释》，中华书局1963年版，第130页。
③ 龚延明编著：《宋代官制辞典》，中华书局2007年版，第562页。

端腻，无节目，名曰椰心草。番之妇女采而丝破，织以为簟，或用色染红黑相间者曰花簟，冬温而夏凉，便于出入。"①贡品中唯一的活物白鹦鹉，也是南海珍禽，早在唐代已经成为后宫宠物。"开元中，岭南献白鹦鹉，养之宫中，岁久，颇聪慧，洞晓言词。上（玄宗）及贵妃皆呼为雪衣女。性既驯扰，常纵其饮啄飞鸣，然亦不离屏帏间。上令以近代词臣诗篇授之，数遍便可讽诵。"后来这只"雪衣女"被鹰搏而毙，"上与贵妃叹息久之，遂命瘗于苑中，为立冢，呼为鹦鹉冢。"②像这样的慧鸟，当然也是宋代宫廷乐于接受的。白鹦鹉能言，但所言何语，如果不是汉语而是蕃语，那就要劳太监或宫女重新调教了。不然，即使是贡品，也会像朱彧一样扫兴的："余在广州，购得白鹦鹉，译者盛言其能言，试听之，能蕃语耳，嘲哳正似鸟声，可惜枉费教习，一笑而还之。"③

赵宋一代，致力于招徕远人，旨在增加岁入。贡使受到礼遇，原是情理中事。但宋廷对其授官愿望，并非有求必应，而是区别对待的。下列一事，足以为证。熙宁六年（1073）十月五日，"大食陁婆离慈进奉都蕃首、保顺郎将蒲陁婆离慈，表男麻勿将贡物，乞赐将军之名，仍请以麻勿自代。诏蒲麻勿与郎将，余不行。"④较之"归德将军"辛押陁罗，蒲陁婆离慈父子，确实大不如人。"郎将"是无定员的低级散官，谈不上多大体面。他们与辛押陁罗相比，虽然也是"大食"的臣属，并进奉国贡物，但却欲求"将军"头衔而不可得，显然是业绩欠佳。那么，辛押陁罗又有何德何能呢？前引苏东坡所拟的神宗敕文，已列举出"当诸阙庭，躬陈琛币，开导种落，岁致梯航"四项，显然就是这名蕃官致身通显的原因。下面将进一步探讨辛押陁罗在广州蕃长任期内的事功，特别是他对设置蕃学所作的贡献。

---

① 赵汝适原著、杨博文校释：《诸蕃志校释》，第193页。
② 郑处诲：《明皇杂录》，中华书局1994年版，第58页。
③ 朱彧：《萍洲可谈》，中华书局2007年版，第137页。
④ 《宋会要辑稿》蕃夷四之九二，第7759页。

四、辛押陁罗与"西城"和"蕃学"的修建

11世纪中期的广州,并不是处于河清海晏的年代,尽管市舶贸易兴旺,但也经历过严酷的战火。皇祐四年(1052)四月,广源州蛮首侬智高起事,率众七千多人,围困广州近两个月,不克而去。至次年五月,狄青在归仁铺击溃了侬智高的队伍,广州才转危为安。

侬智高围攻的广州,是一座临江而筑的子城,无左右辅翼,势孤防弱。城郊民户,也毫无屏障,唯有逃散而已。经此一役之后,当地官府力求亡羊补牢,除加固子城城垣外,又向两侧扩建,遂成"广州三城"。其中东城修建于熙宁二年(1069),面积只有四里,地基为古越城废墟。西城修建于熙宁四年(1071),周十三里,蕃汉杂居,共开七个城门。面向珠江的东南四门依次命名为"航海""朝宗""善利""阜财",①反映出追求市舶之利的社会心理。辛押陁罗"助修广州城"之"城",指的就是西城。据现代学者研究,西城四至如下:"西界即和今天西濠相当。南界即和玉带濠相当。东界与西湖相当。北界与天濠街相当。"②与子城和东城相比,西城风情,别具一格。这里是"蕃坊"(又称"蕃巷")的所在地,"蕃塔"(光塔)高矗,犹如城标。还有粤楼一座,立于大市,高五丈余,下瞰南濠,气象雄伟,是广州知府程师孟标榜与民"共乐"的政绩工程,观其所作《题共乐亭》一诗,即知寓意所在:"千门日照珍珠市,万瓦烟生碧玉城。山海是为中国藏,梯航犹见外夷情。"(《舆地纪胜》卷八十九)"碧玉城"虽属夸饰之辞,但"外夷情"中确实有辛押陁罗一份心意,则是于史有征的。至于宋神宗没有批准他的赞助,大概是因为修城属官方市政建设,不宜"外夷"插手。

---

① 郭棐:《广东通志》卷十五,《城池》。
② 曾昭璇:《广州历史地理》,广东人民出版社1991年版,第288页。

为外族立学,是宋代文教设施的创举,对后世产生深远影响。① 广州办蕃学,也是程师孟任期内的事。辛押陁罗助修西城受阻,但置蕃学的愿望却实现了。蕃长与蕃学结缘,是值得后人回顾的。

据熙宁七年(1074)程矩《学田记》云:

> 郡人试将作监主簿刘富,居一日,趋拜(程师孟)墀下曰:"富有负郭不腆之土,而廪庾居舍卒,尝改治之,总其直与废,为钱百五十万,乞资于学官。"怀化(归德)将军卒(辛)押陁罗,亦捐赀以完斋宇,复售田以增多之,其数亦埒富之入;且愿置别舍,以来蕃俗子弟,群处讲学,庶太平德泽,无远迩之限也。夫厚藏之人,锥刀之末,何尝惮而不争;至有以死生罪福,夸说胁诱,则胠箧探囊,未尝为之憾恨,岂有意于儒者之聚敛?然于是也,非狃陶教诲而辄悟道哉?夫圣贤之道,虽充足于己,而油然乐于胸中,必恃食以生。始公以圭田之收,继生员之给,今有不待戒告而愿赡其用,是可语于善也。②

广州官学从草创到完善,得力于蕃汉富户共襄盛举。刘富其人,出身南海县乡贡进士,并有出使海外的经历。据《续资治通鉴长编》卷二九○载,刘富曾"赍赐真腊国王,及管押本国贡物上京。中书初未曾拟赏,而令客省发归本路。上(神宗)批:昨朝廷以交蛮犯顺,令广州选募富往真腊国宣谕。闻往来海上,亦颇勤劳,可量与酬赏。"③可知刘富之"富",也与海外贸易有关。至于辛押陁罗为教育"蕃俗子弟",甚至不惜变卖田产,置别舍于官学斋宇之侧,如此苦心孤诣,究竟成效如何呢?到大观二年(1108),广州蕃学确实已经上了正轨。请听一位"广州蕃学教授"的评价:

---

① 《吕思勉读史札记》,上海古籍出版社1982年版,第1100—1102页。
② 程矩《学田记》是杨宝霖先生从《永乐大典》卷21984"学字韵·郡县学三十"中辑出的,全文见《元大德南海志残本(附辑佚)》,广东人民出版社1991年版,第164—166页。
③ 参阅森田健太郎:《列富与辛押陁罗》,早稻田大学《史嫡》第23辑(2001年12月),第23—39页。

前摄贺州州学教授曾鼎旦言,切见广州蕃学渐已就绪。欲乞朝廷据南州之纯秀练习土俗者,付以训导之职,磨以岁月之久,将见诸蕃之遣子弟仰承乐育者相望于五服之南矣。诏曾鼎旦充广州蕃学教授。其应合行事件,并依也。①

蕃学就绪,教授到位,赞助人辛押陁罗可以无憾矣。

五、辛押陁罗和香方分析

宋代广州的市舶贸易,尽管"舶来品"的结构相当复杂,但以香药为大宗,故有"广通舶,出香药"之说。② 原生态的香药,进口后还要加工,包括鉴定、保藏和配制,这样便促使广州出现了"和香人"的新行业。著名的"吴宅心字香",就是番禺人吴兴在淳熙年间(1174—1189)配制成功的。③

制香的技术规范来自"和香方"。内中开列香种、分量、火候、剂型等项,像药方一样。传世的辛押陁罗和香方,是宋代香谱中的外来文化,颇具分析的价值。抄录如下:

辛押陁罗亚悉香

沉香(五两)　　　兜娄香(五两)　　　檀香(三两)
甲香(三两,制)　　丁香(半两)　　　　大石芎(半两)
降真香(半两)　　　安息香(三钱)　　　米脑(二钱白者)
麝香(二钱)　　　　鉴临(二钱另研,详或异名)

右为细末,以蔷薇水、苏合油和剂,作丸或饼,爇之。④

---

① 《宋会要辑稿》崇儒二之一二,第 2193 页。
② 详见关履权:《宋代广州的香料贸易》,《文史》第三辑,中华书局 1963 年版,第 205—219 页。
③ 《范成大笔记六种》,中华书局 2002 年版,第 115、94 页。
④ 周嘉胄:《香乘》卷十七。

此方以植物香为主,动物香微量。主剂用香十一种,和剂用香两种。剂型为丸或饼。按其基本成分而言,应属海药本草之列。现分主剂、和剂两类,略释诸香的性状和用途。

(一) 主剂

沉香　树脂凝结而成,气味馨郁,是著名熏香料,又名沉水香。"沉香入水即沉,其品凡四:曰熟结,乃膏脉凝结自朽出者;曰生结,乃刀斧伐仆膏脉结聚者;曰脱落,乃因木朽而结者;曰虫漏,乃因蠹隙而结者。生结为上,熟脱次之。坚黑为上,黄色次之。角沉黑润,黄沉黄润,腊沉柔韧,革沉纹横,皆上品也。"①经海路入广的沉香称"舶香",与海南黎峒的"土沉香"不同:"舶香往往腥烈,不甚腥者,意味又短,带木性,尾烟必焦。"②

兜娄香　"兜娄香出海边国,如都梁香。亦台香用,茎叶似水苏。"③

檀香　檀香在宋代,是阇婆和三佛齐的特产。"其树如中国之荔支,其叶亦然,土人斫而阴干,气清劲而易泄,爇之能夺众香。色黄者谓之黄檀,紫者谓之紫檀,轻而脆者谓之沙檀,气味大率相类。树之老者,其皮薄,其香满,此上品也。次则有七八分香者。其下者谓之点星香,为雨滴漏者谓之破漏香。其根谓之香头。"④檀香在宗教上是著名的供香,也是理气之药。留香持久,在诸香和合时,能起定香作用。

甲香　甲香即螺掩,为螺壳口之圆片状物,由螺足部表皮分泌物而成。《南州异物志》曰:"甲香大者如瓯面,前一边直才长数寸,围壳岨峿有刺。其掩杂众香烧之使益芳,独烧则臭。一名流螺。诸螺之中,流最厚味是也。其蠡大如小拳,青黄色,长四五寸。人亦啖其肉,今医方稀

---

① 李时珍:《本草纲目》卷三十四。
② 《范成大笔记六种》,中华书局 2002 年版,第 115、94 页。
③ 周嘉胄:《香乘》卷四。
④ 赵汝适原著、杨博文校释:《诸蕃志校释》,第 179 页。

用,但合香家所须。"①方中对三两甲香附加"制"字,指经酒蜜煮制后才可和合。

丁香 其状似"丁"字,因以为名,或称鸡舌香。"三月、二月开花,紫白色。至七月方始成实,大者如巴豆,为之母丁香;小者实,为之丁香。"②一说其花蕾之干制成品名为丁香,而其果实之干制成品名为丁香母。③ 味芬芳,能正气,治口臭,止心腹痛。

大芎 据《本草衍义》称:"芎䓖,今出川中,大块,其里色白,不油色。嚼之微辛,根者佳。他种不入药,止可为末,煎汤沐浴。此药今人所用最多,头面风不可缺也,然须以他药佐之。"④

降真香 一名紫藤香,形似鸡骨,又名鸡骨香。俗传舶上来者为"番降"。"生南海山中及大秦国,其香似苏方木,烧之初不甚香,得诸香和之,则特美。入药以番降紫而润者为良。"⑤方中所用降真香,当为"番降"。

安息香 树脂,状若桃胶。"出波斯国,波斯呼为辟邪。树长三丈,皮色黄黑,叶有四角,经寒不凋。二月开花,黄色,花心微碧,不结实。刻其树皮,其胶如饴,名安息香。六七月坚凝,乃取之。烧之通神明,辟众恶。"⑥此香是著名熏香,畅达心脾,行气活血。

米脑 又名脑子,龙脑香之一。固体凝脂,气芳烈,挥发力极强,有通窍散血之功。"土人入山采脑,须数十为群,以木皮为衣,赍沙糊为粮,分路而去。遇脑树则以斧斫记,至十余株,然后裁段均分,各以所得,解作板段,随其板旁横裂而成缝。脑出于缝中,劈而取之。其成片者谓之梅花脑,以状似梅花也。次谓之金脚脑。其碎者谓之米脑。碎

---

① 尚志钧辑校:《海药本草》,人民卫生出版社 1997 年版,第 81 页。
② 同上书,第 42 页。
③ 赵汝适原著、杨博文校释:《诸蕃志校释》,第 181 页。
④ 林天蔚:《宋代香药贸易史》,中国文化大学,1986 年,第 64 页。
⑤ 周嘉胄:《香乘》卷四。
⑥ 段成式:《西阳杂俎》前集卷之十八,中华书局 1981 年版,第 177 页。

与木屑相杂者,谓之苍脑。"①

麝香　又名麝脐香,是从雄性麝鹿肚脐和生殖器之间的腺囊内提取的粒状晶体。据《药性解》云:"麝香为诸香之最,其气投入骨髓,故于经络不所不入。然辛香之剂,必须损耗真元,用之不当,反引邪入髓,莫可救药,诚宜谨之。"②合香中不宜多用,故方中特标出微量"二钱"。

鉴临　此词非香名,似为对和香方的案验意见,指麝香二钱应另研。附注"详或异名",待考。

（二）和剂

蔷薇水　又称古剌水,是波斯语 Gulab 的音译。大食蔷薇水在宋代享有盛名:"旧说蔷薇水,乃外国采蔷薇花上露水,殆不然。实用白金为甑,采蔷薇花蒸气成水,则屡探屡蒸,积而为香,此所以不败。但异域蔷薇花气,馨烈非常。故大食国蔷薇水虽贮琉璃缶中,蜡密封其外,然香犹透彻,闻数十步,洒人衣袂,经数十日不歇也。至五羊效外国造香,则不能得蔷薇,第取素馨、茉莉花为之,亦足袭人鼻观,但视大食国真蔷薇水,犹奴尔。"③方中的和剂,当为"大食国真蔷薇水",不会是五羊仿制品。

苏合油　苏合油与苏合香是二物,不可混为一谈。"广州虽有苏合香,但类苏木,无香气。药中只用有膏油者,极芳烈。大秦国人采得苏合香,先煎其汁,以为香膏,乃卖其滓与诸国贾人,是以展转来达中国者,不大香也。然则广南货者,其经煎煮之余乎。今用如膏油者,乃合治成香耳。"④苏合油曾讹传为"狮子屎",实则是植物性香油。

以上各种成分,经和合而成"辛押陁罗亚瑟香",无论是香丸还是香

---

① 赵汝适原著、杨博文校释:《诸蕃志校释》,第 161 页。
② 叶岚:《闻香》,山东书报出版社 2011 年版,第 259—260 页。
③ 蔡绦:《铁围山丛谈》卷五,中华书局 1983 年版,第 97—98 页。参阅 F. Hirth, Chau Ju-kua, *Chǔfan Chi*, St. Petersburg, 1912, pp. 203—204。
④ 周嘉胄:《香乘》卷四。

饼,均非口服药物,而是专供熏蒸的养生怡神之香。亚瑟香又译"亚悉香",是异香之一,为北宋宫廷所重。据张邦基《墨庄漫录》卷二云:"宣和间(1119—1125),宫中重异香:广南笃耨、龙涎、亚悉、金颜、雪香、褐香、软香之类。"

六、辛押陁罗的遗产纠纷

蕃商的遗产继承,也是市舶贸易中人际关系的大事。唐宋时代,屡有此类案件发生。从以下两个例子即可看出问题的复杂性。

《新唐书》卷一六三《孔戣传》载:"旧制,海商死者,官籍其赀。满三月,无妻子诣府,则没入。戣以海道岁一往复,苟有验者,不为限,悉推与。"宽限处理,就算德政了。

《癸辛杂识》续集卷下又有具体案例:"泉南有巨贾南蕃回回佛莲者,蒲氏之婿也。其家富甚,凡发海舶八十艘。癸巳岁殂,女少无子,官没其家赀,见在珍珠一百三十石,他物称是。省中有榜,许人告首隐寄债负等。"①女少无子,即为"绝户",家赀就被充公了。

较之以上案例,辛押陁罗"住唐"更久,家产更大,散官级别也更高,其遗产如何继承,自然引起公私双方的共同关注。由于涉案多人,而又不是在广州而是直上汴京(开封)起诉的,因此,办案经过颇有周折。苏辙在《辨人告户绝事》文中备记其事如下:

广州商有投于户部者,曰:"蕃商辛押陁罗者,居广州数十年矣,家赀数百万缗,本获一童奴,过海遂养为子。陁罗近岁还蕃,为其国主所诛,所养子遂主其家。今有二人在京师,各持数千缗,皆养子所遣也。此于法为户绝,谨以告。"李公择既而为留状,而适在告,郎官谓予曰:"陁罗家赀如此,不可失也。"予呼而讯之曰:"陁罗

---

① 周密:《癸辛杂识》,中华书局1988年版,第193页。

死蕃国,为有报来广州耶?"曰:"否,传闻耳。""陁罗养子所生父母、所养父母有在者耶?"曰:"无有也。""法告户绝,必于本州县,汝何故告于户部?"曰:"户部于财赋无所不治。"曰:"此三项皆违法,汝姑伏此三不当,吾贷汝。"其人未服。告之曰:"汝不服,可出诣御史台、尚书省诉之。"其人乃服。并召养子所遣二人,谓之曰:"此本不预汝事,所以召汝者,恐人妄摇撼汝耳。"亦责状遣之。然郎中终以为疑,予晓之曰:"彼所告者,皆法所不许。其所以不诉于广州,而诉于户部者,自知难行,欲假户部之重,以动州县耳。"郎中乃已。①

苏辙宋哲宗元祐二年(1087)十一月为户部侍郎,四年调离户部,辨告之事,当在这两年内。② 从投状中,可获知有关辛押陁罗的若干信息,分述如次:

第一,"居广州数十年",按一世三十年计,则辛押陁罗"住唐"始于宋仁宗嘉祐年间(1056—1063)。大概他是先为海商,致富后才兼贡使的。亦贡亦贾,遂被敕授"归德将军"。

第二,"家赀数百万缗",这是一个庞大数字。试与北宋国库岁入相比,即可知其家当非同小可。据《建炎以来朝野杂记》卷十四云:"国朝混一之初,天下岁入缗钱千六百余万,太宗皇帝以为极盛,两倍唐室矣。天禧之末,所入又增至二千六百五十余万缗。嘉祐间,又增至三千六百八十余万缗。其后月增岁广,至熙、丰间,合苗役税易等钱所入,乃至六千余万。元祐之初,除其苛急,岁入尚四千八百余万。"两相比较,这位广州蕃长,堪称富可敌国了。

第三,辛押陁罗在广州的家属只有养子人一,原为"童奴"(或即"昆仑奴")。至于他"近岁还蕃,为其国主所诛",虽未得其详,但"近岁"当距投诉之时不远,似可断在元丰末至元祐初。因此,本文推测辛押陁罗

---

① 苏辙:《龙川略志》卷五,中华书局1982年版,第28—29页。
② 孔凡礼:《苏辙年谱》,学苑出版社2001年版,第381—404页。

寄寓广州的年代,可能在1056—1086这个时段。偏差难免,聊备一说而已。

在辛押陁罗的遗产纠纷中,苏辙所起的作用是"辨",而不是"判"。他认定那位向户部投诉的"广州商"行为违法,紊乱官司,应予斥责。所谓"三项皆违法",指的是:一,死无确证,仅据"传闻";二,"养子"并非血亲;三,越过广府,直诉户部,是越级上诉。因此,不予受理,并揭露其投诉动机不纯:"欲假户部之重,以动州县耳。"

辛押陁罗的遗产纠纷,最后如何结案,史无明载。倘若全数"没入"官府,这位"蕃长"漂洋过海的半生辛劳,也就烟消云散,只留下历史的遗憾了。

结　语

宋代广州的市舶贸易,是一种以香药珠犀为特色的跨文化贸易。纷然杂陈,丰富多彩,屡见吟咏。北宋诗人郭祥正的《广州越王台呈蒋帅待制》一诗,说得有声有色:

> 番禺城北越王台,登临下瞰何壮哉。
> 三城连环铁为瓮,睥睨百世无倾摧。
> 蕃坊翠塔卓椽笔,欲蘸河汉濡烟煤。
> 沧溟忽见飓风作,雪山崩倒随惊雷。
> 有时一碧淳万里,洗濯日月光明开。
> 屯门钲铙杂大鼓,舶船接尾天南回。
> 斛量珠玑若市米,担束犀象如肩柴。①

郭氏生于11世纪中期,是辛押陁罗的同时代人。诗中对市区结构

---

① 郭祥正:《青山集》卷八,影印文渊阁《四库全书》第1116册,第614页。

（三城连环）、人文景观（蕃坊翠塔）及舶货类别（珠玑犀象）等的描述，再现了广州蕃长活动的历史场景，亦诗亦史，确实耐人寻味。

宋代广州的历任蕃长，见于文献的寥寥无几。就算名著一时的辛押陁罗，也只留下零散的片断记载。经过本文的整合与考述，可知其人其事涉及市舶史、职官史、教育史、香药史和法律史，体现了异质文化的接触和交融，堪称华化蕃官的历史标本。

辛押陁罗的事迹表明，广州蕃长的法权地位有明显的时代性，与后世的领事裁判权不可同日而语。在朝贡体制下，他具有海商兼贡使的复合身份；在蕃坊社区里，他是政教合一的头面人物；而按宋代官制，他又是带有"将军"头衔的朝廷命官（散官）。因此，蕃长的设置，仅仅植根于市舶时代（和平贸易）的独特环境，没有也不可能向洋舶时代（商业战争）延伸。

"唐宋八大家"中的苏轼、苏辙兄弟，尽管与辛押陁罗同时而不相识，但并不等于绝缘。"二苏"中一人为他的授官草敕，一人为他的遗产辨明是非。这种出人意料的巧合，为中国阿曼关系史增添了意味深长的佳话。

宋代广州的市舶宴

广州是唐宋时代的著名贸易港,海舶往来,络绎不绝。作为中世纪香料贸易的集散地,"广府"①收课丰厚,号称"天子南库"。②乳香、龙脑、丁香、胡椒,以及象牙、犀角等形形色色的舶来品,按"榷货"抽解专卖,往往又以"广货"之名行销内地,影响极其深远。清代诗人袁枚有"岭南从古称香国"③之句,充分概括了市舶时代广州口岸的贸易特征。

早在唐玄宗开元二年(714),广州已有市舶使行使职权。至宋太祖开宝四年(971),置广州市舶司,逐步形成一套管理海外贸易的体制和礼仪。从学术史看,体制研究较深较细。至于市舶礼仪,则自桑原骘藏《蒲寿庚考》一书问世以来,似乎就少人问津了。本文拟就"市舶宴"一事略加探讨,通过对其起源、形态和影响的考释,说明市舶贸易史中尚有值得开发的文化资源,可以提供超越经济单一性的历史认识。

一、市舶宴的起源

宋代来往广州的海舶,受自然条件所制约,必须靠季候风航行。大体而言,其航程是冬往夏归:"船舶去以十一月、十二月,就北风。来以

---

① 关于"广府"一名在唐代文献中的使用情况,详见岑仲勉:《中外史地考证》上册,中华书局1962年版,第295—296页;岑仲勉:《唐史馀瀋》,中华书局2004年版,第252—254页。并可参看《吕思勉读史札记》丁帙,《唐代市舶》,上海古籍出版社1982年版,第999—1008页。
② 叶廷珪:《海录碎事》,上海辞书出版社1989年影印万历本,第415页。另可参阅全汉昇:《宋代广州的国内外贸易》,《中国经济史研究》下册,台北,1991年版,第478—550页。
③ 袁枚:《小仓山房诗文集》上册,上海古籍出版社1988年版,第805页。

五月、六月,就南风。"①候风之期,约半年左右:"诸国人至广州,是岁不归者,谓之住唐。"②蕃商在"住唐"期间,出售商品、维修船舶和采购回程物资,聚居"蕃坊"(或称"蕃巷"),受"蕃长"约束管理。在启碇之前,广州市舶司的提举官,为表示顺风相送,应设宴钱行,这就是市舶宴:"岁十月,提举司大设蕃商而遣之。"③设宴地点在"海山楼",位于广州城南市舶亭之侧,面临珠江,即《萍洲可谈》卷二所记:"广州市舶亭,枕水有海山楼。正对五洲,其下谓之小海。中流方丈余,舶船取其水,贮以过海则不坏。"以上情况,是朱彧于崇宁年间(1102—1106)随父游宦广州的直接见闻。可知,市舶宴之制,创于北宋。南宋的广州市舶司,继续遵行,遂成定例。

市舶宴的规模多大,没有明确记载。应邀赴宴者应该不是全体海商和船员。据绍兴二年(1132)六月二十一日广南东路经略安抚市舶司奏,可知出席者只是诸舶的货主、船长和舵师等代表人物:

> 广州自祖宗以来,兴置市舶,收课日倍于他路。每年发舶月分,支破官钱,管设津遣。其蕃汉纲首、作头、梢工等人,各令与坐,无不得其欢心。非特营办课制,盖欲招徕外夷,以致柔远之意。
>
> (《宋会要辑稿》职官四四)

宴会规模既有限制,"支破官钱"也就不会过分庞大。据曾任广南市舶司提举官的楼璹于绍兴十四年(1144)奏称:"每年十月内,依例支破官钱三百贯文,排办筵宴。"(《宋会要辑稿》,《职官》四四)按宋代钱制有铜、铁之分,官钱当为铜钱。折合绍兴年间金价,"金每两三十千",则市舶宴费金十两,相当于官方配卖僧尼度牒两三道的价钱。④

---

① 朱彧:《萍洲可谈》卷二,上海古籍出版社1989年版,第26页。
② 同上书,第27页。
③ 周去非:《岭外代答》卷三,中华书局1999年,第126页。俄国友人马·尤·乌里扬诺夫的《岭外代答》译注本,莫斯科,2001年版,第156页,译"大设"为"举办盛宴",得其确解。
④ 王仲荦:《金泥玉屑丛考》,中华书局1998年版,第234、430页。

关于宋代广州市舶宴的时间、地点、规模和费用,已略述如上。下面将对其文化形态和物质形态,作进一步的探讨。

二、市舶宴的设蕃乐语

海山楼的市舶宴为官办的礼宾酒会,宫商递奏,劝酒助兴,一派蕃汉齐乐景象。南宋诗人洪适的《番禺调笑》,有《海山楼》一题专咏其事:

> 高楼百尺迓岩城,披拂雄风襟袂清。
> 云气笼山朝雨急,海涛侵岸暮潮生。
> 楼前箫鼓声相和,戢戢归樯排几柂。
> 须信官廉蚌蛤回,望中山积皆奇货。

宴会上的歌舞,有"乐语"为序幕,包括"致语"(骈文)和"韵语"(诗歌)两部分。据《资治通鉴·唐懿宗纪》"咸通九年九月"条胡三省注:"今诸蕃府有大宴,则乐部头当宴致辞,称颂宾主之美,所谓'致语'者是。"张邦基《墨庄漫录》卷九云:"凡乐语不必典雅,惟语时近俳乃妙。"洪适就有颇妙的《设蕃乐语》,对宴会宗旨、市舶政绩及顺风祝愿,逐一表述,包含耐人寻味的历史信息:

> 南越建邦,乃夷落珍奇之凑。北风应律,正舶商遄发之期。惟朝家申徕远之恩,故会府举示慈之宴。经略政容狱市,誉溢康庄。得华裔之欢心,知藩垣之大体。治如方庆,忿息昆仑之酋。诗美郑公,货通师子之国。提刑凛然直指,籍甚遐方。奇器弗为,不事齿牙之饰。贪泉自饮,蔑闻毫发之须。提举信著外区,赋盈内府。致栖陆藏山之宝,侈拔犀擢象之储。船交海中,何啻四十余柂。钱流地上,亡虑数百万缗。当其整楫之时,爰共肆筵之乐。嘉宾簪盖,廉贾鼎来。缠头夸衣卉之装,屈膝拜赐花之况。与之亢礼,莫不令仪。一醉宁辞,此去布帆无恙。再行益富,岂有垂橐而归。某艺习

梨园,营分柳陌,初无棘句,可助棹讴。

海山楼下水朝东,此去弥漫拍太空。
稇载宁寻蓃尔国,舟行好趁快哉风。
往来云汉经星外,出入鱼龙巨浪中。
拜手君王零湛露,举觞须似吸川虹。①

乐语是由籍隶梨园的艺人按文人预拟的台词说唱的,其中对广府廉政的歌功颂德,引用"方庆"及"郑公"二典,均出唐代,略释如下:

第一,"治如方庆,忿息昆仑之酋。"方庆姓王,名綝,"武后时,迁累广州都督。南海岁有昆仑舶市外区琛琲。前都督路元睿冒取其货,舶酋不胜忿,杀之。方庆至,秋毫无所累。始,部中首领沓墨,民诣府诉,府曹素相饷谢,未尝治。方庆约官属不得与交通,犯者痛论以法,境内清畏。议者谓治广未有如方庆者,号第一,下诏赐瑞锦、杂彩,以著善政。"(《新唐书》卷一一六《王綝传》)

第二,"诗美郑公,货通师子之国。"郑公即郑权,长庆三年(823)出任岭南节度使。韩愈作《送郑尚书序》,并赋诗《送郑尚书赴岭南》,内有句云:"货通师子国,乐奏武王台。"②

明其典据之后,可知乐语是娱乐性的致语,似通非通,方见其妙。本来是王方庆平息昆仑酋之忿,说成"忿息昆仑之酋";因驯养神狮得名的师子国,被拆成"师子之国"。如此等等,不伦不类,正合俳优口气。

此外,乐语述及"提举"每年的财政收入多达"数百万缗",那么,市舶宴所费"官钱三百贯文",就约占万分之一,不算是个小数目了。至于其中"肆筵"、"举觞"等字眼,则提示了市舶宴的物质形态,这也是题中应有之义,理当加以阐述。可惜史无明载,难得庐山真面目。下面只好用旁证来推断,构拟一份想象性的食单,聊资谈助而已。

---

① 洪适:《盘洲文集》,四部丛刊初编本,卷六五、卷七八。
② 钱仲联:《韩昌黎诗系年集释》下册,上海古籍出版社1984年版,第1259页。

三、市舶宴的饮馔结构

唐宋时代广州的海舶,名目繁多,有南海舶、波斯舶、昆仑舶、师子国舶,等等。舶商以大食蕃客为主体,或来自波斯湾的瓮蛮(阿曼),或来自马六甲海峡的三佛齐(苏门答腊),大多奉行伊斯兰教,崇尚阿拉伯文明。因此,市舶宴一定会尊重他们的饮食禁忌,排除猪肉类的菜肴。至于饮料和果品,当然也应适合"大食"口味,否则,"示慈之宴"就令人望而生畏了。

宋人视"九"为吉祥,御宴和国宴均设"九盏"。陆游记集英殿宴金国使人的"九盏":"第一肉咸豉,第二爆肉双下角子,第三莲花肉油饼骨头,第四白肉胡饼,第五群仙炙太平毕罗,第六假圆鱼,第七奈花索粉,第八假沙鱼,第九水饭咸豉旋鲊瓜姜。"① 广州市舶宴是否也按"九盏"的规格办,不得而知。但无论如何,盏中之肉必非猪肉,是没有疑问的。参照北宋广州府帅的官宴,有"鬼奴金盘献羊肉,蔷薇瓶水倾诸怀",以及"元戎要宾锤大鼓,老蛮献馔烧肥羊"之类的场面,② 则市舶提举官为大食舶商饯行,很可能其饮馔结构也包含烧羊肉和玫瑰露。又据岳珂《桯史》卷一一云:绍熙年间(1190—1194),广州巨富蒲姓舶商,常与广帅、舶司交往,以"酒馔烧羊"致谢,"羊亦珍,皮色如黄金,酒醇而甘,几与崖蜜无辨"。住唐的蕃客嗜甘,五味中尤好甜味,也见于当年蕃坊的饮食习惯:"顷年在广州,蕃坊献食,多用糖蜜脑麝,有鱼虽甘旨,而腥臭自若也,惟烧笋菹一味可食。"③ 看来,在"设蕃"的场合,蕃坊的蕃菜可备入席之选,似乎也是合情合理的。前引宴金国使人"九盏"中有胡饼和毕罗,足为旁证。

---

① 陆游:《老学庵笔记》卷一,中华书局1997年版,第2—3页。
② 郭正祥:《青山集》(四库本)卷八的两首诗:《广州越王台呈蒋帅待制》及《蒲涧奉呈蒋帅待制》。
③ 朱彧:《萍洲可谈》卷二,第31页。

宴席通常都有果品,按宋代广州的时尚,下列两品最引人注目,或也可用于市舶宴上供客:

第一,波斯枣,又名千年枣。《岭表录异》卷下云:"广州有一种波斯枣,木无旁枝,直耸三四丈,至颠四向,其生十余枝,叶如棕榈,彼土人呼为海棕木,三五年一着子,每朵约三二十颗,都类北方青枣,但小尔。舶商亦有携大国者,至中国色类砂糖,皮肉软烂,味极甘,似北地天蒸枣,而其核全别,两头不尖,双卷而圆,如小块紫矿,种之不生,盖熟者也。"今人熟知的"伊拉克蜜枣",应为此物。①

第二,槟榔。"木如棕榈,结子叶间如柳条,颗颗丛缀其上,春取之为软槟榔,俗号槟榔,鲜极可口。夏秋采而干之为米槟榔,渍之以盐为盐槟榔。小而尖者为鸡心槟榔,大而扁者为大腹子,食之可以下气。"②宋代广州食槟榔成风,"客至不设茶,惟以槟榔为礼"。"广州又加丁香、桂花、三赖子诸香药,谓之香药槟榔。惟广州为甚,不以贫富、长幼、男女,自朝至暮,惟嗜槟榔。"③据此可以设想,市舶宴上如果用"香药槟榔"为开胃果,一定会投合众多蕃客的口味。

最后,还有一事值得讨论。前引《设蕃乐语》称,"肆筵"临近结束时,有"屈膝拜赐花之况",该作何解?按宋代每年十月十二日集贤殿赐宴,有"诸国中节使人"出席,"宴退,臣僚皆簪花归私第,呵引从人皆簪花并破官钱"。④ 广州市舶宴既是官式礼宴,宾客于散席时也蒙"赐花",自属可能。何况当年广州盛产茉莉、素馨,而"素馨惟蕃巷种者尤香"(《扪虱新话》卷一五),因此蕃客簪花而归,就更切合岭南特色了。

---

① 赵汝适:《诸蕃志》,中华书局2000年版,第186页。
② 劳费尔著、林筠因译:《中国伊朗编》,商务印书馆2001年版,第215—216页。
③ 周去非:《岭外代答》卷六,第235页。
④ 孟元老撰、邓之诚注:《东京梦华录》卷九,中华书局1982年版,第223页。张庆:《宋代的簪花习俗》,《文史知识》1992年第5期。入矢义高、梅原郁译注:《东京梦华录》,东洋文库2003年版,第305—315页。

四、广州市舶宴的历史地位

在宋代三路（广东、福建、两浙）市舶司中，"三方惟广最盛"（《萍洲可谈》卷二）。因此，广州模式便具有示范性的作用。12世纪中期市舶宴体制推行到泉州，就是一个例证。

宋高宗绍兴十四年（1144）九月六日，提举福建路市舶楼璹奏称：

> 臣昨任广南市舶司，每年十月内，依例支破官钱三百贯文，排办筵宴，系本司提举官同守臣犒设诸国蕃商等。今来福建市舶司，每年只量支钱委市舶监官备办宴设，委是礼意与广南不同。欲乞依广南市舶司体制，每年于遣发蕃舶之际，宴设诸国蕃商，以示朝廷招徕远人之意。从之。（《宋会要辑稿》职官四四）

楼璹奏章的明显意图，就是力求按广州模式来将市舶宴规范化。经过改革之后，泉州也有广式市舶宴：一是经费由"量支"变成"例支"，即确定为官钱三百贯文；二是宴期由一般"犒设"改为"遣发蕃舶之际"，也即每年十月。楼璹特别强调"礼意"，即"朝廷招徕远人之意"，表明市舶宴的本质在于其文化内涵。

"舶牙"源流

清代道光年间,广州学者梁廷枏(1796—1861)在《粤海关志》的编纂凡例中写道:"今之夷商,即古之舶商也;今之行商,即古之舶牙也。"[①]梁氏将古代舶牙看作是清代行商的前身,这种追溯制度渊源的思路,是值得重视的。

中国海外通商的历史,在"大航海"时代发生过重要的社会变迁,并不是千年一色的。以明世宗嘉靖三十六年(1557)葡萄牙人占据澳门为界线,可分为市舶贸易和洋舶贸易两个时期。所谓"舶牙",即海舶的经纪人,是市舶贸易时期广州新生的商人群体。被简称为"舶牙"的市舶牙郎,出现于边关贸易的互市牙郎之后。关于"牙"、"互"两字的纠葛,清代学者赵翼已作过辨析:

《辍耕录》云:今人谓驵侩曰牙郎,其实为互郎,主互市者也。按此说本刘贡父《诗话》:驵侩为牙,世不晓所谓,道元云:本谓之互,即互市耳。唐人书互作牙,牙、互相似,故讹也。然《旧唐书·安禄山传》:禄山初为互市牙郎,则唐时互与牙已属两字。(《陔余丛考》卷三八)

可知,"舶牙"之称,并不是什么历史的误会。由于"广府"(Khan-fu)是中国最早和最大的贸易港,因此,它也就成了古代"舶牙"的发祥地。本文之作,是立足广州来探讨"舶牙"问题的。

---

① 梁廷枏总纂、袁钟仁校注:《粤海关志》,广东人民出版社2002年版,第2页。

尽管宋神宗元丰三年(1080)中书省发布过《广州市舶条》①,但没有作为完整文献流传后世。赵思协的三卷本《广州市舶录》②也已佚失,仅存南宋叶廷珪《海录碎事》卷十二辑存的五条,可惜与舶牙没有直接关系。在历史资料残缺不全的情况下,为了避免"米少水多"之嫌,本文对"舶牙"问题不敢言考,只是就一孔之见略说源流而已。

一、从一段舶主牙侩缘说起

唐代,由于"广州通海夷道"的开通,市舶贸易出现了"海胡舶千艘"的繁荣景象(杜甫:《送重表侄王砅评事使南海》)。天宝九载(750)十一月,高僧鉴真和尚路经广州,亲眼见到"江中有婆罗门、波斯、昆仑等舶,不知其数;并载香药、珍宝,积载如山。其舶深六七丈。师子国、大石(食)国、骨唐国、白蛮、赤蛮等往来居住,种类极多"③。族类繁多的海胡和数量庞大的舶来品,如果没有舶牙的介入,是无法成交的。

广州舶牙的事迹,传世极稀,仅见一例,载于陶穀(903—970)的《清异录》卷下:

> 番禺牙侩徐审,与舶主何吉罗洽密,不忍分判。临岐,出如鸟咀尖三枚,赠审曰:"此鹰咀香也,价不可言。当时疫,于中夜焚一颗,则举家无恙。"后八年,番禺大疫,审焚香,阖门独免。余者供事之,呼为"吉罗香"。④

舶主何吉罗,看似胡姓胡名,可能是来自大食治下的中亚城邦"何国"(贵霜匿),难以确考。临别持赠之物,性(辟疫)状(鹰咀)虽明,但不知

---

① 《宋会要辑稿》职官四四之六,中华书局1957年版,第四册第3366页。
② 郑樵:《通志二十略》,艺文略史类第五,中华书局1995年版,第1552页。
③ 《唐大和上东征传》,中华书局2000年版,第74页。
④ 《全宋笔记》第一编第二册,大象出版社2003年版,第109页。

在植物香、动物香和矿物香中应归入何种类别。至于徐审其人,籍贯(番禺)和身分(牙侩)都算清楚,惟一引人"悬念"的,只是他与何吉罗的交情既已达到"洽密"的程度,当然不会存在什么语言障碍。徐何之间的对话,究竟用的是波斯语、大食语还是昆仑(马来)语?不得而知。据南宋周密对"译者"的解释:"今北方谓之通事,南蕃海舶谓之唐帕。"①看来,能够与舶主打交道的牙侩徐审,大概也是一名"唐帕"。倘使这个推断可以成立,那么,牙人兼译人就是舶牙一身二任的职业特征了。

二、广州牙侩与西城番市

舶牙的活动空间在舶市,宋代广州称之为"西城番市"。②

广州的城区原先相当窄小,仅孤零零"子城"一座,缺乏东西辅翼。珠江北岸"市舶亭"一带,尽管"戍头龙脑铺,关口象牙堆"(王建:《送郑权尚书南海》),毕竟是没有城墙的舶市,只能算作喧闹杂乱的郊区"旺角"。为了防备剽劫,宋真宗时代制定了临时措施。据《续资治通鉴长编》卷九四天禧三年(1019)"九月乙卯"条记载:

> 供备库使侍旭言:广州多蕃汉大商,无城池郭郛,虽有海上巡检,又反复不常,或有剽劫,则乏御备,请徙广恩州海上巡检一员,廨于广州市舶亭南,所企便于防遏。从之。

广州城区的大规模扩建,始于宋神宗时代。熙宁二年(1069),在古越城的废圩上修建东城,面积只有四里。熙宁四年,又兴建西城,周十三里,共开七个城门。面向珠江的东西四个城门,依次命名为"航海""朝宗""善利""阜财"③,表现出招商引货、牟利聚敛的功利取向。据现代学者

---

① 周密:《癸辛杂识》后集,中华书局1988年版,第94页。
② 仇巨川:《羊城古钞》卷三,广东人民出版社1993年版,第185页。
③ 郭棐:《广东通志》卷十五"城池"。

查勘,北宋广州西城四至如下:"西界即和今天西濠相当,南界即和玉带濠相当。东界与西湖相当,北界与天濠街相当"①。西城是"蕃坊"的所在地,蕃汉杂居,置"共乐亭"一座,高五丈余,气势雄伟。当年广州知府程师孟有诗为证:"千门日照珍珠市,万瓦烟生碧玉城。山海是为中国藏,梯航犹见外夷情。"(《舆地纪胜》卷八十九)"珍珠市"和"外夷情"二语,不仅概括了西城独特的风光和情调,而且也发人遐思,非去追寻舶牙的身影不可了。

诗人曾丰在其《送广东蕃帅移镇湖南十口号》中写道:

珠商贝客市门听,牙侩闲边自品评。
郡将不收蕃船物,今年价比向年平。

(《缘督集》卷十三)

按宋代官制,广南东路帅府兼任市舶使。能够在市门发布舶来品收购价格的牙侩,不可能是平民身分的私牙。他们既能知悉"郡将"意图,自然是由市舶司招募的官牙了。由于国内外贸易有华夷之分,因此,市牙可以是私牙(如丝牙、马牙、茶牙、米牙),舶牙则只能由官牙独揽。宋代舶牙的官方属性,与"蕃船物"被列入"榷货"的专卖体制是完全适应的。换句话说,作为官牙的舶牙,仅限于参与"禁榷"(政府专卖)这个流通环节,至于"抽解"(征收实物税),则纯属市舶官员的权限。尽管如此,由于舶货有"常价"与"时价"之别,舶牙还是有利可图的。前引"今年价比向年平"之句,已经透露出牙侩在西城番市抑价贱买的消息了。

三、香药纲运与南纲牙人

宋代广州的"蕃船物"来自波斯湾、亚丁湾和东南亚各地,以香药为大宗。经市舶司依法抽取和按需收购后,派遣专人押送,水陆联运到汴

---

① 曾昭璇:《广州历史地理》,广东人民出版社1991年版,第288页。

京。这就是比钱帛纲、花石纲更著名的香药纲。纲运分粗细两类,商品结构前后不同。据建炎元年(1127)十月承议郎李则报告:

> 闽广市舶旧法,置场抽解,分为粗细二色,般运入京,其余粗重难起发之物,本州打套出卖。自大观(1107—1110)以来,乃置库收受,务广帑藏,张大数目,其弊非一。旧系细色纲只是珍珠、龙脑之类,每一纲五千两。其余如犀、牙、紫矿、乳香、檀香之类,尽系粗色纲,每纲一万斤。凡起一纲,差衔前一名管押,支脚乘赡家钱约计一百余贯。大观已后,犀、牙、紫矿之类,皆变作细色,则是旧日一纲分之为十二纲,多费官中脚乘赡家钱三千余贯。①

香药纲抵京后,要经过验收和估价的程序,才能申报入藏香药库。在交接过程中,同样少不了舶牙的角色。香药总管"金部"辖下的编估局,"就库编拣等第色额,差南纲牙人等同本司看估时值价钱讫,经申金部提振郎中厅,审验了当。"②所谓"南纲牙人",是不是随纲赴京的南方舶牙,不得而知。无论如何,经他们估价的香药还要太府寺丞复估,一估再估,反复核实,说明官府对官牙并不是完全放心的。

无论南纲牙人还是前述的蕃市舶牙,都是为舶来品估值定价的能手,堪称市井中的活宝贝。因此,市舶司需要他们,编估局也需要他们。

舶牙的社会功能,当然是随着经济生活的发展而发展的。到了南宋,这个商人群体不仅是舶来品的经纪人,而且充当了中国海商的"保舶牙人"。元承宋制,"舶商请给公据,照旧例召保舶牙人,保明某人招集人几名,下舶船收买物货,往某处经纪。"③可知,保舶牙人对舶人和舶货均负承保之责。在这种情况下,舶牙便具有新的功能,成为保牙合一的人物了。

---

① 《宋会要辑稿》职官四四之十二,第3369页。
② 《宋会要辑稿》职官二十七之七〇,第2971页。
③ 方龄贵校注:《通制条格校注》,中华书局2001年版,第535页。

四、舶牙——广州行商的原型

在市舶贸易史上,舶牙的社会功能是不能否定的。缺少这个角色,蕃汉沟通和商品交换就难以实现。宋代佛门的禅谈,提供过这方面的生动旁证:

> 波斯捧出南海香,白眼昆仑与论量。
> 贾客不谙弹舌语,只看两个鼻头长。①

确实如此,在跨文化贸易的现场,如果舶牙缺席,贾客就只能望"胡"兴叹了。当然,作为驵侩的独特类型,舶牙也同样带有投机性和欺诈性。市侩气历来受人憎恶,唐代就有豪门婢女拒嫁丝绸牙商的事例,详见马永卿《嬾真子录》卷二"柳氏家法"条。大名鼎鼎的宋代诗人黄庭坚,也曾谴责"六经成市道,驵侩以为师"的社会风气(《山谷诗集》卷五,《以同心之言其臭如兰为韵寄李子先》)。

舶牙的组织形式是牙行,兴于宋,盛于明。"凡外裔入贡者,我朝皆设市舶司以领之。在广东者,专为占城、暹罗诸番而设;在福建者,专为琉球而设;在浙江者,专为日本而设。其来也,许带方物,官设牙行,与民贸易,谓之互市。"②作为明代互市的官方工具,牙行终于衍生出清代广州的十三行。

从历史上看,舶牙与舶市相伴而来,完全符合互市的客观规律,是一个既有活力又有潜力的商人群体。它的官方属性和中介功能,到了洋舶时代,不仅没有消失,甚至具有更加成熟的"官牙"形态,成了名扬海外的广州行商的本质特征。

---

① 《颂古联珠通集》卷三十,释端裕《颂古十首》。据陈垣《释氏疑年录》卷八,端裕,宋绍兴二十年卒,年六十六(1085—1150)。

② 《筹海图编》卷一二,中华书局2007年版,第852页。

下篇

洋舶时代

俄美公司与广州口岸

清代的广州,作为封建帝国的通商口岸,长期经受殖民主义势力的冲击,是"夷务"纠纷丛生的地区。沙皇俄国也无例外地闯进粤海关的大门,嘉庆十年(1805)"俄罗斯夷船来广贸易"事件,就是历史的见证。

按照清政府"夷务"政策的传统,沙俄属于"北地陆路通商之国",其法定的互市地点在恰克图,不许前往沿海任何口岸贸易。自康熙二十四年(1685)粤海设关以来,从未有过俄船到广贸易情事。因此,嘉庆十年俄美公司船只破例来粤,便成为违反旧制的严重事件,立即引起清廷的不安。嘉庆皇帝亲自过问这件事,一月之内(十年十二月初九至十一年一月初九),军机处三次寄谕两广总督;理藩院也向俄国枢密院发出两份咨文。最后结案时,内阁奉"上谕"对经办人员作如下处分:原任粤海关监督延丰革职,接任监督阿克当阿、两广总督吴熊光和广东巡抚孙玉庭均交部议处。

另一方面,当时广州口岸的"夷商"和行商,也曾不同程度地介入这个事件。英国"公班衙"(东印度公司)留粤大班哆啉哎、"夷馆"头目比尔、喇𠹹,都为俄船的"承保"和"放关",给予多方"导引"。至于"十三行"总商潘有度(同文行)、行商卢观恒(广利行)和黎颜裕(西成行)等,则在官与"夷"的斗法中成为双方利用的工具,又一次暴露出旧式"洋商"诚惶诚恐的性格。

从以后影响看,俄船来广事件是清朝官员后来筹办"夷务"时一再援引的案例。如道光四年八月,两广总督阮元、广东巡抚陈中孚和粤海关监督，就小心翼翼地复述这一事件，以免处理"小西洋夷船"时再有失误。① 咸丰年间，刑部主事何秋涛编纂《朔方备乘》一书，也没有忘记把嘉庆皇帝对俄船事件的"上谕"列入"圣训"。

可惜，这场嘉庆朝"夷务"中引人注目的贸易风波，在清代文献中记述太简。连《粤海关志》这样的专著，也没有明晰地勾画出整个事件的轮廓，许多情节至今仍模糊不清。这里拟就目前所能掌握的资料，从几个方面作些考释性的工作，以供研究俄美公司与广州口岸的参考。

一、广州毛皮市场的兴起

广州毛皮市场兴起于 18 世纪 80 年代，它是西方海运国家对华贸易逆差的直接产物。

马克思说过："在 1830 年以前，当中国人在对外贸易上经常是出超的时候，白银是不断地从印度、不列颠和美国向中国输出的。"（《中国革命和欧洲革命》）据嘉庆十九年（1814）广州行商伍敦元向两广总督蒋攸铦汇报：

> 夷商来粤，向系以货易货，其贩来呢羽、哔叽、棉花、皮张、钟表等物，换内地之绸缎、布匹、湖丝、茶叶、瓷器，彼此准定互易。各应找不敷，尾数皆用洋钱，每圆以七钱二分结算，两无加补。往往出口货价多于进口货价，只有找回洋钱，实无偷运纹银出洋情事。（《嘉庆外交史料》卷四）

所谓"以货易货"，并不意味着贸易平衡。事实上，在"出口货价多于进口货价"的情况下，墨西哥的"花边""番面"等洋钱，大量流入广州，

---

① 《清代外交史料》（道光朝），第 2 册，第 3—4 页。据《澳门记略》，"小西洋"注作"我呀"，即果阿（Goa）。

不仅形成"边钱堆满十三行"的局面,而且从粤北到粤东,洋钱流通各州府,"南韶连肇多用番面,潮雷嘉琼多用花边"。① 仅以1788年(乾隆五十三年)为例,当年输入的白银,即达272万两。为了减少白银支付,来粤"夷商"处心积虑寻求硬币代用品,力争贸易平衡。经过一番搜索,这种代用品终于在美洲西北岸找到了,这就是从海獭(即"海龙")和海豹(即"海虎")身上剥取的贵重毛皮。

1776年,英国船长詹姆士·库克(1728—1779)率领"坚定"号和"发现"号远航美洲西北岸,在诺特卡湾向土著廉价收购一批海獭皮,1779年驶抵黄埔港,每张以120元的高价出售,为"夷商"提示了这项贸易的广阔前景。

1787年,英船"乔治国王"号(320吨)和"查律女王"号(200吨),分别由船长波洛克和迪克逊率领,携带毛皮2500张来广州发售,得款5万元。同年,英国船长伯克利又率领载重400吨的"帝国之鹰"号,到澳门发售北美毛皮700张,得款3万元。从货源和销路看,可以说1787年(乾隆五十二年)这一年,广州的毛皮市场正式形成。

美国是后来居上的。1784年,"中国皇后"号首航广州成功,开辟了中美直接通商的时代。1887年,波士顿商人派遣以肯德瑞克为船长的"哥伦比亚"号(212吨)和以格雷为船长的"华盛顿夫人"号(90吨),同赴西北海岸换取毛皮。到1789年,全部皮货由"哥伦比亚"号运来广州倾销。次年,又满载中国货经好望角返美,成为环球航行的第一艘美国船。1792年,波士顿商船"马加列特"号经夏威夷到广州,所带大约1200张海獭皮,也全部顺利成交。

美商大力发展广州毛皮贸易,是因为一次航程包含着"三次赚钱的机会":从美国运出小刀、毡子等廉价物品,到西北海岸换取印第安人的贵重毛皮;然后驶向广州出售皮货,购入茶叶;返航后,茶叶又以高价在

---

① 梁绍壬:《两般秋雨庵随笔》卷三。

美国或欧洲市场上出售。① 利上加利,这就是所谓"毛皮热"的秘密。

18世纪末至19世纪初,欧洲正经历着法国革命和拿破仑战争,美国则处于相对和平的年代,有利的国际形势也使美国西北海岸的航运业突飞猛进。因此,英美两国到西北海岸换取毛皮的船只,消长情况十分明显:1785—1794年,英船35艘,美船15艘;1795—1804年,英船9艘,美船50艘;1805—1814年,英船3艘,美船40艘。② 此外,美国于18世纪末在加利福尼亚沿岸及南美洲西班牙领地发现新的毛皮资源,大举组织猎取海豹的航行。1793—1807年间,单从马萨洛夫岛就有350万张海豹皮运到广州卖掉了。③ 上述两方面的原因,终于促成美国商人在广州毛皮市场上的垄断地位。据丹涅特统计,19世纪初至30年代,美国输入广州的全部皮货,总值为1500万至2000万美元。④

广州毛皮市场的兴起,不能不引起沙俄的觊觎。众所周知,俄国于16世纪征服盛产毛皮的西伯利亚,随后又向堪察加、白令海和阿留申群岛扩张,终于把"毛皮王国"阿拉斯加纳入自己势力范围,成为近代最大的毛皮输出国和对华毛皮贸易的先驱。康熙末年,俄国毛皮充斥北京,理藩院遂于康熙五十八年(1719)发出咨文,通知俄方暂停商队贸易:"各种皮货甚为丰足。况广东、福建等沿海地方,每年又有西洋等国商船前来贸易,诸凡物品甚足,无人购买尔之商货。"⑤恰克图互市开张后,入华毛皮激增,约占俄国出口商品总值的百分之七八十。以1784年(乾隆四十九年)为例,180万卢布的俄货中,毛皮一项就占117万卢布。可见,皮货的销路,早已成为俄国对华贸易的生命线。因此,沙俄

---

① 赖德烈著、陈郁译:《早期中美关系史》,商务印书馆1963年版,第31页;并参见约·弗·亨利:《太平洋西北岸海景的早期画家(1741—1841)》,西雅图,1984年英文版,第63—90、173—194页。

② 荷威:《海路毛皮贸易概述》,《华盛顿历史季刊》。

③ 赖德烈著、陈郁译:《早期中美关系史》,第36页。并参见奥登:《加利福尼亚的海獭贸易(1784—1848)》,伯克利,1941年英文版,第66—94页。

④ 丹涅特著、姚曾廙译:《美国人在东亚》,商务印书馆1959年版,第35页。

⑤ 中国第一历史档案馆编:《清代中俄关系档案史料选编》第一编(下册),中华书局1981年版,第400页。

密切注视北美毛皮资源的开拓和流向,积极策划挤入广州市场,夺取美国人手中的毛皮生意。1794年,专管美洲皮货的俄国富商舍利霍夫,请求政府准他派船"把在美洲获得的产品及部分俄国产品运往广州、澳门"。① 1799年,沙皇保罗一世批准俄国美洲公司成立。这家殖民公司在清代文献中被确切表述为:"该国极东亚美理驾(阿美利加)西北地方,设有公司,专管皮货。"(《筹办夷务始末》卷七九)它成立后面临的迫切任务之一,就是如何发挥"专管皮货"的优势,排除广州毛皮市场对恰克图的冲击,维护俄国对华毛皮贸易的传统利益。然而,问题非常棘手。请看俄美公司总管巴兰诺夫1800年(嘉庆五年)的报告:"大量皮货经多次转手输入广州,由这里运销全中国,使我们在恰克图的便宜买卖大受打击,最后很可能关税枯竭。美国人说,恰克图闭市使他们受益,皮价可以抬高两成。由此应得的结论,就是他说的,广州贸易对恰克图贸易影响重大。"②

乾隆年间频繁出现的"恰克图闭市",实际上是清政府对俄国当局破坏边境安宁的经济制裁。自1744—1792年,共"闭市"十次,其中最后和最长的一次达七年之久(1785—1792)。正当俄国皮货在北方销路梗塞的时候,波士顿商人却在广州大显身手。俄美公司于嫉羡之余,力求疏通北皮南运的渠道,不惜违反中俄陆路通商的"旧章",铤而走险。1805年(嘉庆十年)冬,俄美公司的"希望"号和"涅瓦"号,奉命"开拓广州商务并展望对日本及其他亚洲地区的贸易",携带各色皮件来广州试销,从而构成震惊朝野的"俄罗斯夷船来广贸易"案。

二、"巡船"、"货船"之谜

俄船来广贸易的消息,首见于嘉庆十年十月二十九日粤海关监督

---

① 谢·宾·奥孔著、俞启骧等译:《俄美公司》,商务印书馆1982年版,第29页。
② 科尔沙克:《俄中通商历史统计概览》(俄文版),第261—262页。

延丰的奏折，内称：

> 本年十月初八日，据澳门委员报称：有嗻咶国夷商噜咡吨巡船一只来至澳门等情。嗻咶究系何国，当饬澳门同知及委员、洋商等确查去后，十七日复据委员报称：又有嗻咶国夷船一只商民呎嚌咁，船上载有皮张、银子来广贸易等语。嗣据洋商等查明，嗻咶即俄罗斯，夷音相近，并据译出夷禀呈递前来。奴才阅核禀词，该夷船均由俄罗斯航海而东，因向来该国与天朝通市系在京师北口之外，由该国往返俱系旱路，行走艰难，由海道至广，比旱路较远而盘费减省，是以发船来广试做买卖。其先到之噜咡吨一船，为带有皮张贸易，并非巡船，一并恳求恩准卸货等情。①

这里有两点值得注意，第一，两艘俄船不仅到达时间先后不一，而且报验情况也各不相同：噜咡吨船即"希望"号，初报"巡船"，至呎嚌咁船即"涅瓦"号到达后，又改报货船，要求粤海关准予卸货。笼统地说两艘俄船"强行驶入黄埔"②，是不符史实的。第二，"并非巡船"这个反供，延丰系直接引据"夷禀"上奏，根本不是什么"谎称"③。显然，"希望"号于叩关之际，出尔反尔，必有待揭的隐情。

按清代来粤外船，大体可分三类，即贡船、货船和巡船（又称"仗船"，即兵船）。除"贡船"特受礼遇外，其余两类船只的湾泊处所，必须遵循"货船在内、巡船在外"的定制："向来兵船护送货船到粤，货船自行进口，兵船即驶往零丁、潭仔洋面停泊。"④

所有进口货船，均应由领有编号印花腰牌的引水船户（澳门同知衙

---

① 《清代外交史料》嘉庆朝第 1 册，第 37 页。
② 刘选民：《中俄早期贸易考》，《燕京学报》1939 年第 25 期，第 196 页。
③ 丁则良：《俄国人第一次环球航行与中国》，《历史研究》1954 年第 5 期。该文对俄方反供的原因未予探究，竟说"延丰在向满清皇帝报告时曾谎称两船都不是巡船"（第 127 页），显然与事实不符。
④ 《粤海关志》卷二九，第 13、17 页。

门共设引水 14 名)带引进口,经黄埔总巡馆查验,由关吏丈量课税。其征钞办法如下:

> 粤海关历办税务,系将夷船分成一二三等,均照东洋船例减钞银十分之二,按船征收。丈量各船时,照梁头长阔丈尺,将应征银数递增递减;凡一等大船,征钞自一千一百余两至二千一二百两不等,二三等中小船,征钞八百余两至四百余两不等。此粤海关分别等次征收夷船正钞之旧制也。其货物税银,则分货之精粗,计以斤两丈尺,照则输纳。至于船钞、货税之外,另有进口规银,不分等次,一律完纳。①

很清楚,按粤海关旧制,作为"货船"进泊黄埔,当非完纳船钞、货税和规银不可;倘作"巡船"报验,则免受上述税则约束,但却无法进入虎门水道。这就是"希望"号在澳门同知衙门面临的两种抉择。为什么它终于选择后一种呢?

让我们先查考一下俄船的情况。"希望"号和"涅瓦"号的船型均为三桅舰,是俄美公司 1802 年(嘉庆七年)为组织环球航行而在伦敦购置的,耗资共 2.5 万英镑。② 前者有炮位 16 个,排水量 450 吨,乘员 76 人;后者有炮位 14 个,排水量 370 吨(一说 350 吨),乘员 53 人。③ "希望"号船长噜呕吨(伊·弗·克鲁逊什特恩,1770—1846)和"涅瓦"号船长咏嚖咐(尤·费·李香斯基,1773—1839),都是水师武备学堂出身,属于俄女皇叶卡捷琳娜二世培育起来的新一代海军士官,具有海战(参加过对瑞典作战)和远航(到过北美和印度)的实际经验,来华前均已获得大尉军衔。噜呕吨本人,还有一段独特的经历。早在 1798 年(嘉庆三年),他已从马六甲搭便船潜入广州,住了整整一年,实地考察过南中

---

① 《清代外交史料》道光朝第 3 册,第 22 页。
② 乔治·伦森:《俄国向日本的推进》,新泽西,1959 年英文版,第 130 页。
③ 涅夫斯基:《俄国人第一次环球航行》,莫斯科,1951 年俄文版,第 54 页。

国海的航行条件及广州毛皮市场的贸易情况。① 对当年粤海关的各种规章制度,噜哑吨已悉熟于心。所以,一在澳门湾泊,他便能根据当时当地的情况,作出有利于沙俄的抉择。

噜哑吨自己撰述的航海记录,载明"希望"号是 1805 年 11 月 21 日下午 2 时驶入潭仔湾泊的。次日一早,他就前往澳门同知衙门以"巡船"之名报验了。② 此中究为何因,俄美公司"希望"号商务代表谢梅林在同年 12 月 21 日由广州寄发的致总经理处报告中,说得一清二楚:

> "希望"号载货少,只有 412 件海獭皮和 10000 张海狗皮,凭这点货是进不了黄埔的。据悉,中国对货船征收的船钞、杂项捐税以及孝敬清朝官吏的规礼,已大大超过我们的全部货款;纵然"希望"号勉强张罗,按中国人的规例,货船也不得在澳门寄碇超过一昼夜,就非移泊黄埔或另找去处不可。
>
> 我们无论要对船只稍事修整,或是等待下落不明的"涅瓦"号,都必须赢得时间。为了找个体面的理由,船长克鲁逊什特恩先生不得已向澳门的中国当局报验自己的船是巡船。③

显然,噜哑吨以"巡船"之名报验是权宜之计,目的在于"赢得时间",以便实现两船会合后来广贸易的预定计划。因此,一当"涅瓦"号于 12 月 3 日抵澳门,其皮货(仅海獭皮就多达 4007 件)足以完纳两船税款,那艘寄泊两周之久的"巡船",便立即反供"并非巡船"了。新任海关监督阿克当阿于嘉庆十年十一月到任。④ "因事同一例,未便两歧,

---

① 涅夫斯基:《俄国人第一次环球航行》,莫斯科,1951 年俄文版,第 26 页。
② 克鲁逊什特恩:《1803 年至 1806 年"希望"号和"涅瓦"号环球航行记》,莫斯科,1950 年俄文版,第 250—251 页。承戴裔煊先生指教,俄文地名 Типа 或 Тайпа 当为葡萄牙文 Taipa 的转写,指澳门附近的潭仔,土名"凼仔"。
③ 《19 世纪和 20 世纪初俄国对外政策》第 3 卷,莫斯科,1963 年俄文版,第 17 页。
④ 《粤海关志》卷七,第 38 页载:阿克当阿"十年十一月任,十一年留任"。此人在官场享有"阿财神"的绰号:"嘉道时以阿克当阿为极阔,任淮鹾至十余年,人称为阿财神。过客之酬应,至少无减五百金者,交游遍天下。"见《水窗春呓》下卷,中华书局 1984 年版,第 63 页。

亦准噜哑吨将货物起卸。"①粤海关对俄船出尔反尔的报验骗局,未予认真追查,是关政腐败的表现。如果当时广州口岸不是法弛弊多,沙俄这两艘打着货船旗号的探险巡船,要想在露出破绽的情况下蒙混过关,亦非易事。

三、"自行合伙来广贸易"是伪托之辞

清廷在获悉俄船来广贸易这一不符旧章的"创新事件"之后,即于嘉庆十年十二月初九,由军机处寄谕两广总督吴熊光究询一连串问题,其中包括涉及事件性质的下述问题:"该夷商此次船只货物,是否该商等私自置办牟利,抑系该国王遣令贸易?"②结果,吴熊光得到"该夷商告知英吉利国夷人转告"的一个答复:"俱属自行合伙来广贸易,并非该国王遣来。"③这完全是伪托之辞,别有用心地掩饰了事件的官方背景和真实性质。

"俄美公司是俄国贵族政府的产儿"④,1799年(嘉庆四年)经沙皇保罗一世(1796—1801)批准正式成立,由枢密院授予特许状,获得"在美洲东北海岸从北纬55度到白令海峡及其以外的地方,还有在位于东北海洋中的阿留申群岛、千岛群岛和其他群岛"全部贸易和矿藏的垄断权。⑤ 公司总经理处奉命从伊尔库茨克(东西伯利亚总督府所在地,即《异域录》的"厄尔库城")迁往彼得堡,就是为了加强官商之间的合作。由于沙皇政府大力支持,俄美公司在"毛皮王国"阿拉斯加一带拥有船队、货栈和堡塞。到19世纪初,它便以罗曼诺夫王朝暴发户的姿态崛

---

① 《清代外交史料》嘉庆朝第1册,第45—48页。
② 同上。
③ 同上。
④ 马卡罗娃:《18世纪后期俄国远东政策史略》,《国立莫斯科历史档案馆集刊》第18卷,第347页。
⑤ 弗纳德斯基主编:《俄国历史资料汇编(从早期到1917年)》第2卷,纽黑文,1972年英文版,第478页。

起于太平洋区城,变成一个像英国东印度公司那样的商业强权、军事强权和拥有领土的强权集团。自创办至1818年,这家公司20年间从白令海输出的海獭皮共计87万件。① 俄船来粤之年即1805年,闯入北美的俄国殖民分子已多达470人了。② 这里不必进一步详述俄美公司的历史和结局,只要举出两项重要事实,就足以揭示前述那个伪托之辞的荒谬性。

第一,沙皇及其重臣是公司的重要股东。俄美公司创办时的资金总额为72.4万卢布,每股1000卢布,共724股。据1802年《股东名册》记载,沙皇亚历山大一世和太后玛丽·费多罗夫娜是以"主上特恩"的名义入股的;身为豪门显宦的股东比比皆是,如商务大臣鲁缅采夫伯爵和海军大臣摩尔德维诺夫上将,等等。③ 这一切与两百年前英国女王伊丽莎白参加德雷克海盗公司那个在殖民史上具有示范意义的先例,何其相似乃尔!可见,俄美公司为装备"希望"号和"涅瓦"号放洋远航,能够从沙皇政府一次贷款25万卢布,④决不是偶然的。官商合伙的性质如此明显,"自行合伙来广贸易"云云,就只能是"噜咂吨"们当年在广州蓄意散布的谎言。

第二,来粤俄船负有重大政治使命。"希望"号和"涅瓦"号的洲际探险活动,是19世纪上半叶(自1803年至1848年)沙俄38次环球航行(其中16次是俄美公司组织的)的开端。作为海上扩张的一支先遣队,这两艘俄船被沙皇政府委以重任。商务大臣鲁缅采夫在1803年(嘉庆八年)4月8日上亚历山大一世的奏折中,声称此行"将有裨于国家详察在北美的成就,打开广州市场并展望对日本及其他亚洲地区的

---

① 斯卡科夫斯基:《俄国在太平洋的商务》,彼得堡,1883年俄文版,第444页。
② 波尔霍维齐诺夫:《俄美关系的形成:1775—1815年》,莫斯科,1966年俄文版,第318页;并参见惠勒:《俄美公司的起源》,《东欧历史研究》第14卷,1966年第4期,第485—494页。
③ 波尔霍维齐诺夫:《俄美关系的形成:1775—1815》,第306—307页;并参见普列奥布拉任斯基:《论19世纪初俄美公司的股份》,《历史札记》1960年第67辑。
④ 涅夫斯基:《俄国人第一次环球航行》,第54页。

贸易"。① 按照这个预定的目标，一批天文学、水文学、测绘学和植物学家奉命参加环球航行。两艘俄船于同年 8 月 7 日由喀琅斯塔特港启碇，到檀香山后分航，各自执行任务："希望"号负责接送俄美公司总经理列札诺夫出使日本，并闯到黑龙江口进行非法勘察，为沙俄侵占库页岛和中国东北沿海地区提供情报。旋即由堪察加南下，湾泊澳门；"涅瓦"号则直航北美西岸的科迪亚克，充当沙俄殖民头目巴兰诺夫镇压印第安人的帮凶，于 1804 年在锡特卡重建殖民据点，然后满载皮货赶来与"希望"号会合，试图一举"打开广州市场"，实现沙俄在中国东南沿海从事商业扩张的夙愿。

既然俄美公司"在形式上是私人的，而实质上是官办的机构"②，那么，来粤俄船对此行的官方意图讳莫如深，也就不足为奇了。现在，我们不妨回头看看，俄国枢密院当时究竟采取什么态度。

从俄方公布的外交档案中，可知清朝理藩院与俄国枢密院曾就俄船来粤事件互换过咨文。1806 年 1 月 28 日(嘉庆十年十二月初九)的理藩院咨文，除要求答复两艘俄船是政府遣令贸易还是商人自行来广外，并指出此举与俄国仅在恰克图互市的旧制不合。枢密院 3 月 14 日已收到此件，但未回复。直至理藩院于 3 月 9 日(嘉庆十一年正月二十日)发出的第二份咨文(附有噜呕吨、咉嚁唎要求进埔卸货"夷禀"原件)到达后，枢密院才不得不于 5 月 27 日作答。它选择这个时机看来不是偶然的，因为当时俄船早已离开广州，正在圣赫勒拿岛以北的欧洲海域航行，即将返俄但又尚未抵俄。这份复文对俄船事件意存推诿，语甚诡谲。其中尤其引人注目的是，它居然声称已授权戈洛夫金伯爵于使华期间，就俄美公司商船到广贸易一事亲向清政府作出解释；但料不到戈洛夫金才到恰克图而俄船已先抵广州云云。③ 一个蓄谋已久的扩张行动，就这样被枢密院涂上偶然性的色彩了。其实，按照沙皇政府的外交

---

① 《19 世纪和 20 世纪初俄国对外政策》，第 1 卷，第 405 页。
② 谢·宾·奥孔：《俄美公司》，莫斯科—列宁格勒，1939 年俄文版，第 258 页。
③ 《19 世纪和 20 世纪初俄国对外政策》第 3 卷，第 175—177 页。

惯技,无非是由俄船制造来广贸易的既成事实,再由戈洛夫金通过谈判正式取得海路通商的特权。这与它那套"于未经分界之先,预行占越"(《筹办夷务始末》,同治二年四月乙巳)的领土扩张手法,是异曲同工的。最后,由于清政府坚持旧章,毫不让步,俄方的如意算盘才落空了。

四、"西成行商人黎颜裕承保"的经过

俄美公司与广东"十三行"的最初接触,是通过"西成行商人黎颜裕承保"俄船一事表现出来的。① 它构成整个事件的重要一环,应该略加探讨。

清廷对广州口岸的管理方法,包括创始于乾隆十年(1745)的"保商"制度,至嘉庆年间仍继续沿用。"保商"又称"保家",其业务范围有明确的规定。据《粤海关志》卷二五记载:

> 凡外洋夷船到粤海关进口货物应纳税银,督令受货洋行商人于夷船回帆时输纳;至外洋夷船出口货物应纳税银,洋行保商为夷商代置货物时,随货扣清,先行完纳。

可知保商既有承受洋货的权利,又有承保税饷、代置货物的义务。至于由谁承保,则非官方指定,而是"夷人"自行在行商中选择的。嘉庆六年两广总督吉庆奏称:

> 查夷人进出口货物,向系夷人自行择行交易,与内地铺户同客商交易相仿。富饶可信洋商,夷人自必多交货物售卖;艰穷商人,夷人即不肯将货物多交。②

---

① 《清代外交史料》嘉庆朝第1册,第47页。
② 同上书,第6页。

毫无疑问，来粤俄船在"择行交易"时，当然也要找"富饶可信洋商"了。那么，"西成行"是否符合这个条件呢？

西成行是顺德人黎颜裕于嘉庆九年（1804）创立的。① 俄船来粤时，它仅仅开张一年，是"十三行"中资历很浅的新商。与大名鼎鼎的同文行、广利行相比，西成行既非"富饶"，也未"可信"，这样的"艰穷商人"出来为俄船承保，其中有一段曲折的因缘。

据俄文史料，"涅瓦"号于1805年12月8日（嘉庆十年十月十八日）进抵黄埔。② 次日，噜哑吨即乘板艇入广州，宿于他的老相识英商比尔（按：此人是"小比尔"，即托马斯·比尔）的"夷馆"。当晚拟定，俄方付5％的佣金，托比尔代觅保商卸货。③ 据噜哑吨本人记述，比尔到"十三行"奔走的结果如下：

> 资格最老的商人怕和我们打交道，他们并非不晓得俄国与中国毗邻，并有某种商业来往。他们是深知本国政府脾性的，预料俄国人初次来广，势必引起麻烦，不能不望而生畏。比尔虽多方设法到老牌行商中为我们物色可信的商人，惟事与愿违，迄无成效。他们谁都不愿承办创新之事。最后，他只好放弃原来的打算，借助自己私人的信用，才说动新行商黎六官敢来承保我们这两条船。④

按"十三行"商业习惯，行商除本名、行名外，还有一个称"官"的商

---

① 梁嘉彬：《广东十三行考》，1937年国立编译馆版，第321—325页。
② 李香斯基：《"涅瓦"号环球航行记》，莫斯科，1947年俄文版，第234页。
③ 《19世纪和20世纪初俄国对外政策》第3卷，第18页。俄船事件之后，托马斯·比尔长期住于澳门，生活豪奢。后负债破产，1841年12月在澳门黑沙海滩自尽，葬于白鸽巢园附近墓地。遗物套式青花盘，上绘比尔家族纹章，现归澳门土生葡籍收藏家沙巴治（Antonio Sapage）收藏。1993年6月，作者访问澳门，承沙先生出示此套名瓷。睹其物，思其人，浮想联翩，感慨系之。附记于此，并向沙先生致谢。
④ 克鲁逊什特恩：《1803年至1806年"希望"号和"涅瓦"号环球航行记》，第254页。又见彭泽益：《清代广东洋行制度的起源》所作的《历年广东洋行开业家数统计》（见《历史研究》1957年第1期，第21页），可据克氏上书第274—275页记载，补入两项：1798年（嘉庆三年）8家；1805年（嘉庆十年）11家。

名。所谓"新行商黎六官",也即是"西成行商人黎颜裕"。比尔凭什么说动他呢?原来这名英籍"夷商"是生意兴隆的"比尔·麦尼克"行(渣甸洋行的前身)老板,自 1797 年起又接替其兄丹尼尔·比尔充当普鲁士驻广州领事,资力雄厚,在英国"散商"(即"公班衙"之外的私商)中素负盛名。因此,黎颜裕才敢在他引荐下去冒一场风险。

当时,俄方出面与西成行进行贸易谈判的是俄美公司"希望"号商务代表谢梅林。后者曾向总经理处报告成交经过,于卸货、议价和采买三事尤详,可补《粤海关志》等清代文献记载的不足。

第一,卸货日期。西成行于嘉庆十年十月二十四日,以"保商"身分派驳船到黄埔起运皮货。按清代黄埔港的卸货能力,乾隆时通常是"每日起四艇,每艇四百余担,通船之货数日可以起完"。① 嘉庆年间想必大体相同,故三天后谢梅林等才能将皮货寄贮西成行库房。起货上行告一段落后,又连续三天与该行伙计一起拆解皮件,分类点验。

第二,皮货估价。据谢梅林报道,当时广州毛皮市场因海獭皮连年大量输入,货价下跌。1804 年,已输入海獭皮 8200 件,时价每件 23—24 皮亚士(西班牙币,重 27 克)。1805 年,又有美船三艘输入海獭皮 14002 件,加上俄船"涅瓦"号 4007 件,"希望"号 414 件,当年输入广州的海獭皮共达 18423 件。供过于求,每件海獭皮遂降至 18—16 皮亚士不等。在比尔周旋下,谢梅林同意按中等价格抛售,接受行商拟订的下列价目:

海獭皮	整件	17 皮亚士
海獭尾	十条准一张	17 皮亚士
河獭皮	每张	2.5 皮亚士
水獭皮	每张	4 皮亚士

---

① 乾隆二十四年《弗兰西国夷商味的哩等为敬陈海关弊害事呈粤督禀》(向达先生藏抄件),发表于昆明《人文科学学报》1942 年第 1 期。嘉庆年间粤海关的腐败,在小说中也有反映,见庚岭劳人《蜃楼志全传》第十八回。

红狐皮	百张	120 皮亚士
灰狐皮	百张	60 皮亚士
褐狐皮	每张	2 塔勒尔
白狐皮	每张	1 塔勒尔
青狐皮	每张	1.5 塔勒尔
美洲熊皮	百块	120 塔勒尔
海狗皮	百张	75 皮亚士

两船皮货的成交数目，"涅瓦"号为 176605.25 皮亚士，"希望"号为 12000 皮亚士，合计总额近 19 万皮亚士。①

第三，转贩货物。谢梅林本来打算少买茶叶，多买棉布。因此，他向比尔提交一份这样的购货单：

上等花茶	30000 皮亚士
南京棉布	30000 皮亚士
细瓷	5000 皮亚士
粗瓷	15000 皮亚士
贝珠	3000 皮亚士

但行商因当年广州积存的茶叶甚多，坚持必须将货款半数购茶，否则不愿成交。俄船返航心切，便勉强同意。结果，向海关报税时，才变成"所贩货物，系茶叶、瓷器"两大宗。②

从西成行承保的经过，可知英国散商比尔作为一名经纪人，起过相当重要的"导引"作用。下面将进一步指出，在俄船争取"放关"这个关键时刻，英国东印度公司驻粤商务总管又怎样给俄美公司帮了大忙。

---

① "希望"号成交数字引自克鲁逊什特恩：《1803 年至 1806 年"希望"号和"涅瓦"号环球航行记》，第 254 页。其余均见《19 世纪和 20 世纪初俄国对外政策》第 3 卷，第 21 页。
② 《清代外交史料》嘉庆朝第 1 册，第 6 页。

五、"英吉利国留粤大班"其人其事

在嘉庆朝有关俄船事件的官方文书中,曾两次提及"英吉利国留粤大班",但其作用仅限于一种场合,即在俄船开行后,如奉到谕旨,可由他"代寄回国"①。这真是挂一漏万了。其实,此人所起的作用,远远超出上述范围。

按清代广州口岸的习惯用语,"大班"与"留粤大班"是两种不同称谓,不可混为一谈,前者很清楚:"舶长曰大班。"(《澳门纪略》"官守篇")至于后者,则据两广总督吉庆奏称:"查英吉利船只,公司生意最大,该国设有大班在粤办理贸易事务。"②可知"留粤大班"并非一般"舶长",而是"来粤管理贸易"的"公司大班"(《中西纪事》卷三),也即英国东印度公司常设的驻广州代理人。吴熊光奏折虽未确指其名,但据俄方记载,知此人即是杜雷孟德(Друммонд)。他的英文名字 Drummond,当时曾按粤语省译而成"哆啉哎"。在"十三行"众商中,"未氏哆啉哎"(即"杜雷孟德先生"),是人所熟知的,故其行迹屡见于清代文献。如:

嘉庆六年六月,丽泉行潘长耀因走私羽纱事,致书"红毛公司大班"告急,"未氏哆啉哎"就是他求助的对象之一。③

嘉庆九年十二月,哆啉哎转呈英王"表文方物",受到两广总督倭什布亲自接见。④

嘉庆十年,哆啉哎携"牛痘之方"(道光《南海县志》卷四四《杂录》)至粤东。此事当指 1804 年(嘉庆九年)刊行的《新订种痘奇方

---

① 《清代外交史料》嘉庆朝第 1 册,第 47、49 页。
② 同上书,第 6 页。
③ 许地山编:《达衷集》(鸦片战争前中英交涉史料),商务印书馆 1931 年版,第 203 页。
④ 《清代外交史料》嘉庆朝第 1 册,第 18 页,并参见梁廷枏:《粤道贡国说》卷六。

详悉》,书末署"英吉利国公班衙命来广统摄大班贸易事务哆啉哎敬辑"。①

这说明,在俄船来粤之前,哆啉哎已经是广州洋场上一个活跃的头面人物了。他又是噜咂吨1798年居留广州期间结识的老朋友。② 因此,一旦陷入"不准开行"的困境,俄方借他之力来排除故障,是完全可以理解的。下面我们将会看到,在哆啉哎策划下,围绕着"放关"问题,一场官、商、"夷"之间的紧张斗法,怎样在广州口岸展开。

1806年1月中旬,正当俄船加紧装货、准备返航之际,原任两广总督那彦成"应俟朱批到日,方准放行"的决定,以流言的形式在商、"夷"之间传开了。22日,"保商"黎颜裕正式向俄方证实这一消息。③ 一时间,黄埔港风云突变,"营弁临船弹压,不许任何中国人近前,连每日必到的买办,也无影无踪!"④噜咂吨预定的"二十五日自广州动身,二十七或二十八由黄埔启碇"的计划,已经接近破灭边缘了。眼见大祸临头,英国散商无能为力,他只好把希望寄托在"留粤大班"身上,亲自登门向哆啉哎谋求对策。在后者授意下,噜咂吨立即要求"保商"黎颜裕向海关监督提出申诉。⑤ 次日,获准撤离营弁,解除俄船警戒,但何时"放关"仍然是一个悬而未决的问题。

从行商口中,噜咂吨获悉两广总督正在交接,新督不日上任。他闻风而动,抓住这个时机用英文写了一封抗议信,准备递交新督吴熊光。为此,噜咂吨约同哚嚍咶,再次造访哆啉哎。他们共同分析情况,认为

---

① 向达:《唐代长安与西域文明》,读书·生活·新知三联书店1957年版,第647页。
② 克鲁逊什特恩:《1803年至1806年"希望"号和"涅瓦"号环球航行记》,第252页。
③ 李香斯基:《"涅瓦"号环球航行记》,第237页。
④ 克鲁逊什特恩:《1803年至1806年"希望"号和"涅瓦"号环球航行记》,第254页。
⑤ 俄语称粤海关监督为ronno,是英语hoppo的转写。据前人研究,"hoppo之语源有三说:(一)有谓为中央政府之户部(hoo-poo)代表者;(二)有谓河泊(ho-poh)即水上警察之讹语;(三)有谓即海部(广东音hoi-pu)之意,即所谓合保。若从音及意义上着想,第一说为可信。见黄菩生:《清代广东贸易及其在中国经济史上之意义》,《岭南学报》1934年第4期,第175页。

两广总督不会轻易接见外商,唯一可行的还是间接的办法,即由行商将此信递交海关监督转呈吴熊光。这是一个难度更高的动作,需要哆啉哎本人出来大显身手。他凭着"留粤大班"的威望,出面邀集"十三行"众商聚议,并决定由英"夷馆"头目"喇嘛"即罗伯茨(此人后来接替哆啉哎"留粤大班"职务)等人组成一个特别委员会,以便在交涉时更有效能。当务之急是争取总商潘启官(同文行潘有度)参与进来,"因为他是行商的中坚,拥资六百万皮亚士,特受海关监督青睐"。① 哆啉哎亲往邀请潘启官于下午3时赴"夷馆"洽商,潘虽口头答应,但未履行自己的诺言。会上,哆啉哎转述俄方信件内容,并托二号行商茂官(广利行卢观恒)将该信递交海关监督阿克当阿。茂官见总商缺席,顾虑重重,但碍于"留粤大班"的情面,勉强收下了信件。次日晨,他就向哆啉哎等指出,该信语欠恭顺,碍难代禀。同时,交出自行代拟的禀文,要求噜呕吨和咏嘈唎签字,遭到俄方拒绝。最后,经哆啉哎倡议,当场另草一份语意简明的信件。这份三易其稿的"夷禀",以如下面貌反映在清代文献中:

  本国地处极北,若遇此时风眀,遂致阻滞一年,叩求早赐红牌,放关开行。如开行之后奉到大皇帝谕旨,交英吉利国留粤大班代寄回国,钦遵办理。②

此信经茂官代递六天后,仍无音讯。坐卧不安的噜呕吨又去找哆啉哎,要求再次邀集众商,力促早日放关开行。这一次,总商也被拉出场了。会上议定,次日由潘启官率同众商前往叩求海关监督。几天之后,"阿克当阿亲至黄埔,传该夷商面为开导,惟有叩求早令归国,情形甚露焦急。"③据噜呕吨记述,当时海关监督确曾由咏嘈唎陪同登上俄船巡视一番,并于两天后发给"红牌"即出港执照,正式准予放行。这个

---

① 克鲁逊什特恩:《1803年至1806年"希望"号和"涅瓦"号环球航行记》,第255页。
② 《清代外交史料》嘉庆朝第1册,第47—48页。
③ 同上。

"先斩后奏"的决定,据说是两广总督吴熊光、广东巡抚孙玉庭和海关监督阿克当阿"彼此筹商"的结果。他们还自以为处事得体,振振有词:"因思抚恤外夷,自应示之以信,既经准其卸货,似又未便久阻归期,致失怀柔远人之意。"①身负海疆重寄的这批封疆大吏,昏聩疲玩已至于此,难怪他们对商、"夷"的暗中活动毫无觉察,更谈不上去识破俄船来粤究竟居心何在了。

六、北京俄罗斯馆与俄船事件的关系

俄船事件还有一个不可忽略的方面,这就是北京俄罗斯馆在当时中俄交涉中所起的作用。据嘉庆十年十二月二十七日吴熊光等奏称:

> 所有起卸货物清单,并该夷商原禀及译出夷禀,一并恭呈御览,请旨饬交俄罗斯馆译汉,其情节是否相符,自可得实。

据此,可知当时在北京承翻这批文件的是俄罗斯馆而不是俄罗斯文馆。这就引出两个值得讨论的问题:第一,为什么俄罗斯文馆没有承担"译汉"的任务? 第二,俄罗斯馆又是谁当"通事"? 下面略证史料,试作说明。

按俄罗斯文馆创于乾隆二十二年(1757),又称"内阁俄罗斯学",馆址在东华门外北池街西。②《朔方备乘》卷一三"俄罗斯学考"曾略记其学生来源和创设宗旨如下:

> 内阁衙门别设八旗学生专习俄罗斯文字,以备翻译,亦谓之俄罗斯学。

入学名额 24 人,学制 5 年。至嘉庆八年(1803),还订出一套考核

---

① 《清代外交史料》嘉庆朝第 1 册,第 47—48 页。
② 《新增都门纪略》卷一,第 8 页。

任用制度：

> 考试俄罗斯学生等第作为。五年一次，考列头等者作为八品官，考列二等者作为九品官，考列三等者着交该学善加教诲；由八品官复行考列头等者作为七品官，由七品官考列头等者作为主事，分部学习行走，遇缺即补。

这样苦心经营，究竟成效如何呢？请看道光四年（1824）大学士托津的奏折：

> 俄罗斯学官生诵习俄罗斯文字，乾隆二十九年以前，有在京学习满文俄罗斯协同教授，迨后仅用本学人员。迄今日久，俄罗斯来文颇有支离，承翻事件，无从查考。请仍于驻京学习满文俄罗斯内挑取一名，协同教授，以资校正。①

很清楚，"内阁俄罗斯学"徒有学校之名，而无育材之实。创办半个多世纪，该学人员依然没有独立翻译能力，不得不到俄罗斯馆借调俄国驻北京布道团人员来"协同教授，以资校正"。道光初年尚且如此，嘉庆年间又怎么能够"承翻事件"呢！

说到这里，可以进而讨论第二个问题了。俄罗斯馆的前身是会同馆，自雍正七年（1729）起，正式拨作俄国东正教北京布道团的驻地，即所谓"南馆"。该团的随班学生非神职人员，是奉命"驻京学习满文俄罗斯"，常充当"通事学生"，承翻理藩院公文。查嘉庆十年正月间，军机处破获天主教士德天赐私寄的路程图样，曾交由"在京学书之俄罗斯人四贴班、伊完译出图内上方西洋字"②，这两个人均为俄国布道团第八班（1794—1807）随班学生，"四贴班"即斯捷班·里波夫佐夫（1770—

---

① 《清宣宗实录》卷七四，第20页。
② 《清代外交史料》嘉庆朝第1册，第20页。

1841),"伊完"即伊凡·马莱晓夫(1770—1806)。如前所述,有关俄船事件的文书(俄文和英文的"夷禀"及舱单),既拟交"俄罗斯馆译汉",则照例当由他们承翻,八旗官生是无法胜任的。查对俄方公布的档案材料,知1806年死于北京的"伊完"与此无涉,"译汉"之事全归"四贴班"独揽。此人1819年当选俄罗斯科学院东方文史学部通讯院士,并在彼得堡出版俄译本《理藩院则例》两卷(1828)。他的遗稿中保存着理藩院致枢密院咨文抄件,就是这位当年的"通事学生"插手过俄船事件的证明。①

在清廷紧锣密鼓处理俄船事件之际,俄罗斯文馆不能译"俄罗斯文字",反而去俄罗斯馆找俄罗斯人,岂非咄咄怪事!这种让"夷人"办"夷务"的不祥征兆,正如粤海关大摇大摆的"抚夷"蠢举一样,早在鸦片战争前三十多年,就预示着清廷外交的悲剧性结局已经日益逼近了。

七、交涉日志

俄船来广贸易事件,从嘉庆十年(1805)九月三十日"希望"号湾泊澳门起,到十一年(1806)正月二十日发布最后一份"上谕"止,历时三个月又二十天。按交涉程序,可分为验卸(十年九月三十日至十一月二十五日)、放关(十一月二十五日至十二月二十一日)和结案(十二月二十一日至十一年正月二十日)三个阶段,"放关"阶段构成事件的高潮。

笔者整理的这份日志,资料来源除嘉庆"上谕"和延丰、吴熊光奏折外,主要采自噜呕吨和咪嚌咧两位船长的航海实录及谢梅林致俄美公司总经理处的商务报告。志事以农历为纲,并附公历(括号内第一项)和俄历(括号内第二项)日期,以资参证。

嘉庆十年(1805)

九月三十日(11,20—11,8)

---

① 斯卡奇科夫:《俄国汉学史纲》,莫斯科,1977年俄文版,第406—407页。

当晚七时，噜咂吨船即"希望"号驶抵澳门洋面。

十月初一日(11,21—11,9)

下午二时，"希望"号入潭仔寄碇。

十月初二日(11,22—11,10)

当天早晨，噜咂吨亲往澳门同知衙门以"巡船"之名报验。

十月初八日(11,28—11,16)

粤海关监督延丰接阅澳门税口委员关于噜咂吨巡船一只来至澳门的报告。

十月十三日(12,3—11,21)

咪嚫咐船即"涅瓦"号湾泊澳门。

十月十五日(12,5—11,23)

"涅瓦"号离澳门开往黄埔，噜咂吨等同行。"希望"号暂泊潭仔。

十月十七日(12,7—11,25)

粤海关监督接阅澳门税口委员关于咪嚫咐船载有皮货、银子来广贸易的报告。

十月十八日(12,8—11,26)

凌晨二时，"涅瓦"号抵黄埔。

十月十九日(12,9—11,27)

噜咂吨乘板艇入广州，宿于英商比尔的"夷馆"，筹划觅保卸货事宜。

十月二十一日(12,11—11,29)

俄美公司"希望"号商务代表谢梅林在黄埔接到噜咂吨通知，携带舱单即晚赶到广州。

十月二十四日(12,14—12,2)

西成行以"保商"身分派驳船到黄埔运载皮货。

十月二十七日(12,17—12,5)

俄美公司"涅瓦"号商务代表柯罗比金到广州，与谢梅林协同起货上行(西成行库房),当晚十一时卸毕。

十月二十八日(12,18—12,6)

上午10时,粤海关监督延丰到黄埔视察"涅瓦"号。

十月二十九日(12,19—12,7)

延丰奏俄罗斯船只来广贸易,请旨办理。

十一月初二日(12,22—12,10)

俄船两船长联名向粤海关监督呈交"夷禀",声明"希望"号是货船不是巡船,要求移泊黄埔。

十一月初五日(12,25—12,13)

新任粤海关监督阿克当阿批准"希望"号按货船征钞,入埔卸货。

同日,英商比尔向谢梅林转达西成行关于货款必须半数购茶的成交条件。

十一月初七日(12,27—12,15)

俄美公司两船皮货按行商议定的条件成交。

十一月二十三日(1,11—12,30)

俄船加紧将回帆货物装舱。

十一月二十五日(1,14—1,2)

谢梅林托由广州返欧的丹麦商船带去一份致俄美公司总经理处的商务报告。

十二月初三日(1,22—1,10)

"保商"黎颜裕将暂缓开行的消息告知俄商。

十二月初六日(1,25—1,13)

英商、俄商和行商第一次会谈。

十二月初七日(1,26—1,14)

俄方另拟"夷禀",托行商卢观恒转呈粤海关监督。

十二月初九日(1,28—1,16)

军机处寄谕两广总督吴熊光究询俄船来广贸易情形。

同日,理藩院就俄船事件向俄国枢密院发出咨文,责以违反旧章。

十二月十三日(2,1—1,20)

　　英商、俄商和行商第二次会谈。

十二月十四日(2,2—1,21)

　　总商潘有度(乾隆六十年任总商,道光元年卒)率十三行众商叩求粤海关监督给俄船发放"红牌"。

十二月十五日(2,3—1,22)

　　军机处寄谕两广总督吴熊光,著令俄船不许在广逗留。

　　同日,内阁奉上谕:原粤海关监督延丰交部议处,广东巡抚孙玉庭交部察议。

十二月十七日(2,5—1,24)

　　粤海关监督阿克当阿亲赴黄埔视察俄船。

十二月十八日(2,6—1,25)

　　两广总督吴熊光奏准俄船开行回国。

十二月十九日(2,7—1,26)

　　吴熊光下令放关,准俄船回航。

十二月二十一日(2,9—1,28)

　　"希望"号和"涅瓦"号自黄埔启碇,由南中国海经印度洋返欧洲。

十二月二十七日(2,15—2,3)

　　吴熊光等奏俄船来广贸易情形,并自请交部议处。

　　同日,又奏嗣后俄船来广,自应禁其贸易,以符旧制。

嘉庆十一年(1806)

正月初四日(2,21—2,9)

　　军机处奏传询原粤海关监督延丰擅准俄船卸货情形。

正月初九日(2,26—2,14)

　　军机处寄谕两广总督吴熊光等:再有俄船来广,严行饬驳,不得擅予互市。

正月二十日（3,9—2,25）

  内阁奉上谕：延丰革职，吴熊光、孙玉庭、阿克当阿交部议处。

  同日，理藩院就俄船事件向俄国枢密院发出第二份咨文，重申应守旧章。如再来广贸易，则将恰克图闭市，以示制裁。

八、结　语

  俄美公司"希望"号和"涅瓦"号来粤"试做买卖"，是沙皇政府"打开广州市场"的一次有组织的试探活动。这个蓄谋已久的扩张步骤，起码可以追溯到1725年（雍正三年）。当时，奉派来华的沙俄特命全权大臣萨瓦，已经获得如下训令："应调查广州城，因为在中国所有的城市中，它尤其是俄罗斯最便于进行贸易的一个城市。"① 显然，以广州为目标向中国东南沿海伸张势力的企图，并非彼得一世（1682—1725）晚年即兴的狂想，而是与18世纪沙俄从一个内陆国家变成濒海帝国的过程相联系的，是由它的政策从地域性蚕食体制向世界性侵略体制的转变所决定的。②

  俄船来粤之年，正是硝烟滚滚的拿破仑战争时代，下距俄法同盟的成立（1807年7月7日《提尔西特和约》）还不到两年。业已陷入"战争与和平"困惑中的沙皇政府，仍念念不忘派船取道广州进行环球航行，这说明它争霸世界的计划尽管以欧洲为重点，但向东扩张的部署是时刻没有忽略的。

  1805—1806年的俄英关系，为来粤造成一种有利的情势：沙皇政府尚未加入"大陆体系"，当时它和英国都是欧洲第三次反法同盟的盟

---

① 加斯东·加恩著，江载华、郑永泰译：《彼得大帝时期的俄中关系史》，商务印书馆1980年版，第335页。

② 马克思：《十八世纪外交史内幕》，人民出版社1979年版，第80页。

友,加以俄船船长又与"留粤大班"颇有私谊,因此,俄美公司才能够借助英国东印度公司在广州的商业信用,一再对"十三行"众商施加影响,并在英商直接"导引"之下,顺利地穿过那条从"验卸"到"放关"的迷津。

在俄、英两大殖民公司的联合行动面前,古色古香的"十三行"处于任人摆布的地位。广州行商的软弱性,植根于自身的封建性之中,它的没落是不可避免的。很清楚,"公行制度的衰落所真正指明的是,在'国内'工业和资本积累都处于低级状态的中国经济水平,同一般所谓'工业革命'这个时代中急速发展着的英国经济水平之间的悬殊。"①经过鸦片战争之后,广州的行商制度便走完了由衰而亡的苦难历程,终于在《中英南京条约》第五款中以明文废除了。

清政府坚持"旧章"的强硬态度,使沙俄在广州口岸遭到一次公开的遏制。这当然不能消除它的扩张企图,却迫使它改变了活动的方式,即由派俄国船只变成"托外国船只带货到广贸易"(《海国图志》卷八三,《夷情备采》下)。1812年(嘉庆十七年)5月2日,俄美公司与美洲毛皮公司(纽约富商艾斯特1808年创建)在彼得堡签订贸易协定,其中第五项规定,后者每次来粤船只均有义务携带俄国皮货,由其代理人在广州抛售并代购回帆商品。② 随着这种所谓"影射贸易"(《筹办夷务始末》,道光二十八年八月辛酉)的出现,没有俄国船的俄国货继续涌入中国南方市场。从此之后,沙俄与清代广州口岸的关系,便进入一个微妙的"明禁暗通"的新时期。

---

① 格林堡著、康成译:《鸦片战争前中英通商史》,商务印书馆1961年版,第65页。
② 《俄国与美国关系的形成:1765年至1815年》(文件集),莫斯科,1980年俄文版,第519页。

清代广州的荷兰馆

17世纪的开端,也是中荷关系的开端。1601年即明朝万历二十九年冬,范·纳克(J. van Neck)率领的荷兰船队来粤要求通商,虽未成功,却从此在岭南留下了"红毛夷"之名。① 1602年,荷兰东印度公司(VOC)正式创建,从国会取得在好望角以东至麦哲伦海峡一带的贸易专利权后,"红毛船"日益频繁地出现于南中国海。因此,清初的广州人,对来自荷兰的海舶和洋商并不陌生。著名诗人屈大均(1630—1696)在五言长歌《镇海楼》中写道:"海口控虎门,诸蛮多梯航。红毛知荷兰,黑齿惟越裳。"② 他还亲身登临过荷兰舶,目验种种"红毛"风尚,给后人留下了如下的直观记录:

> 贺兰舶亦尝至广州,予得登焉。舶腹凡数重,缒之而下。有甜水井、菜畦。水柜水垢浊,以沙矾滤之复清。悬釜而饮。张锦绷白毡而卧,名曰软床。人各以柔韦韬手,食则脱之。食皆以苏合油煎烙,曼头牛臑,皆度色如金黄乃食。其刀可屈信如蛟蛇,左右盘拿,类古之鱼肠剑。然时鼓弄铜琴铜弦,拍手鼙肩,对舞以娱客,似有礼者。(《广东新语》卷一八)

在屈氏笔下,清初荷兰舶商的饮食、起居和礼节,可说已经画出一个轮廓了。

在清朝的"夷务"管理体制中,荷兰属于"粤道贡国"之一,难免要与

---

① 张维华:《明史欧洲四国传注释》,上海古籍出版社1982年版,第90—91页。
② 欧初、王贵忱主编:《屈大均全集》第一卷,人民文学出版社1996年版,第38页。

广州结下不解之缘。顺治十二年（1655），荷印总督派遣的第一个使团经广州赴北京，未能达到直接通商的预期目的，只取得微小的进展："著八年一次来朝，员役不过百人，止令二十人到京。所携货物，在馆交易，不得于广东海上私自货卖。"康熙二十四年（1685），粤海设关，经清廷议准："荷兰国进贡之期，原定八年一次，今该国王感被皇仁，更请定期，应五年一次。"（梁廷枏：《粤道贡国说》卷三）只是缩短了"贡期"，并未建立起经常性的通商关系。"直到1727年（雍正五年），荷兰人才得准在广州设立一个商馆。"①荷兰东印度公司的对华贸易因此进入新的发展时期："由17世纪至18世纪初叶，荷兰东印度公司主要以巴达维亚为基地来经营欧亚间的华茶贸易。到了1728年12月5日，该公司更自本国直接派船前往广州购买茶叶及其他货物。船中载银三十万盾，交易完毕，于1730年7月13日返抵荷兰，运回茶叶、丝绸及瓷器等物，获得净利为投资的一倍有余。自1731年至1735年，又有十一艘荷船往广州贸易。自1739年（乾隆四年）开始，华茶成为荷船自东方运返欧洲的价值最大的商品。"②

　　清代广州的荷兰馆，是专门贩运茶、丝、瓷等外销货的商馆，并不像北京俄罗斯馆那样兼备传教和学艺的职能。③ 在广州的洋场中，荷兰馆又名"集义行"（the Hong of Justice），其经商宗旨是十分明显的。④ 不过，作为清代前期荷兰驻华的唯一机构，它在外交事务和文化交流中仍不能不有所介入，并起着独特的作用。本文即以此为重点，将清代史籍尤其是诗文中的记述略加梳理，希望能够拓展视野，更加全面地认识荷兰馆在中荷关系中的地位。

---

　　① 包乐史著，庄国土、程绍刚译：《中荷交往史》，阿姆斯特丹，路口店出版社，第10页。
　　② 全汉昇：《略论新航路发现后的中国海外贸易》，《中国海洋发展史论文集》第5辑，中研院中山人文社会科学研究所1993年，第12页。
　　③ 参见拙著：《俄罗斯馆纪事》，广东人民出版社1994年版，第18—19页。
　　④ C. J. A. Jörg, *Procelain and the Dutch China Trade*, Hague, 1982. p. 54.

一、清代诗文中的荷兰馆

"荷兰",在明清时代有各种异译——贺兰、和兰、阿兰陀、尼特兰,等等。(杜宗预:《瀛寰译音异名记》卷三)至乾隆五十九年(1794),奉旨"嗹𠸄国改写荷兰国"(《粤道贡国说》),这个译名的书写才规范化了。

乾嘉之际的诗人乐钧,江西临川举人,游粤期间创作组诗《岭南乐府》,内有《十三行》专章,记"荷兰"事如下:

> 粤东十三家洋行,家家金珠论斗量。
> 楼阑粉白旗竿长,楼窗悬镜望重洋。
> 荷兰吕宋英吉利,其人深目而高鼻。
> 织皮卉服竞珍异,海上每岁占风至。①

十三家洋行又称"十三夷馆",位于广州城西,面临珠江,并排而立。所谓"楼阑粉白旗竿长",即馆前各树一帜,标明国籍。与英吉利馆毗邻的荷兰馆,树"红白蓝"三色旗。馆址属义丰行蔡昭复所有,每年租银约六百两。乾隆四十八年(1783),这位号称"昭官"的行商以欠饷之故,变卖产权抵债,②荷兰馆换了业主,但仍保有承租权,直到道光二年(1822)洋行区毁于大火为止。

荷兰馆作为广州"舶市"的一家老字号,早在乾隆年间已为人所熟知,并被文人骚客形诸吟咏了。曾任广东始兴、海阳知县的湖南湘潭人张九钺,于乾隆三十五年(1770)作《番行篇》,以荷兰馆为中心,详记当年广州的洋人洋事,是一首罕为人知的长歌,计七言七十八句。③ 末段

---

① 张应昌编:《清诗铎》(下),中华书局1983年版,第923页。
② 梁嘉彬:《广东十三行考》,商务印书馆1937年版,第365页。
③ 张九钺:《紫岘山人诗集》卷一一。清代广州外销的洋画和瓷画,有多幅可用来作《番行篇》的图解,见香港市政局编印《珠江风貌》,1996年版,第149—183页。

感时伤事,新意无多,不必赘引。仅将实质性的描述录后,并就理解所及,附加一些释证,以供参考。

广州舶市十三行,雁翅排成蜂缀房。
珠海珠江前浩淼,锦帆锦缆日翱翔。
蜃衔珊树移瑶岛,鲛织冰绡画白洋。
别起危楼濠镜仿,别营奥室贾胡藏。
危楼奥市多殊式,瑰卉奇葩非一色。
鞁鞨丹穿箔对圆,琉璃绿嵌窗斜勒。
莎罗彩纛天中袅,碧玉阑干云外直。

在"舶市"的景观中,绿色是其特色,"琉璃绿嵌"和"碧玉阑干"均为写实文字。可供参证的诗文,还有三例:(一)袁枚《留别香亭》六首之三:"教侬远上五羊城,海寺花田次第经。沙面笙歌喧昼夜,洋楼金碧耀丹青。"(二)沈慕琴《登西洋鬼子楼》:"危楼杰阁高切云,蛎墙粉白横雕甍。钩栏高下涂净绿,铜枢衔门屈戍平。"(三)李斗《扬州画舫录》卷一二:"盖西洋人好碧,广州十三行有碧堂。其制皆以连房广厦、蔽日透月为工。"

迎来舶主不知名,译得舌人是何国。
何国虬髯雕窅儿,金衣借问欲骄谁。
平价能谙吴越语,留宾也识汉唐仪。
银钱铸肖番王面,玻镜装分花女姿。
绕槛纨牛和露犬,委阶琐袄与驼尼。
驼尼琐袄焉足数,笃耨奇南随意取。
莲花钟测日东西,百宝表悬针子午。
乱掷扮中苏合膏,倒倾黄紫蒲萄乳。
水乐教成小凤凰,风琴弹出红鹦鹉。
别有姣徒连臂跃,吉贝缠身胯缚窄。
怀中短剑大西洋,袖里机枪法兰锡。
黑水龙奴荷铳嬉,红毛鬼子蟠刀拭。

在这段有关"舶主"的记述中,"何国"与"红毛"均指荷兰。其中古典与今事一并入诗,如苏合、笃耨等均属唐宋时代的南海香药,并非清初进口的西洋货。所谓"委阶琐袱与驼尼",则是当年大量输入的荷兰毛绒,可与张煜南《海国竹枝词》互证。该词"荷兰编"第十六首及原注如下:"织成毛布素精良,染色黝然作宝光。装载估船来岭海,发售人在十三行(国中所织毛布贩运极旺,粤中销售尤多)。"此外莲花钟、百宝表和玻镜、风琴,等等,均为番行奥室特有的新奇陈设,难怪张九钺要郑重其事地如数家珍了。

> 红毛鬼子黄埔到,纳料开舱争走告。
> 蜈蚣锐艇桨横飞,婆兰巨梱山笼罩。
> 相呼相唤各不闻,或喜或嗔讵能料!
> 舶商色喜洋商快,合乐张筵瓶碗赛。
> 何船火齐木难多,何地驼鸡佛鹿怪。
> 散入民廛旅贾招,居中驵侩公行大。
> 公行阳奉私饱囊,内外操赢智相若。
> 湖丝粤缎采离披,瓯茶饶瓷光错落。
> 顷刻珠玑走大官,待时深玩筹奇作。

红毛船抵黄埔港后,如何纳料、卸货、成交,以及在公行保商(驵侩)操持下采购回航商品,几乎都点滴不漏地入诗了。

《番行篇》关于舶市、舶主和舶商的描述,较同时代的官方文书留下了更具体的荷兰馆情事,是弥足珍贵的。但限于古典诗歌的句式和格律,其记述的详确性仍略逊于笔记体的散文。下面转录的山东嘉祥举人曾七如的《南中行旅记》,[①]是乾隆四十七年(1782)五月十三日直接采访所得,堪称有清一代关于广州荷兰馆的权威报道:

---

① 曾七如:《小豆棚》卷一六。其中有关荷兰人装束的描写,可与《皇清职贡图》卷一"荷兰国夷人"条参证。

出归德门①,同许姓能通使者看十三行。屋临水,粉垣翠栏,八角六角,或为方,或为圆,或为螺形,不可思议。前则平地如坡,门仿闾式,开于旁侧,白色雕镂,金碧焜煌,多幔缯。门有番奴,目深碧闪闪,卷曲毛发,类背鼻驹,持佛郎机,为逻守。衣多罗辟支,悬霜刃,烛人毫芒。非问途已经者,不敢入。其户重以绣帘,窗棂悉用滨铁为之,既壮观,且可守御。内嵌琉璃大瓦。当屡满时,皆铿锵作应山谷响。地铺洋氍毹,腥红如滟滪波,几不能履,恐袜生尘也。几为月形,或半圭,层层凿蓉攒花。其白面碧瞳者为大贾,冠以黑绒三叉,望类毗庐笠。衣青尼,束身大金纽,累累贯珠。鞭用杂色纬,通体皆缚扎,无懈处,革履,操赤藤,人谓其藤中藏芒刃云。通使言:赤藤者最贵。导以意作免胄礼,叙宾主次,余答以揖。进金盒烟,嗅之辛香不可耐。渠则盈掬充两突间奫奫不作一嚏。顷设馔,器质亦豫章窑,但金碧满绘,五彩相煊,与时用者异。每器可容十升,盛难匹,悉刲其头爪,囷囵以具,不脔切,用铁牙叉为箸。食用麦,杂以茴胡麻爌块肉。酒具用白玻璃,晶莹彻内外,口盎而中直。酒芳冽,余尽三器,渠啧啧喜,作指环抵唇者三,通使告余:"羡君能豪。"继乃散步栏廊,穷观奇异。有乐钟,至时则诸音并奏,声节无讹,刻时不爽。有千里镜,可以登高望远,二三里能鉴人眉目,又有显微、多宝,小自鸣表持之耳畔,如橐虫之啄木。又有《海洋全图》、贝多罗花、丁香藤、相思鸟、五色鹦鹉、倒挂禽、獴兽、短狗之类。檐间悬水晶灯,璎珞露垂,风来则珠霰摇空,铮铮相击撞,贮火可五十盏。余往来珠江,夜深则遥见之。辛丑(1781),都中亦见此。门有悬旗,色用朱红布地作叉股者,是贺兰贾也。

馆内的陈设,一派异国情调。奇器、宠物名目繁多,确实令人大开

---

① 归德门是明洪武七年扩建广州城垣新开八门之一,遗址在今解放南路与大德路交界处,"归德"石额今存。

眼界。应特别指出的是,所谓"大贾",实即荷兰馆大班(supercargo)。据荷方档案,1782年即乾隆四十七年担任大班职务的是海里根多普(C. Heijligendorp),①那么,在馆内宴请曾七如并赞赏他善饮的那个"白面碧瞳者",既然"最贵",想必就是此人了。

广州荷兰馆的历任大班,其名声远不及英国留粤大班那样显赫,但也有一位因参与对华外交事务而名垂史册,其人其事,独具一格,是应当专节记述的。

二、范罢览与中荷关系

在清代文献中,广州荷兰馆大班有名可考者,凤毛麟角。只有乾隆五十六年(1791)至乾隆五十九年连任大班的范罢览,因其事功和著述,而在中荷关系中占居突出的地位。

范罢览(A. E. van Braam Houckgeest,1739—1801),1739年11月1日生于荷兰乌得勒支省(Utrecht)。1759年为荷兰海军候补生员,随东印度公司货船到澳门和广州经商八年,后返荷兰经营田庄,过乡绅生活直到1773年。1774年入美国籍,成为一名双重国籍的海商。其后,又重返东方,滞留马六甲和巴达维亚,1790年(乾隆五十五年)7月8日抵达广州,任职于荷兰馆。②

按个人气质而言,范罢览具有开拓型的品格:"其人大有趣味,活泼、谨慎、多智,善于应变,颇浮夸而自诩,但度量广大,而渴求新知。"③

范罢览在大班任内最重大的业绩,就是策划并参与荷兰派往清廷的使团。该团紧接1793年英国马戛尔尼使团之后,受到乾隆皇帝的同

---

① C. J. A. Jörg, *Procelain and the Dutch China Trade*, Hague, 1982, p. 204.
② J. J. L. Duyvendak, "The Last Dutch Embassy to the Chinese Court(1794—1795)", *Tóung Pao*, Vol. XXXIV, Livr. pp. 1—2,5—7.
③ C. R. 博克塞:《十八世纪荷兰使节来华记》,见朱杰勤译:《中外关系史译丛》,海洋出版社1984年版,第265页。

等礼遇,成为18世纪末中西关系的另一件大事。

范罢览是一个善于抓住机遇的精明"红毛",当他从马戛尔尼使团获悉北京将有庆祝乾隆登位六十年的盛典,即向巴达维亚的荷印总督建议派遣致贺专使。此议被采纳,一个以德胜(又译"得胜"或"余悚第生",即 Issac Titsingh,1745—1812)为正使、范罢览为副使的荷兰使团便组建起来了。该团的出使行程,要点如下:

1794年8月15日　乘"暹罗"号自巴达维亚起航,经澳门来广州。
　　　10月13日　两广总督长麟在海幢寺接见使团,验看国书。
　　　11月22日　使团一行27人自广州乘船赴北京。
1795年1月9日　使团抵京。
　　　1月12日　谒见乾隆皇帝,行三跪九叩礼,出席紫光阁御宴。
　　　1月31日　瞻仰万寿山。
　　　2月8日　在圆明园向乾隆皇帝辞行,接受"特颁敕谕"。
　　　5月9日　荷兰使团返抵广州。

关于两广总督长麟与荷兰使团在海幢寺会晤的情景,王文诰《韵山堂诗集》卷一《长牧庵制府带同荷兰国贡使诣海幢寺接诏恭纪八首》有详细记述,可补清代文献之缺。

德胜使团的外交活动,是按清廷"朝贡"体制进行的。他们携带的致贺礼品,以西洋奇器为主,也包括若干南海名产:

> 贡使至京,恭进:万年如意八音乐钟一对,时刻极喜各式金表四对,镶嵌金小盒一对,镶嵌带板四对,珊瑚珠一百八颗,琥珀珠一百八颗,千里镜二枝,风枪一对,金银线三十斤,琥珀四十斤,各式花毡十版,各式羽缎十版,各式大呢十版,西洋布十匹,地毯二张,大玻璃镜一对,花玻璃壁镜一对,玻璃挂灯四对,燕窝一百斤,檀香五百斤,豆蔻一百斤,丁香二百五十斤,檀香油三十瓶,丁香油三十瓶。(梁廷枏《粤道贡国说》)

清廷的回赠礼品，分"照赏"（按康熙赏例）和"加赏"两类，详见乾隆五十九年十二月初一日、二十七日的军机处奏片。① 范罢览以"副使大班"的身分，在万寿山和圆明园均受"加赏"。

荷兰使团的北京之行，未能在通商方面取得预期进展。清廷仍将致贺当做"慕化"，居高临下，给荷兰国王颁发如下敕谕（乾隆六十年正月）：

> 兹值天朝六十年国庆，公班衙（荷兰东印度公司）等因道远不及禀知尔国王，即代为修职来庭，则感被声教之诚，即与尔国王无异。是以一律优待，示朕眷怀。所有赍到表贡之来使，小心知礼，已令大臣带领瞻觐，赐予筵宴，并于禁苑诸名胜处，悉令游览，使其叨兹荣宠，共乐太平。除使臣恩赍叠加，及各官通事兵役人等正赏加赏各物件另单饬知外，兹因尔使臣归国，特颁敕谕，赐赉尔王文绮珍物如前仪，加赐彩缎罗绮文玩器具诸珍，另有清单。王其祗受，益笃忠贞，保乂尔邦，永副朕眷。钦哉！ 特敕。②

"小心知礼"四字，对居留中国 13 年之久的范罢览来说，并非过誉之辞。同时，这个考语包含着与傲慢的马戛尔尼使团的比较，也是隐约可见的。

荷兰使团的活动结束后，范罢览便卸除在广州荷兰馆的大班职务，于 1795 年 12 月 3 日乘"路易莎夫人"号赴美，定居费城，边经营园艺，边致力撰述一部用法文书写的出使实录——《1794 至 1795 年荷兰东印度公司使节谒见中国皇帝纪实》，1797 年在费城出版。范罢览将这部记述北京之行的巨著奉献给乔治·华盛顿，借以表达一名美籍荷裔对美国总统的敬意。1798 年，范罢览离美赴英。1800 年移居德国一年，便返回祖国安度晚年，1801 年 7 月 8 日在阿姆斯特丹逝世。③

---

① 故宫博物院：《文献丛编》第 5 辑，荷兰国交聘案。
② 同上。
③ J. J. L. Duyvendak, "The Last Dutch Embassy to the Chinese Court（1794—1795）", *T'oung Pao*, Vol. I—II, Livr. pp. 97—107.

在18世纪的中西关系史上,范罢览的著作与斯当东的《英使谒见乾隆纪实》①,堪称使华外交实录的双璧。他们站在西方立场上,根据直接观察,揭示乾隆时代大清帝国的虚弱,异曲同工地对"天朝"盛世发出了危言。

现代法国学者佩雷菲特,曾对英荷两个使团的境遇加以比较,并指出范罢览的中国观念的转变:

> 两个使团,两次失败:第一个使团失败时保持了自己的尊严;第二个使团却遭到了羞辱。梵·布拉姆(即范罢览)在总结他的旅行时远比他在开始旅行时头脑清醒:"这个民族有着一种完全与世隔绝的生活方式。他们可以放弃一切人为的需要,而我们如无法满足这些需要便会痛苦不堪。你认为中国人见到了每年来自欧洲的技术操作就会醒悟过来?这些珍品都被他们看成是多余的事。"②

范罢览是最后一次荷兰来华使团的副使,也是最后一任广州荷兰馆的大班。他的活动年代,正是荷兰东印度公司江河日下的年代。1795年,荷兰发生政变,联省执政威廉五世逃亡英国。1796年,荷兰东印度公司改组,两年后"公班衙"便解散了。从发展趋势看,可说范罢览离开广州之日,也是荷兰馆终结之时。

三、荷兰馆与中西文化交流

清代广州的"舶市",是异质文化的民族之间的经济交往,具有跨文化贸易的独特性质。荷兰馆作为一个著名的"红毛"商馆,在促进中西

---

① 斯当东著、叶笃义译:《英使谒见乾隆纪实》,香港三联书店1994年版;并可参看《中英通使二百周年学术讨论会论文集》,中国社会科学出版社1996年版。

② 佩雷菲特著,王国卿、毛凤支等译:《停滞的帝国——两个世界的撞击》,读书·生活·新知三联书店1993年版,第564页。

文化交流方面,虽不能说举足轻重,却也并非无所作为。

18世纪在欧洲风行一时的"中国热",尽管是多渠道、多层次形成的,但广州荷兰馆曾经推波助澜,则是一个明显的事实。饮茶风尚的传播不必细说,仅就园林艺术的建构而言,也不难看出荷兰馆的中介作用。现代荷兰历史学家包乐史写道:

> 1760年,第一个庭园在荷兰建成,但这个所谓的"中英园林"结合了中国和英国的园林传统,富有曲折的景色布局,令人目瞪口呆:有一座小桥,一个山洞,一座中国式庙宇,一座凉亭,一架吊桥,甚至还有一片哥特式建筑的废墟。荷兰最引人注目的这类中西合璧的园林无疑是巴伦(Braam)的"中国园林",这是1790年荷兰东印度公司商务官员斯赫伦堡(R. Scherenberg)建造的。在这座现在已不复存在的园林里,在假山和池塘中有两座用红、紫、白等颜色油漆的中国式楼阁,分别被命名为北京阁和广州阁。这两座楼阁是在广州预先订制后,再用东印度公司的商船分散运到荷兰。①

至于广州荷兰馆如何将西洋物种引进中国,没有必要泛论门类繁多的"贡品"和商品,仅就其中可以确考者举出几件,作为例证,聊备参考。

(一) 时表

在乾隆时代,计时怀表是中国人极其罕见的西洋奇珍。难怪张九钺的诗称之为"百宝表",前述曾七如在荷兰馆曾将"小自鸣表持之耳畔,如橐虫之啄木",令人如闻其声。范罢览献给乾隆皇帝的礼品,内有"时刻报喜各式金表四对",当属同类之物。乾隆末年四川举人张问安《夏日在广州戏作洋舶杂诗六首》之四云:"机轮历落动天倪,彩佩缤纷

---

① 包乐史著,庄国土、程绍刚译:《中荷交往史》,第102页。按:文中Scherenberg当译为舍伦贝格为妥。

绣带齐。比似红毛好官样,半圭花影佛兰西。"他还在句下加注说:"洋表有红毛、佛兰西二种。红毛多度金壳,佛兰西多银壳。银壳以大扁为贵。"①这类洋表,当时只有贵族之家享用。据《红楼梦》第四十五回,正是大观园里的贵公子贾宝玉,才有可能"回手向怀内掏出一个核桃大的金表来"。倘按"红毛多度金壳"一语来推断,则贾府怡红院里也有荷兰货了。

(二) 千里镜

千里镜即望远镜,是荷兰馆内一项重要的装备。这种西洋奇器,明末传入中国,清初文人对其构造和性能已有具体记述。李渔在顺治十五年(1658)成书的《十二楼》中,那篇《夏宜楼》书生瞿佶与詹小姐的姻缘,即以望远镜为关目:

> 此镜用大小数管,粗细不一。细者纳于粗者之中,欲使其可放可收,随伸随缩。所谓千里镜者,即嵌于管之两头,取以视远,无遐不到。"千里"二字虽属过称,未必果能由吴视越,坐秦观楚,然试千百里之内,便自不觉其诬。至于十数里之中,千百步之外,取以观人鉴物,不但不觉其远,较对面相视更觉分明。真可宝也。

访问过荷兰馆的人,对此宝物当然不会忽略,故乐钧诗云:"楼窗悬镜望重洋。"曾七如也特叙一笔:"有千里镜,可以登高望远,二三里能鉴人眉目。"

在乾嘉时代的广州,能使用千里镜并形诸吟咏者,只有富商显宦。十三行总商潘有度在《西洋杂咏》第十二首说得有声有色:

> 万顷琉璃玉宇宽,镜澄千里幻中看。
> 朦胧夜半炊烟起,可是人家住广寒?

---

① 张问安:《亥白诗草》卷三,光绪七年聚珍版。

他还加了一段自注:"千里镜,最大者阔一尺长一丈,傍有小镜看月,照见月光约大数丈,形如圆球,周身明彻,有鱼鳞光。内有黑影,似山河倒照,不能一目尽览,惟向月中东西南北分看。久视则热气射目。夜静,有人用大千里镜照见月中烟起,如炊烟。"①

另一位是两广总督阮元,他于嘉庆二十五年(1820)在广州作《望远镜中望月歌》,且述且叹,浮想联翩:

> 天球地球同一圆,风刚气紧成盘旋。
> 阴冰阳水割向背,惟仗日轮相近天。
> 别有一球名曰月,影借日光作盈阙。
> 广寒玉兔尽空谈,搔首问天此何物?
> 吾思此亦地球耳,暗者为山明者水。
> 舟楫应行大海中,人民亦在千山里。
> 昼夜当分十五日,我见月食彼日食。
> 若从月里望地球,也从明月金波色。
> 邹衍善谈且勿空,吾有五尺窥天筒。
> 能见月光深浅白,能见日光不射红。
> 见月不似寻常小,平处如波高处岛。
> 许多泡影生魄边,大珠小珠光皎皎。
> 月中人性当清灵,也看恒星同五星。
> 也有畴人好子弟,抽镜窥吾明月形。
> 相窥彼此不相见,同是团圆光一片。
> 彼中镜子若更精,吴刚竟可窥吾面。
> 吾与吴刚隔两洲,海波尽处谁能舟?
> 羲和敲日照双月,分出大小玻璃球。
> 吾从四十万里外,多加明月三分秋。②

---

① 潘仪增:《番禺潘氏诗略》,光绪二十年刻本。
② 阮元:《研经室集》(下),中华书局1993年版,第971—972页。

阮元借助"五尺窥天筒",抒发了一番"天问"式的感慨。在他的诗中,西洋物质文明激发出对中土月亮神话的新理解,"道"因而变,确耐人寻味。"千里镜"不仅在视野上而且在精神上,已经把清代中国人带进新的境界了。诸如此类的"西学东渐"的渗透现象,具体而微,尚待作出更精确的分析。

(三) 短狗

曾七如游荷兰馆时见到的"短狗",即哈巴狗,是洋人的宠物。清凉道人《听雨轩笔记》也有记述:

> 予于广东十三行见洋犬数对,状如巨茄,与常犬初生者无异,色为黑、白、苍褐三种,摇尾点头,性甚驯扰,每对值番钱二三十。①

道光十四年(1834)初,广州街头曾贴出一份洋人寻洋狗的赏格,令人叹为观止:

> 本年正月初十日,瑞行与荷兰馆走失洋狗各一只,迄今未回。其一长耳长尾,胸前配有褐色星号,身呈"香墨"色。另一为小狗,耳尖剪短,其尾不长,全身呈杂棕白色。大狗名"罗弗",小狗名"博普"。特此告知。如有"仁人君子"知其下落(或许它们是"迷路"了)而报知者,即赏花红银大者二大洋,小者一大洋。即使被盗去(难以相信之事!),如将其带回瑞行二号,仍将照付花红,不予追究。此帖是实,决不食言。②

以上的引证,难免有狗"短"话长之嫌,唯因事关中西文化及其价值观念的差异,即使小题大做,也未必毫无意义。试比较《全晋文》卷四六傅玄的《走狗赋》,就可略知一二了。

---

① 黄佛颐编纂:《广州城坊志》卷五;并可参看拙作:《哈巴狗源流》。
② 亨特著、冯树铁译:《广州"番鬼"录》,广东人民出版社1993年版,第91—92页。

（四）荷兰豆

荷兰馆与荷兰豆的关系，也是一段值得回顾的佳话。

清朝嘉庆年间，广东阳春人刘世馨在其所著的《粤屑》卷一中写道：

> 荷兰豆，本外洋种，粤中向无有也。乾隆五十年，番船携其豆仁至十三行，分与土人种之，九月重阳前后播种，苗高二三尺，叶翠，花白，正月时结豆，甘脆异常。初惟西关一老圃能得莳植之法，每年八月杪，以小提篮携豆种上街，人争买之。初出甚贵，今则遍岭海皆有之。余前乞养居家，辟园种半亩以资供养。作诗云："新种荷兰豆，传自外洋来。莳当重九节，买自十三行。采杂中原菽，燃添外国香。晨葩香莫匹，馨膳此初尝。"豆种自荷兰国来，故因以为名云。

关于荷兰豆在闽粤台的引进和传播情况，杨宝霖先生作过精详考证。[①] 这里仅就上引史文涉及的情节，据荷方资料略加补充，使问题进一步明朗化。查乾隆五十年（1785）抵粤荷船共四艘，其中直接来自阿姆斯特丹的两艘是 Voorschoten 号和 Pollux 号，携来豆仁的"番船"，当为其中之一。[②] 另外，当年驻广州荷兰馆的大班是金绥斯（P. Kintsius），此人自 1759 年（乾隆二十四年）起即在馆内供职，是广州洋场上一名老"红毛"，人地皆熟，可能就是他将豆仁"分与土人种之"。于是，"西关"便成了荷兰豆的"西来初地"了。

四、结　语

十三"夷馆"与十三公行，是清代广州口岸的著名贸易伙伴。对中西关系史来说，两者都值得深入研究，而且只有结合起来研究才能深

[①] 杨宝霖：《自力斋文史农史论文选集》，广东高等教育出版社 1993 年版，第 313—316 页。
[②] C. J. A. Jörg, *Procelain and the Dutch China Trade*, Hague, 1982, p. 200, pp. 203—204.

入。可惜,至今问津前一课题的,似乎寥寥无几。① 对后者的研究,也尚未出现重大的进展。结果是,关于"夷馆"与公行的互动关系,若明若暗,是令人遗憾的。

　　清代中西文化交流,既通过教会的宗教性渠道,也通过"夷馆"的世俗性渠道,可说是双轨并进的。商馆非文馆,不言而喻,无须细议其文化功能。不过,华洋之间的贸易,毕竟是一种"跨文化"的贸易,因而研究者固然应当"重商",但却不可以"轻文"。任何认识上的偏枯症,都不利于全面的观察。其实,在人类文明的总体上,经济领域与文化领域历来相通,并不存在不可逾越的鸿沟,怎么能够"画地为牢"呢?

　　关于广州荷兰馆的历史,本文从清代诗文中找出若干材料,在某些细节方面弥补了文献之缺。广东通海最早,岭南诗文对洋气、洋风的反映,自然较多。外省入粤的文人,也感受到"自过岭南诗一变,疑游岛国语全分"(魏源《楚粤归舟纪游》四首之三),往往情不自禁地采用洋人洋事作题材。因此,他们的游粤诗文便储存着可供发掘的涉外史料。如果下功夫加以梳理,从字里行间撷拾遗闻逸事,当可增进对"夷馆"问题的了解。

---

① 作者于数年前曾撰文《论清代瑞典纪事及广州瑞行商务》,载《中山大学学报》1991年第2期。此文英译本辑入 *The Golden Age of China Trade*, Viking Hongkong Publications. 1992. 第90—104页。近期的同类论著,还有查世杰:《马礼逊与广东十三夷馆》,见《近代中国与亚洲》(下),香港海珠书院亚洲研究中心1995年印行,第629—661页。

王文诰荷兰国贡使纪事诗释证

  1794—1795 年荷兰使团访问中国，是继英国马戛尔尼使团之后，中西关系的盛事。从近年研究状况看，英国来华使团的历史已经引起普遍关注，①至于荷兰使团在中国的经历，则几乎被淡忘了，这是令人遗憾的。

  在清朝的"夷务"管理体制中，荷兰也像英国一样，属于"粤道贡国"之列。荷兰使团上京之前，必须在广州接受督抚衙门的一系列外事安排，包括验表、宣诏、赐宴，等等。因此，研究荷兰之"贡"，应当从广州口岸开始。可惜，这些礼节性的程序，在清代官方文书中难得其详。《东华录》和《清实录》固然略去这些细节，梁廷枏的《粤海关志》和《粤道贡国说》也同样缺乏此类记录。在这方面，幸好同时代的岭南诗留下吉光片羽，使我们有可能史失而求诸诗，正像礼失而求诸野一样，拾遗补缺，可从中了解乾隆末年两广总督长麟在广州海幢寺接见荷兰使团的具体情景，以及广东十三行行商所起的作用。

一、王文诰及其《韵山堂诗集》

  王文诰，字纯生，号见大，浙江仁和人。乾隆五十七年（1792）游粤，对岭南风土及洋人洋事颇有吟咏。诗以典博为尚，结集于嘉庆三年（1798），称《韵山堂诗集》。至道光十年（1830），始有浙江书局刻本，共

---

  ① 1996 年 5 月，中国社会科学出版社出版了《中英通使二百周年学术讨论会论文集》，辑入中英美法德学者论文 22 篇。1996 年 8 月，国际文化出版公司印行了中国第一历史档案馆编《英使马戛尔尼访华档案史料汇编》，共 605 页。

七卷,存诗605首。① 据书首嘉庆三年自序云:

> 余不敏,赖先人绪余,稍识之无。壬子(乾隆五十七年,1792)游岭南,多有质直之语,然不自知何者为诗也。戊午(嘉庆三年,1798)冬,将他适,检箧中剩楮寓览,言怀者约居什七,题尚足征。缘癸丑(乾隆五十八年,1793)一帙旧于龙潭失去,就甲寅(乾隆五十九年,1794)后作怨而存之,以韵山堂冠其编云。

该集卷一,有二题记荷兰使团在广州的经历,均为作者目击的实录,即《长牧庵制府带同荷兰国贡使诣海幢寺接诏恭纪》及《送王香雨观察赵藻庭刺史护送荷兰国贡使入都》。前一题为七言组诗,共八首,是本文释证的重点,特照录如后:

(一)皇威遐迩被攸同,尺咫钦瞻岭峤东。
　　沧海不扬波上紫,卿云常现日边红。
(二)航海梯山十万程,梅花南国报先春,
　　年年望气黄云现,重译来朝贺圣人。
(三)荷兰贡舶虎门收,蠔镜声嚣水上楼。
　　琛献先传金叶表,翎开还整翠云裘。
(四)龙象花宫涌海幢,桫椤贝树荫清江。
　　慈容遥仰天威在,一日光荣遍海邦。
(五)万斛琉璃挂彩门,氍毹匝地映红幡。
　　今朝节府承明诏,乐奏钧天语带温。
(六)珊顶花翎线纬飘,蟒衣鹤补压群僚。
　　晓钟初动开仙仗,宛在金门候蚤朝。
(七)几年骥足涉飞沙,驰驿来京旨特嘉。
　　从此葵心依北阙,河山历历辨中华。

---

① 袁行云:《清人诗集叙录》(二),文化艺术出版社1994年版,第1765页。

(八)玉箫金琯隔花听,花下开筵列绮屏。
大小臣工齐虎拜,炉烟浮动九龙亭。

这八首"恭纪"体的诗,反映出乾隆末年一个士大夫的"夷务"观念。尽管以海邦入贡为基调,充溢"皇威""来朝""琛献"之类的言词,把中外交往中的平行关系曲解为宗藩关系,但仍包含若干实质性的描述,可补清代文献之缺。下面据诗题和诗句,分疏出贡使、贡舶、贡表、接诏、赐宴和起程等项,参照中荷双方的记载,试作释证,以供研究中荷关系史和广州口岸史参考。

二、"荷兰国贡使"德胜身世

荷兰使团来华,是由正使和副使率领的。副使范罢览(1739—1801)身兼广州荷兰馆大班,在清代官方文书中具衔"副使大班",其人其事在收入本书的《清代广州的荷兰馆》中已有记述,此处从略。

正使德胜,又译得胜,或余悚第生。原名伊萨·蒂特辛格(Isaac Titsingh,1745—1812),出身于阿姆斯特丹一个显贵家庭,属于中产阶级的上层。德胜自1766年(乾隆三十一年)起供职于东印度公司,常住巴达维亚。随后被委以重任,成为驻日本(出岛)的荷兰商馆大班。他于1779年和1784年,曾两度出使江户将军的幕府。由于荷印当局的器重,德胜又奉调到孟加拉,担任钦苏拉的荷兰馆大班达七年之久(1785—1792)。卸职后,改任巴达维亚总督府枢密顾问,成为荷兰东印度殖民机构的头面人物。①

作为一个有教养的荷兰商务官员,德胜对方兴未艾的东方学兴趣颇浓。他是加尔各答东方学会的创始会员,收藏过江户初期的文

---

① C. R. Boxer, *Dutch Merchants and Mariner in Asia*, 1602—1795, VIII, London, 1988, pp. 3—4.

物和文献,包括藩主德川光国主持修撰的《大日本史》,并致力搜求耶稣会士编著的汉语拉丁语辞典。他还雇用过两名福建籍的中文书记。诸如此类的文化背景,说明德胜是一名资深的"东方通",巴达维亚荷印当局派他充当访华使团的正使,是经过认真物色的,绝非随意的选择。

18世纪末的荷兰殖民帝国,遭受法国大革命的冲击,已经江河日下。德胜访华前的巴达维亚,到处呈现衰败的景象。1793年4月路经此处的马戛尔尼使团,作过如下的披露:

> 在荷兰直接统治下的巴达维亚区,有将近五万户爪哇人定居,以平均每户六人计算,约共三十万本地人。巴达维亚城,包括郊区,约有八千户房子。中国人的住宅矮小拥挤。荷兰人的住宅宽敞、干净,建筑的适于热带气候居住,门窗高而且大,大理石地板上经常洒水使其凉爽。但这些住宅大部分都空着无人住,这说明荷兰人在这块土地上已经日趋没落。除此而外,由于无货可装,或者由于无人驾驶,大批荷兰东印度公司船只在停泊处荒废没用。①

德胜出使北京之日,正是荷兰东印度公司濒临解体之时,所谓"重译来朝贺圣人"即叩贺"天朝大皇帝六十年大庆",只不过是一个适时的借口,真正动机是为荷印公司谋求对华贸易的新权益。在德胜挽狂澜于既倒的努力失败之后,他告别巴达维亚,于1796年12月转抵伦敦闲居。随后又移居巴黎,与一批东方学家切磋有关中国、日本的学问。例如,首倡"扶桑即墨西哥说"的法国学者德经,就是他的密友。可惜,其手稿未公开出版。1812年(嘉庆十七年)2月9日,德胜在巴黎病逝,享年66岁。

---

① 斯当东著、叶笃义译:《英使谒见乾隆纪实》,香港三联书店1994年版,第123页。

三、"荷兰贡舶"和"船商咭时"

"荷兰贡舶虎门收,蠔镜声嚣水上楼。"诗句为押韵而倒装,其实是先经"蠔镜"(澳门)才驶入虎门的。在康乾时代,荷兰舶多次出入广州黄埔港,早已为人所熟知。屈大均和赵翼都曾先后登临过荷兰舶,并写下直观的印象。屈大均《广东新语》卷一八记述,"舶腹凡数重,缒之而下。有甜水井、菜畦。水柜水垢浊,以沙矾滤之复清。悬釜而饮。张锦绷白毡而卧,名曰软床。"赵翼于乾隆中期任广州知府,对"其帆尤异"津津乐道:"红毛番舶,每一船有数十帆,更能使横风、逆风作顺风云。"(《檐曝杂记》卷四)他在虎门曾"梯登试一观",并赋长歌《番舶》,分门别类地写下自己的观感:(一)长度和容量:"峨峨百丈船,横潮若山嶂。一载千婆兰(原注:番语三百斤为一婆兰),其巨不可量。"(二)船舱和装备:"其舱分数层,一一横板档。辟窦列铳炮,庋阁实货藏。水柜百斛泉,米囷千石饷。入则缒而下,出则缒以上。"(三)导航和帆桅:"柁师视罗经,芒芴辨厥响。张帆三桅竿,卷舒出意创。颓若垂天云,足使红日障。瞬息千百里,凌虚快奔放。操舟不以力,役使罡风壮。"①

清代诗文关于来粤荷兰舶的记述,与年代相近的日本史料是一致的。德川幕府晚期画家林子平(1738—1793),在所绘《阿兰陀舩之图》附有一段如下的图说:

> 舩长十四丈余,幅三丈八尺,高三丈五尺。总柱长十四丈余,旗竿三丈余。帆数十八。石火矢三十六挺,烟出三丈余。人数百余人。②

当年德胜所乘的"荷兰贡舶"也属"红毛番舶"或"阿兰陀舩",形制

---

① 赵翼:《瓯北集》(上),上海古籍出版社 1997 年版,第 334 页。
② C. R. Boxer, *Dutch Merchants and Mariner in Asia*, 1602—1795, VII. p. 69.

大同小异。王文诰的《韵山堂诗集》卷三收《洋舶》诗一首，内有句云："独樯牛头料河舶，其尤广者千婆兰。沥青石脑锢铁力，思劳瘦削磷磷攒。蛇膏淬钉制碱水，直犯磁石冲危滩。"又有句云："会噶罗巴走岭海，帆张四百翻洪澜。"按"噶罗巴"是马来语"椰子"的音译，指巴达维亚。可知王文诰所咏的洋舶，就是荷兰舶。据荷方记载，该舶名为"逞罗"号，1794年8月15日自巴达维亚启航，一个月后抵虎门。这艘海舶原为荷兰西部城市代尔夫特商会所有，返航后改隶挪威。①

在清代官方文书中，荷兰贡舶"逞罗"号的船长，被称为"船商咭时"（梁廷枏:《粤道贡国说》卷三）。"咭时"一名，是船长盖斯(Gas)的广州话译音。该船放洋回国前，被豁免应纳船料及买带货物等税，经粤海关监督传谕"外洋行商人蔡世文、潘致祥等知悉"，时在乾隆六十年(1795)二月十三日。据正使德胜1796年3月20日致巴达维亚荷印当局函件，"逞罗"号共免税银8670两。②

"荷兰贡舶"的航行使命，与英国马戛尔尼使团的"狮子"号大异其趣。后者自始至终都是特使及其随员的乘舰，而"逞罗"号则只是营业性的"红毛番舶"，并没有运送正副使回航。范罢览于1795年12月3日在广州乘"路易莎夫人"号赴美国，德胜于1796年3月25日在广州乘东印度商船"西伦舍斯特"号赴英国，各奔前程。③ 贡舶与贡使分离，正使与副使分手，荷兰来华使团的结局如此分崩离析，这是寄望"从此葵心依北阙"的诗人王文诰所始料不及的。

四、"金叶表"译文中的人和地

王文诰称为"金叶表"的"贡表"，原是荷印当局在巴达维亚草拟的

---

① C. J. A. Jörg, *Procelain and the Dutch-China Trade*, Hague, 1982, p. 201.

② J. J. L. Duyvendak, "The Last Dutch Embassy to the Chinese Court(1794—1795)", *T'oung Pao*, Vol. XXXIV, L1—2, pp. 93—94.

③ C. R. Boxer, *Dutch Merchants and Mariner in Asia*, 1602—1795, IX, p. 29.

一份国书,即所谓"代缮表文"。中译本是一位华裔(据译音用字推断,应为福建人)的手笔,署名"噶喇吧土库内朱葛樵书"。全文如下:

> 和兰国王勃嶙氏,委吧国公勃沙里仁直唠,兼管牛屿暨公班衙等处地方事务,泥律帽禄、沃力丁、勃里稽年、时袂力等顿首顿首奉书:皇帝陛下以德临御,宜履四海之福;以仁恤众,将来无疆之寿。溯自圣祖仁皇帝以至于今,敝邑在粤东贸易,永承圣泽之广被,而远迩无不向化者也。来岁恭逢国寿,天下咸庆之期,万民乐德之秋,历稽开古以来,未有我皇上圣神建极之盛也。勃嶙属在退陬,历受惠泽,敢不闻风而致敬焉。谨遣来使余悚第生,恭赴阙下,谨行朝贡,兼贺皇太子来年践祚,庆万国之咸宁,叶千龄之广运。来使倘礼法疏略,万乞包容。仍恳速赐旋棹,曷胜激切仰慕之至。伏惟圣慈垂鉴。谨奉表以闻。乾隆五十九年六月三十日,和兰七月廿六日。

荷兰"金叶表"并附一份"副启",即《上两广总督大人书》,年月日及书写人与表文相同。照录如后:

> 和兰国王勃嶙氏,委吧国公勃沙里仁直唠,兼管牛屿暨公班衙等处地方事务:泥律帽禄、沃力丁、勃里稽年、时袂力等顿首拜书:总督大人阁下,溯自百余年来,敝邑具舟通商贵治,深蒙惠恤俯下,实仰荷圣泽之所远被,而外方莫不向化者也。来岁恭逢圣上在位六十年,天下恭庆国寿,当此天下升平、万国欣庆之秋,历稽前史,暨览于今,未有若斯之盛也。勃嶙虽隔遐方,应为闻风而预向,兹谨差来使余悚第生职居吴黎力协理公班衙事务,又差治下广班和兰伴勿南侯屹为副使,同进发赴阙恭贺国寿,兼庆皇太子来年践祚。欣万国之咸宁,叶千龄之广运。敝使恐有礼数疏略,曲荷成全,导之礼法,无致获愆。所差之使倘有不虞,以副代之。敝舟到时,更恳垂照,曷胜感激之至。临棹神遄,统祈炳监,不宣。

上引的表和书，虽格式有别，但基调相同。其中涉及的人物、职称和地名，佶屈聱牙，晦涩难解。经荷兰著名汉学家戴闻达(1889—1954)逐一考释，始得其实。① 现按行文次序先后，摘要转述如下：

（一）"和兰国王勃嶙氏"，闽南方言将"威廉"读若"勃嶙"，指奥兰治亲王。

（二）"吧国公"，指巴达维亚商务总管。

（三）"牛屿"即好望角(Cape of Good Hope)，是一个音义结合的译名。闽南方言"牛"字读音与 Good（好）相近。其余四个地名分别还原为：泥律帽禄（尼德堡）、沃力丁（奥尔廷）、勃里稽年（弗赖肯尼斯）、时袂力（西伯格）。

（四）"奚黎力"，正使德胜担任枢密顾问，在爪哇被尊称为 Edeleer，故有这个独特的译名。

（五）"广班和兰伴勿南侯屹"，是副使"范罢览"的另一译法："伴"(van)"勿南"(Braam)"侯屹"(Houckgeest)；至于"广班和兰"，则指他当年的职务广州荷兰馆大班。

（六）"敝舟"，指使团乘船"暹罗"号。

在荷兰来使的"表"和"书"中，一再提及"礼法"问题，这就是乾嘉之际中西关系中议论纷纷的"三跪九叩头礼"。究竟两广总督如何对荷兰使臣"导之礼法"，从而为上京铺平道路，下节将略作分解。

五、长麟与"海幢寺接诏"

接待荷兰使团的两广总督长麟，是乾隆晚年一位较有作为的海疆大吏。同时代人昭梿称他"历抚两粤，以能吏名"，并对其家世、政绩和性格作过如下记述：

---

① Duyvendak, *The Last Dutch Embassy to the Chinese Court*, pp. 29—30.

牧庵相国长麟,景祖翼皇帝裔也。成乙未进士,以部曹洊至督抚。性聪敏,历任封圻,以廉明称。任吴抚时,擒获强暴,禁止奢侈,尝私行市井间访察民隐,每就食于面馆,吴人传为美谈。

余曾与公直宿禁中,问其私行,余以节钺大员,小民皆所熟知,恐无济于实事。公曰:"吴中风俗狙诈,故欲其知吾私行以警众也。"余服其言。

公赤皙,修髯伟貌,言语隽雅,坐谈竟日,使人忘倦,人亦乐与之交。然性好奢华,置私宅数千厦,毗连街巷。铁冶亭冡宰尝规之,公曰:"吾久历外任,亦知置宅过多,但日后使此巷人知有长制府之名足矣。"亦善为拒谏也。(《啸亭杂录》续录卷三"牧庵相国"条)

这位聪敏、隽雅而又奢华的两广总督,履任不久就碰上荷兰入"贡"。他为荷兰使团安排的官方接待仪式,时间在乾隆五十九年九月二十日(1794年10月13日),当为上午,故王文诰有"今朝节府承明诏"和"晓钟初动开仙仗"之句。至于地点不在官署而在佛寺,则是循接待马戛尔尼使团的先例。对此,长麟曾面告德胜,说是按例不能在官署接待外宾,上年十二月马戛尔尼勋爵由北京归来,也是在同一地点会晤的。① 为什么海幢寺会成为迎宾馆呢?

海幢寺位于广州珠江南岸,与华洋互市的十三行区隔江相望,是清代岭南名刹之一。据阮元《广东通志》云:

海幢寺,在河南,盖万松岭福场园地也。旧有千秋寺址,南汉所建,废为民居。僧光牟募于郭龙岳,稍加葺治,额曰"海幢"。僧月、今无次第建佛殿、经阁、方丈。康熙十一年,平藩建天王殿,其山门则巡抚刘秉权所建也。有鹰爪兰,为郭园旧植,地改而兰仍

---

① C. R. Boxer, *Dutch Merchants and Mariner in Asia*, 1602—1795, IX, pp. 14—15.

茂，以亭盖之。有藏经阁，极伟丽。寺中龙象庄严甲诸刹。(黄佛颐《广州城坊志》卷六)

九月二十二日，即接见后的第三天，长麟就有关情况写成专折，向乾隆皇帝恭奏请旨：

> 臣等当即会令贡使得(德)胜进见。据该贡使先向北望阙行三跪九叩头礼，并跪称："国王威林华兰至那叟仰慕大皇帝仁德，倾心已久。因相距天朝甚远，每遇庆典，得信较迟。且系海外远夷，不谙天朝体制，是以未敢造次冒昧。国王原叫专主国事之呢德波等四人，在八打味地方就近探听，如遇天朝庆典，即一面启知国王，一面预备表贡，遣官赴粤，不许稽迟。本年呢德波等探知，明年系大皇帝六十普天大庆，若俟回国修表备贡，八打味地方距本国来往十几万里，势必迟误。是以一面启知国王，一面遵奉国王命代缮表文，恭备贡物，遣大头目即贡使得胜由八打味地方起身来粤，吁求臣等代奏，恳恩准其进京叩祝等情。"臣等察其词色亦甚恭顺，除查照向例，先行敬宣谕旨，赏给筵宴，并将该贡使妥为安顿外，恭折请旨。倘蒙圣恩准其赴阙瞻觐，或应于本年十月内，令其由粤起身，赶于本年十二月到京，随同各国外番输诚叩祝。抑或令其在广东暂住，恭候来年万寿之前，再行到京。或将其表贡即由臣等代进，无庸贡使进京之处，恭候谕旨遵行。(梁廷枏《粤道贡国说》卷三)

海幢寺的会晤，是荷兰使团能否由粤进京的关键。从上引奏折看，可说双方都达到预期的目的。德胜对"代缮表文"一事自圆其说，取得地方督抚的谅解，排除了"金叶表"具名形式所产生的疑惑。长麟则在"导之礼法"方面取得成功，荷兰使臣驯顺地"向北望阙行三跪九叩头礼"(副使范罢览的《1794年至1795年荷兰东印度公司使节谒见中国皇帝纪实》附有《海幢寺接见图》一幅，并述及荷使行大礼的经过)，维护了"天朝"的权威。因此,他的"恭折请旨",终于博得传谕嘉许的回应,使德胜一行能够及时地趋诣阙廷。

六、"花下开筵"与伍氏行商

继荷兰使团在"海幢寺接诏"之后,长麟即"赏给筵宴",但他本人并未出席主持宴会。王文诰的恭纪诗,将此举描述为"玉箫金琯隔花听,花下开筵列绮屏",一片绮丽风光,与梵音净界大异其趣。关于开筵之地,荷方有明确记载:"会见大使之后,又赐御宴于隔邻的行商伍氏花园。马戛尔尼停留广州期间,也曾下榻于此。"① 对这座花园式的馆舍,英人曾经形诸笔墨:

> 馆舍共有庭院若干进,非常宽敞方便。其中有些房间陈设成英国式样,有玻璃窗及壁炉。广州虽然接近热带,但现在气候已经快到冬至,对英国人的生活习惯来说,在屋里升一点火感到特别舒服。馆舍四周是一所大花园,有池塘及花坛多起。馆舍的一旁是一所神庙(洋人称海幢寺为"河南庙"),另一边是一个高台。登台远望,广州全城景色及城外江河舟楫俱在眼前。②

荷、英使团光临的河南花园,是十三行行商伍氏家族的园宅。历经沿革,大体包括:(一)南溪别墅:在安海万松园内,即今溪峡街附近。内有宝纶楼。园主伍秉镛,字序之,又字东坪,南海人。贡生,仕至湖南岳常澧道。著有《渊云墨妙山房诗钞》。(二)清晖池馆:在安海万松园内。园主伍平湖,南海人。十三行行商伍氏家族。后此处归伍崇曜所有。(三)听涛楼:园主伍元华,字良仪,号春帆。十三行行商伍氏家族。善画,收藏书画、金石甚富。著有《延晖楼吟稿》。(四)粤雅堂:在安海。

---

① C. R. Boxer, *Dutch Merchants and Mariner in Asia*, 1602—1795, IX, p. 15.
② 斯当东著、叶笃义译:《英使谒见乾隆纪实》,第 431 页。

后倚乌龙冈,前临珠江,漱珠涌绕流堂前。内有池塘、小丘、石桥,规模甚大。富于藏书,主人酷爱刻书,曾刻《岭南遗书》《粤雅堂丛书》等,粤雅堂之名遂誉满天下。园主伍崇曜,原名元薇,字良辅,号紫垣。十三行怡和行主人。钦赐举人,加布政使衔。①

伍氏花园有台榭水石之胜,而又富于文化气息,难怪可以承办御宴了。到嘉道年间,万松园和海幢寺一带,成为官方指定的洋人游散之地,其来有自,并不是没有历史渊源的。

七、荷兰使团起程入都

接诏、赐宴过后不久,即从北京传来上谕:

> 长麟等奏荷兰国遣使赍表纳贡,恳求进京叩祝一折,此系好事。披阅长麟等译出原表,该国王因明年系朕六十年普天同庆,专差贡使赍表到京叩贺,情词极为恭顺。长麟等因其表文系公班大臣呢德波等代伊国王出名,与体制稍有不符,复加盘诘,何必如此深论。自应准其来京瞻觐,遂其向慕之忱。著长麟等即传谕该使臣等知悉,并派委妥员护送起程,只须于十二月二十日封印前一二日到京,俾得与蒙古王公及外藩诸国使臣一体同邀宴赍。并著知会沿途经过省份,令各督、抚一体派员按例照料,以便如期到京。再,荷兰国所进表文,在京西洋人不能认识,并著长麟等于住居内地之西洋人,有认识荷兰字体兼通汉语者,酌派一二人随同来京,以备通译。钦此。(梁廷枏《粤道贡国说》卷三)

乾隆五十九年十月二十八日(1794年11月20日),两广总督长麟等官员在海幢寺为荷兰使团送行。三十日,即由广州水路起程,分乘大船

---

① 黄国声:《清代广州的园林第宅》,《岭南文史》1997年第4期,第43页。

30艘。荷兰使团一行27人,除正使、副使外,还有译员小德经、医生布列特曼、瑞士钟匠彼提培尔贝、马来仆人2名,以及11名随团卫士。① 中方护送官员有道员王仕基、参将明善、知州赵鸿文、守备张永成,以及经历把总等五员。②

王仕基和赵鸿文是王文诰的朋友,他们膺此重任,令诗人引以为荣。为壮行色,王文诰赋诗一首,题为《送王香雨观察赵藻庭刺史护送荷兰国贡使入都》(《韵山堂诗集》卷一):

赍贡相将觐紫辰,双旌辉映曲江滨。
台听钧乐临韶石,驿寄梅花待使臣。
敬礼一人加抚恤,益知万国仰尊亲。
阳和历转随嵩祝,应候先探上苑春。

八、结　语

清代的广州口岸,是中西通商和文化交流的前沿地带。无论岭南本地的诗人,还是游宦来粤的外省诗人,都对洋人洋事和西洋奇器表示过不同程度的关注。到了18世纪,甚至可以发现,在岭南诗中已经形成一个咏叹"洋气"的主题。尽管它所反映的还不是开放的心态,但毕竟表现出较前广阔的视野,在一定程度上带有新鲜的时代气息。

王文诰的《韵山堂诗集》,自称"言怀者约居什七"。本文释证的荷兰国贡使纪事诗,确实流露出一个士大夫对"洋气"的情怀。"重译来朝贺圣人""益知万国仰尊亲"之类的诗句,无不打上"朝贡"体制的烙印。但他有关接诏、赐宴和起程的记述,仍足以征故实,使荷兰使团在广州

---

① C. R. Boxer, *Dutch Merchants and Mariner in Asia*, 1602—1795, IX, pp.15—16.
② 《军机处进拟赏伴送荷使人员物品单》,见故宫博物院文献馆编:《文献丛编》第五辑之《荷兰国交聘案》。

的经历形象化。

在两广总督长麟安排下,非官方的海幢寺和伍氏花园,竟然与"荷兰国贡使"结下一段外事因缘。官事民办,是相当耐人寻味的。对封建盛世的乾隆时代来说,这并非衙门对佛门和朱门的青睐,而是一种无可推卸的劳役式的负担。

清代瑞典纪事及广州瑞行商务

一、引　言

在清代有关西方海运国家的记述中，瑞典所占的比重是不大的。中瑞双方交往的频繁性和多样性，也完全不能与荷葡英美诸国的对华关系相比拟。然而，在18至19世纪的商业战争时代，瑞典东印度公司的对华贸易却别具一格，没有炮舰政策和殖民扩张相伴随，因而给人留下了与一般"夷务"不同的印象。

中瑞关系的开端，出现于瑞典帝国瓦解之后。17世纪末的瑞典，曾经雄踞波罗的海，是欧洲最强大的国家之一。它的版图除本土外，还包括芬兰以及德意志北部三个公国，成为沙皇俄国对外扩张的重大障碍。从1700年（康熙三十九年）开始的"北方战争"，经过21年的明争暗斗，以俄国的胜利告终。正如马克思所说："持续二十一年之久的对瑞典战争，几乎占据了彼得大帝的全部军事生涯。无论是从这次战争的目的、结局，还是从它的持续时间来考虑，我们都可以公正地把它称为'彼得大帝的战争'。他的全部事业都以征服波罗的海沿岸为转移。"①1721年（康熙六十年），瑞典与俄国缔结了《尼斯塔德和约》，失去大片土地以及芬兰湾和里加湾的全部岛屿。从此之后，波罗的海霸主的角色，便由沙皇俄国扮演了。

"北方战争"结束后十年，瑞典于1731年成立东印度公司。1732

---

① 马克思：《十八世纪外交史内幕》，人民出版社1979年版，第83页。

年(雍正十年),它的商船首次抵达广州黄埔港,开辟了中瑞直接通商的时期。对中国人来说,北欧的瑞典人无疑是一批天外来客,因而早期译名五花八门——苏以天、西费耶斯科、绥兰、绥亦古、瑞丁。[①] 在广州口岸,又按其商船悬挂蓝地十字纹旗而称瑞典为"蓝旗",官方文书则简作"喘"。

清代中瑞关系的历史,是中西关系史的一个组成部分,我国学术界对此似乎尚未作过认真的回顾与研究。现存官方文书和私人撰述的有关资料,相当零散,亟待搜索整理。本文拟就爬梳所得,择其要者,试作编年式的文献叙录,并对瑞典东印度公司在广州的商务略加考察。旨在发掘,无求详备。

二、清代史籍中的瑞典纪事

瑞典位于波罗的海之滨,到18世纪才与中国直接通商,对清代中国人来说,它是一个相当陌生的海国。广州作为中瑞海上贸易的门户,犹如近水楼台,得风气之先,在传播瑞典信息方面起过独特的作用。广州人可说既是瑞典人最早认识的中国朋友,也是向内地介绍瑞典国情民风的先驱。道光十三年(1833)创刊于广州的第一份华文报纸《东西洋考每月统记传》,在戊戌年(1838)四月号上刊出《瑞典国志略》,长约两千字,向中国公众作了一次综合性的报道。在列举地理、人口、物产之后,对当年瑞典的国情还作了一番客观的评估:

> 现今其国太平,养三军一十三万八千丁,大小战船共计三十一只,另有小舟三百四十二只。国之使费每年八百余万元。产物之价每年共计八千八百万有余元。驾船水手一万七千人。由是观之,其运货之通商甚盛也。民人虽贫,然怡颜悦色,崇礼让退矣。

---

① 杜宗预:《瀛寰译音异名记》卷三,光绪甲辰(1904)刻本。

况归正教，而虔心诚意，奉事耶稣矣。

鸦片战争前夕的广州人，为远道而来的瑞典朋友，打造了一张"怡颜悦色""崇礼让退"的历史名片，堪称难能可贵的创举。

在新闻媒体还不发达的时代，有关瑞典的纪事，大多分载于各类史籍，其中包括官府典册、使臣笔记和出使者的闻见录。下面按年代先后作一概述，以便了解从清初到清末中国人对瑞典的认识过程。

（一）《异域录》

作者图理琛（1667—1740），字瑶圃，姓阿颜觉罗，满洲正黄旗人。康熙五十一年（1712），他与殷扎纳等奉命取道西伯利亚前往伏尔加河流域，报聘在当地驻牧的土尔扈特汗对清廷的问安，康熙五十四年（1715）回到北京。这次访问，往返三年，行程近四万里。遵照康熙皇帝"此役俄罗斯国人民生计、地理形势，亦须留意"的训示，图理琛将沿途见闻写成《异域录》，满文本和汉文本均于雍正元年（1723）刊行。①

图理琛出使之年，正当硝烟弥漫的"北方战争"时期，在1709年波尔塔战役中被俘的瑞典官兵，被成批流放到西伯利亚。《异域录》从一个侧面反映了他们的命运。关于俄瑞战争的起源，图理琛写道："鄂罗斯国现在国王察罕汗之名曰票多尔厄里克谢耶费赤（彼得大帝），年四十一岁，历事二十八载，所居之城名曰莫斯科洼，因遣使取归于西费耶斯科国（满文 Sifiyesk'o，指瑞典）之那瓦尔城，而西费耶斯科国王不许，遂成仇敌，已十五年。西费耶斯科国王名喀鲁禄什（查理十二），年三十三岁，所居之城曰四条科尔那（斯德哥尔摩）。初战，败鄂罗斯国之兵，大加杀掳。后再战，为鄂罗斯国察汗所败。"瑞典战俘的集中营，是图理琛经行之地，"至索罗博达地方，皆林薮，河岸之上有庐舍，鄂罗斯并俘来西费耶斯科国人五千余户（满文本作'五十余户'）杂处。"在揭的河

---

① 参看余嘉锡：《四库提要辨证》卷八，中华书局1980年版，第465—468页。

畔,当地官员让图理琛一行接受被俘的瑞典将军牙那尔(即马丁·卡尔费尔,瑞典御前参谋官,当时正在伊里穆城流放)等"叩头献酒"。经秋明时,又遇到瑞典战俘"数人来舟中鼓吹弦歌以为娱,赏以银钱肉食"。①

《异域录》对"北方战争"的首次报道,给清初社会带来国际生活方面的新信息,具有重大的文献价值。不过,康熙年间清朝使臣与瑞典战俘在西伯利亚的接触,毕竟是俄方为了炫耀战绩的戏剧性安排,并非中瑞关系的正式开端。

(二)《皇清文献通考》

乾隆十二年(1747)敕撰,三百卷,武英殿修书处刊刻。按官书体例,瑞国列入"四裔",载于卷二九八。除著录海程、山名、信仰及瑞王世系外,对著名港口哥德堡记述特详:"国人聚会之地,土名乙顿巴梨,距王居七百余里。国中四面皆大泽,汪洋千顷。国人之散处者,非驾船不能往来,乙顿巴梨盖泊船总汇处也。"关于瑞典与中国通商,也是本书最早记载的:"通市始自雍正十年(1732),后岁岁不绝。"其中涉及贸易的季节性和商品结构的段落,将在下文与广州瑞行商务一并分析,此处从略。

(三)《皇清职贡图》

按照18世纪清朝的官方观念,西洋通商各国一概被视为"贡国",瑞典也不例外。因此,《皇清职贡图》才有关于瑞典人的专门记述。该书于乾隆十三年(1748)敕撰,二十八年(1763)补编,三十六年(1771)刊行,共九卷九册。第一卷有"瑞国"一节,绘男女图像两幅,并附一则简要说明(首句"瑞亦荷兰属国",是传闻之误),对乾隆年间"贸易于粤"的瑞典商人作了写真式的介绍:(1)礼俗:"其脱帽为礼与荷兰相

---

① 参看《异域录》俄译本注,见《18世纪俄中关系》卷一,莫斯科科学出版社1978年俄文版,第632—633页。

类";(2)男服:"短衣革履,常执藤鞭卫身";(3)女服:"夷妇方领露胸,衣外束裙,摺袖舒袂,以革为履,底缀方木似屐";(4)嗜好:"喜以金缕盒贮鼻烟,时时吸之"。两幅人物画,出自监生之手,笔法细致,再现了东印度公司时代瑞典商人栩栩如生的形象。

面对着《皇清职贡图》中的瑞典人,我们仿佛见到了二百多年前的天外来客。当时苏伊士运河尚未开通,从北欧到东亚的航行漫长而又艰辛。在1731—1749年间,"哥德堡"号至广州的航程往返平均要用698天。船只搭客的死亡率很高,平均一次航行有12%的人死于坏血病及其他疾病。瑞典妇女竟敢冒险远航,在吨位不大的船上度过惊涛骇浪的日日夜夜,确实令人赞叹。此外,还应顺带说明,清代前期是不准"夷妇"登上广州口岸的,后来虽略为放宽,仍须按人纳税。鸦片战争前粤海关的报税单,就有"太太"一项。难怪《黄埔竹枝词》说:"丈量看到中舱货,太太今年税较多。"至于一名瑞典"太太"究竟应纳多少税,限于史料,就不得而知了。

(四)《海录》

作者谢清高,广东嘉应州(今梅州市)人,生于乾隆三十年(1765),18岁随洋舶泛海,31岁双目失明,定居澳门。《海录》一卷,是他口述在国外14年的见闻,由同乡杨炳南记录成书的。谢清高的游踪止于英国和葡萄牙,其余欧洲各国的情况得自传闻。尽管其中瑞典纪事并非目击,但在清代私家著述中,堪称孤明先发的正是这一篇:"绥亦古国,即瑞国,在英吉利西少北,疆域与西洋略同,风俗土产如英吉利,而民情较淳厚。船由荷兰往约旬余,由英吉利往约六七日可到。来广贸易,其船用蓝旗画白(黄)十字。"

(五)《乘槎笔记》

作者斌椿,籍隶正白旗汉军。同治五年(1866)春,总税务司赫德告假半年返英,建议总理衙门派员随行,"一览该国风土人情,似亦甚便。"

(《筹办夷务始末》卷三九)经恭亲王奕䜣奏准，赏给斌椿三品衔，充总署副总办，带领其子广英及同文馆学生凤仪、德明、彦慧，组成一个观光团随赫德出访欧洲。使团于同治五年正月廿一日离京，历访英国、瑞典和德、荷、比、法、俄等国，由斌椿写成《西洋各国乘槎笔记》，附纪事诗《海国胜游草》《天外归帆草》两卷，同治八年(1869)刊行。

斌椿一行在欧洲游历的时间不到四个月，访问瑞典的日期是五月廿四日至六月初二日。在斯德哥尔摩，这个近代首次出访欧洲的清朝使团，受到瑞典国王和王妃、王弟的接见，并拜会过太后。斌椿一一赋诗纪盛，大体属应酬之作，没有什么实质性的内容，如《呈瑞典国王》云："珠宫贝阙人间少，水木清华处处幽；五万里人欣寓目，归帆传诵遍齐州。"倒是那首《书扇呈瑞典国王妃》的七言绝句，还描述了一番北欧的自然景观："地临北极昼常明，夏日人来不夜城；远到银河开眼界，而今真作泛槎行。"诗中"开眼界"一语，可说是如实地道出了斌椿一行初出国门的精神状态。

(六)《航海述奇》

作者张德彝，学名德明，籍隶镶黄旗汉军，同文馆英文班毕业生，以翻译身分随斌椿使团访欧。《航海述奇》是他个人的海外见闻录，全书九卷，同治九年(1870)梓行。

张德彝作为一名青年译员，观察敏锐，报道周详，所记瑞典国俗民情，文献价值远在《乘槎笔记》之上。他笔下的瑞典国王，形象清晰，气度不凡："王貌雍容，重眉隆准，碧眼乌须，服色与庶民同，能谈英法语言，辞气谦。其君臣相见，无山呼跪拜礼，只垂手免冠而已。"在太后所居的太坤宫，张德彝对华风西渐的遗迹，且惊且喜："忽见中国房一所，恍如归帆故里，急趋视之。正房三间，屋内(槅)扇装修，悉如华式。四壁悬草书楹帖，以及山水、花卉条幅；更有许多中华器皿，如案上置珊瑚顶戴、鱼皮小刀、蓝瓷酒杯等物，询之皆运自广东。房名'吉那'，即瑞言'中华'也。"这组中国式房舍及其陈设，至今仍保存在斯德哥尔摩郊区的皇家公园内。它是清代中瑞文化交流的物证,也是一度风靡欧洲宫廷的"中国热"的缩影。

(七)《初使泰西记》

继斌椿使团之后访问瑞典的是志刚。他与孙家毂两人由总署选拔,加二品顶戴,充办理中外交涉事务大臣,率领同文馆学生六名,随前任美国驻华公使蒲安臣前往有约各国报聘。同治七年(1868)二月出国,同治九年十月返京,历访欧美11国。沿途见闻经志刚写成《初使泰西记》四卷,光绪三年(1877)刊行。

志刚的瑞典之行载该书卷三,日期是同治八年(1869)八月二十二日至九月初五日。使团抵司豆勾勒们(斯德哥尔摩)后,下榻"里伯勒克"旅店。"二十六日,晋见瑞君沙乐(查理)第十五,亲递国书。"此行最重要的考察活动,是在瑞典南方参观兵器制造厂,志刚特别重视"其国新法":"造枪子铜筒各种,则以铜页轧出圆片若干,又以铜片入上卯下榫之机,轧成铜筒。而机下又有托机向上而撞之,成铜筒底外出之棱与外通之孔。然后装白药帽,筑火药铅顶,以成枪子箭焉。据云此系其国新法。"

(八)《海客日谭》

作者王芝,号子石子。同治十年(1871)十月,由云南入缅甸,十二月渡海到印度,旋赴英国,游历欧洲,至次年五月返抵海南琼州。是书初名《海说》,作于同治十一年(1872)九月,刊刻时改名《海客日谭》,共六卷。瑞典纪事载于卷四。

王芝访问期间,正逢壬申年元宵节,于客寓赋诗《瑞典元夜望月怀内》一首,抒发游子思乡之情,无甚深意。引人注目的,还是他的一段史论:"其割芬兰归俄罗斯,尤愚之甚也。芬兰之地之产不足多惜,而借捍东藩,强邻侧目,亦可暂安于枕衾。矧四周环以汪洋之海,剥肤之虑,可以永无;今则易阖犬为山,借我媚猎,时宜警矣。纵能幸免,而内溃堪虞。"表现出一个普通中国人对"北方战争"后瑞典命运的关切,尤为难能可贵。

(九)《国朝柔远记》

作者王之春,字爵棠,湖南人,生于道光二十二年(1842),历任广东按察使、四川布政司,官至山西、广西巡抚。平日究心时务,搜罗中外交涉事实,于光绪五年(1879)写成是书,中经修订,至光绪十七年(1891)刊刻问世。共分二十卷,编年体例。

该书卷四记雍正十年(1732)事,于"瑞丁来互市"条下,概述地理位置及物产民情,多属旧闻。唯有关瑞典的人文状况,则提供了一个超越前人的具体评论:"俗庞无盗,士好文学,专心技艺,推求金石草木性质,穷极天象,为西土历法之宗。"又该书卷一二记道光二十七年(1847)事,于"春二月,瑞典及哪威国订通商约"条下,记缔约经过如下:"时法美诸大国通商俱得仿英《和约》条款,而瑞本小国,不能尽循,因请并订通商条款。耆英虽督两广,实兼总理五口通商善后事宜办理外国事,奏请许之,遂与瑞公使李利华(C. F. Lijevalch)订约三十三条。"此事并可参看《皇朝掌故汇编》外编卷一五"瑞典国"条的记载。

(十)《游历瑞典那威闻见录》

作者洪勋,浙江余姚人。光绪十三年(1887)冬自上海乘德国商船赴欧,十五年六月回国。其中游历瑞典、挪威的时间占四个月,即光绪十四年(1888)五月末至九月末。[1]

就考察的深度和广度而言,清代记述瑞典的任何公私著作,都不能与洪勋的《游历瑞典那威闻见录》相比。该书包含大量的实际材料和统计数字,比鸟瞰式的游记丰富得多。洪勋对19世纪后期瑞典的国俗民情,备加赞扬。他说:"国俗秀良,乡野之夫莫不好读能书,崇俭朴,勤劳

---

[1] 《小方壶斋舆地丛钞》再补编,第十一帙。

作。尝约计之：中土之民业开采，技艺无不精；北方之民业猎；南方之民业农。那威之民业渔，长于航海。俗以是多，性情恳挚，重乡谊，尤好客。"瑞典推行的义务教育和职业教育，也给洪勋留下很深的印象："民间子弟皆得就学，无须自行束修。女童专设学馆，其教习亦系妇人，大率习英法德语言文字，间涉算法，或亦旁及格致。若缝纫编织一切女工，又必有学习之所，其国家于学问一道，办理周密，不论大小学馆，必派员于各城乡巡视。各馆同门年齿姓氏录，必有刊本。凡学问之优劣，功课之勤惰，行为之良莠，所诵何书，所肄何业，阅七日一计，每岁则终计之，汇为一编，俟视学者按临，馆师以是呈览。"

在瑞典首都北隅，洪勋曾参观一家陶瓷厂，亲眼看到从中国引进的陶瓷制造术已经开花结果："造法置一轴，黏坯于其端，以绳绕轴数周，或用辘轳，皆以足踏使之转，指头挟铁片按坯上刮之，不用机器。谓一切陶砂制造之法，皆仿中国。"

洪勋还记述了一件罕为人知的史实："曾见乏伦铁器博物院题名录，有闽人信彼教（路德教）者，于乾隆五十四年至其地，当以其人为最早。"据此，则在斌椿使团访问前77年，瑞典的国土上已经有中国人的足迹了。

《游历瑞典那威闻见录》一书，虽属私家著作，但内容翔实丰富，言人所未言，它作为清代中瑞关系的基本文献，是可以当之无愧的。

（十一）《瑞典游记》

作者康有为，广东南海人。戊戌变法失败后亡命欧洲，1904年夏农历七月游历瑞典（第二次访问瑞典是1906年），著游记一篇，详述对瑞典王宫和行宫的印象：

> 十日游王宫，石筑四层，长方形，据岛临湖，最奇伟矣。四周穿室为殿，与意奥德各国相同，不复叙述。惟有正殿是即位开议行大典礼之处，宝座在正中，五级而上，左右列直几，坐亲贵大臣，长丈

余,衣以黑花绒,宝座上有宝盖。前左右楼廊环窗,皆有坐凭栏,左右有其先王若祖若父像,并刻功臣焉。此殿深四丈,广二丈,甚小,然其庄严,少类中国焉。其前楼后及太子居之一室,遍挂鹿角无数,盖太子所猎者。有一织绒画,值五十万,颇佳丽,闻织七十年乃成,一存巴黎,一存湾,一存此殿。有波斯王所赠之宝石剑,攒众宝石为之,甚贵重焉。

十二日游罗丁堪行宫,乘汽车行数十里,岛山明媚,海波灏濒,舟泊宫前。涟漪青碧,正对长桥,松林压丘蔽冈,万绿无际。白石为宫,深六七丈,中三层,凡十三窗,左右二层各七窗。前为宴殿,后为藏书楼,有前王路易十五及查列斯十一、十二与其后像,胜俄彼得而霸波海者也。英姿飒爽,王与俄战图尚存,然画笔甚板。普之非立特烈大王像亦在焉。今王少年二十八之像亦在焉。古女后之鬟垂蔽耳,甚似中国今妇女装,所有各画多皆瑞人丝路话所绘也。穿数殿经食殿至王后之画殿、寝殿,其帘幕几壁衣黄、蓝、红,皆同一色,而每室异焉。寝殿白顶蓝板,瓷灯以花为之,出中国。有中国瓷炉,高丈余,皆有人物,甚贵重矣。黄缎皆瑞人自织,甚类中国。宫后有花园,甚大,芳草红花,石像列焉,芳菲萧素外,此则绿树无际。宫外有茶馆,憩而小食焉。此宫清胜,亦各国所无,盖瑞典之地随所布置,无不绝佳也。

(十二)《清史稿·邦交志》

除上举清人著述外,成书于清亡之后的《清史稿·邦交志》也有瑞典纪事。其中"教案"一节,揭示了晚清中瑞关系的新动向,特照录:

(光绪)十八年五月,瑞典国教士梅宝善、乐传道二人,往麻城县宋埠传教,被殴致毙。上海瑞典总领事柏固(Carl Bock)闻,赴鄂见张之洞,要求四事:一办犯,一抚恤,一参麻城县知事,一宋埠设教堂。时犯已缉获,张之洞允办犯、抚恤,而参麻城知事不许。

谓麻城县事先力阻，事后即获正犯，未便参劾；至开教堂宋埠，民情正愤，改在汉口武穴觅一地建堂。柏固亦不允。久之，始议定绞犯二名，给两教士各一万五千元，失物诸项一万五千元，期二十月后再往传教。

按瑞典两教士属基督教信义宗（路德宗），光绪十六年（1890）创"行道会"于武昌，并着手向邻近城乡传教，导致民教不和，直至酿成流血事件。在当年长江中下游的反洋教浪潮中，像"麻城教案"这样的不幸往事，只不过是个小小的插曲而已。

三、清代广州的瑞行

（一）名称和位置

瑞典东印度公司总部设于瑞典南方的哥德堡。它在广州的商馆"瑞行"（Sui Hong），又名修和行，位于十三行街，与英国的隆顺行（Lung-Shun Fac.）和奥地利的孖鹰行（Ma-Ying Hong）为邻。[①] 每年往返于广州和哥德堡之间的瑞典商船，贸易活动有明显的季节性。"每年春夏之交，其国人以土产黑铅、粗绒、洋酒、葡萄干诸物来广，由虎门入口，易买茶叶、瓷器诸物，至初冬回国。"（《清朝文献通考》卷二九八）

十三行街区位于广州城西，面临珠江，各"夷馆"并排而立，自西至东，依次为：丹麦馆、西班牙馆、法国馆、荷兰馆。瑞行的位置在正中，与对岸的广州名刹海幢寺隔江相望。传世的外销画，凡描绘"舶市"场景的，几乎都有瑞行，说明它给人留下深刻的印象。

瑞行大约在1820年退出广州贸易，馆址租给其他外商，仍保留"瑞

---

① 梁嘉彬：《广东十三行考》，商务印书馆1937年版，第360—368页。

行"之名。1822年,广州西关火灾,十三行区焚毁。其后重建,还有一馆袭用"瑞行"旧名,但已没有任何来自瑞典的客商了。

(二) 瑞行的外观和内景

瑞行的建筑形式为楼房,并非大屋顶的院落,门前竖蓝地黄十字旗,标名国籍。在清代诗人的笔下,十三家洋行充满异国情调。18世纪后期游历广州的江西诗人乐钧,在《岭南乐府》中写道:"粤东十三家洋行,家家金珠论斗量。楼栏粉白旗竿长,楼窗悬镜望重洋。"同时代的湖南诗人张九钺,在《番行篇》中也这样吟咏:"广州舶市十三行,雁翅排成蜂缀房。珠海珠江前浩淼,锦帆锦缆日翱翔。"

瑞行坐北向南,两层两进。前半部门楼和头进大屋屋顶飞檐斗拱,饰琉璃瓦,采用中国民居的建筑风格。后半部两个天井之间,连接西式楼房,可以说是中西合璧。正门入口,悬挂招牌,上书"Sui Hong",是按广州地方音拼写的"瑞行"字号。

瑞行雇用的中国仆役,称为"行丁",承担看门、挑水之类的杂务。

(三) 瑞行与"洪任辉事件"

"洪任辉事件"是18世纪中西通商期间的一场著名风波。洪任辉又译"洪任",即Flint,是英国东印度公司商人,在粤贸易多年,通汉语。为实现公司在华开辟新通商口岸的企图,洪任辉于乾隆二十年(1755)率船到浙江定海,诡称领有粤海关执照,擅自在当地购买湖丝、茶叶。随后数年,其他外商也纷纷前往宁波贸易,致使广州口岸的商务一度萎缩。至乾隆二十四年,洪任辉赴浙贸易不得逞,又扬帆到天津投诉,被拒后被迫重返广州。他历年的违章行为,激起清廷愤慨,遂以"勾串内地奸民,代为列款,希图违例别通海口"的罪名,发赴澳门圈禁三年,期满交大班遣返英国。

广州瑞行介入"洪任辉事件",清代官书有明文记载。乾隆二十四年(1759)八月初二,根据广州外商要求,两广总督李侍尧接见西洋五国头目共21人。按"逐一传入"的顺序为"英吉利、法兰西、贺兰、连(丹麦)、瑞"。李侍尧等官员针对洪任辉所控情节,给予澄清,表示将整顿粤海关的弊政,并重申只准在广州一口通商,口气强硬:"宁波地方是断不准再去,去必驱逐,亦属无益,倘不遵禁令,是自取咎戾了。"于是,"各番商咸叩谢而散"(《史料旬刊》第五期)。

(四)《防范外夷条规》与瑞行贸易环境的变化

经过"洪任辉事件"之后,按照两广总督李侍尧的奏议,清朝当局为强化广州口岸的管理,实施了《防范外夷条规》,共五项:(一)夷商在省住冬,永行禁止;(二)夷人到粤,令寓居行商管束稽查;(三)借领外夷资本及雇请汉人役使,并应查禁;(四)外夷雇人传递信息之弊,永行禁止;(五)夷船收泊处所,酌拨营员弹压稽查。(《清高宗实录》卷七〇八)

根据上述条规,自1760年开始,瑞行在广州面临新的贸易环境,最重要的表现在下列两个方面:

第一,"嗣后各夷商到粤,饬令行商将伊带来货物,速行销售,归还原本,令其置货,依期随同原船回国,即间有因洋货一时难于变卖,未能收清原本,不得已留住粤东者,亦令该夷商前往澳门居住,将货交与行商代为变售清楚,归还价银,下年务令顺搭该国洋船归棹。"

第二,"嗣后凡并非开张洋行之家,概不许寓歇夷人,而夷商到粤,务令于现充行商各馆内听其选择投寓,如行馆不敷,亦责成该行商自行租赁房屋,拨人看守,以专责成。夷商随带番厮,不得过五名,一切凶械火器,不许携带赴省。"

(五)清政府在外销丝绸配额上对瑞行的优惠

广州是丝绸外销的传统口岸。18世纪广州生丝价格波动情况如下:

广州生丝价格(1702—1799)①

年份	每担价格（两）	指数	平均价格（两）
1702	132	100	
1703	140	106+	
1704	100	76+	
1722	150	113+	
1723	142—144	100.8	143
1724	155	117+	
1731	155—159	118+	157
1750	175	131.8+	
1755	190—195	145.4+	192.5
1757	225—250	180+	238
1763	245	185+	
1765	269	203.7+	
1770	300	227+	
1775	275—277.5	209+	276
1783	275	207+	
1784	310	234+	
1792	312	236+	
1793	255	193+	
1799	270	204+	

清初广州出口的丝货，包括生丝和绸缎，数量十分可观，据乾隆二十四年(1759)李侍尧奏称：

> 外洋各国夷船到粤贩运出口货物，均以丝货为重，每年贩买湖丝并绸缎等货，自二十余万斤至三十二三万斤不等。统计所买丝货，一岁之中，价值七八十万或百余万两。至少之年，亦买至三十余万两之多。

"洪任辉事件"发生后，清朝当局为"阻抑外夷娇纵之气，俾知炯戒"，于乾隆二十五年禁止丝货出洋。两年后略为放宽，准每船带八千斤生丝

---

① 李明珠：《中国近代蚕丝业及外销》，上海社会科学院出版社1996年版，第79—80页。

出口。至乾隆二十九年弛禁,但数量及品种仍有限制:

> 粤省外洋商船二十三只,除定例准带八千斤外,每船在加带粗丝二千斤。其头蚕湖丝、缎匹,仍照旧禁止。

在绸缎禁运期间,唯一享受优惠待遇的是瑞行。《清朝文献通考》卷二九八对此有详确记载:

> 乾隆二十七年特旨准配买丝斤。是年十月,瑞国商棉是呾等呈称:夷等外洋各国虽有丝斤,不谙织作。以不能自织之国,若只准带丝斤,仍属无由服用。现在瑞国已缺乏绸缎二三年,恳先准带绸缎成匹者二千斤。由两广总督苏昌代奏以闻,并请嗣后每丝千斤止准带绸缎八百斤,无得额外多求。至现在瑞国恳先带绸缎二千斤之处,为数无多,臣等仰体皇上优恤远夷至意,业准其带往。奏入,上从之。

这就是说,当其他洋商只能按定例贩运生丝出洋的时候,由于棉是呾的钻营,瑞典东印度公司的商船,却破例地获得"准带绸缎"的特殊待遇,从而使瑞行最早从"洪任辉事件"引起的经济制裁中解脱出来,取得在18世纪广州商务中被另眼相待的优势。

(六)广州瑞行商务的社会经济效益

清代中瑞通商的历史,可分为前后两期:前期自雍正十年(1732)至道光二十七年(1847),后期自道光二十七年(1847)至辛亥革命(1911)。

在前期115年中,广州瑞行商务长期由瑞典东印度公司掌握。该公司成立于1731年,由瑞典政府授予特许状,经营好望角以东诸国的贸易,为期15年,后来又延长三次,每次20年,至1813年(嘉庆十八年)解散。因此,可以说瑞典东印度公司的对华贸易史,构成了广州通商时期的基本内容。

自从第一艘瑞典商船"腓特烈国王"号于雍正十年(1732)来广州通商,至嘉庆十八年(1813)瑞典东印度公司解散,它存在了81年,恰当中国的"乾嘉盛世"。先后来粤的瑞典商船共35艘,航次达132次之多。广州瑞行贩买的回帆货物,以丝、茶、瓷为主体,均属18世纪欧洲社会的高档消费品,获取了很大的经济效益。

根据当代瑞典历史学家的研究,清代广州瑞行的商务加速了瑞典社会的近代化进程,社会经济效益相当显著:"18世纪,一个富裕的自觉的非贵族出身的资产阶级在瑞典的崛起,与对华贸易有关,尽管有关的程度有待确定。毋庸置疑,一个很重要的因素是,中国贸易使瑞典铁的出口兴旺起来,这些铁都是由分布在农村的许多工厂生产的。而且,从中国进口的商品促进了瑞典上层社会生活方式和消费模式的形成,对发展中的城市中产阶层也有一定影响。瓷器、丝绸、中式家具和手工制品,成为讲究的生活方式的象征。"[①]相信在中瑞两国历史学家共同努力下,广州瑞行商务在历史上的作用,一定会进一步明朗化。

四、结　语

通过对清代瑞典纪事及广州瑞行商务的简略回顾,可以看出18世纪中期形成的中瑞关系,按其历史条件,与西洋其他各国显然不同;按其通商风格,也与英法荷等东印度公司大异其趣。

鸦片战争之前,西洋与中国通商的各国是以不同姿态出现在广州口岸的。用当年两广总督李鸿宾的话来说,就是"习气各异:如米利坚、港脚、吕宋、荷兰等国,虽非驯服,尚少刁顽;惟英吉利夷商最为桀骜"[②]。至于瑞典,则是在"北方战争"失败后才开始对华贸易的,它的

[①] 默尔纳:《瑞典东印度公司与中国》,《北京社会科学》1988年第1期,第67页。
[②] 道光九年(1829)十二月初五李鸿宾奏,据梁嘉彬《广东十三行考》,商务印书馆1937年版,第238页转引。

东印度公司不可能像英国东印度公司那样,"由一个商业强权变成了一个军事的和拥有领土的强权"①,因此,在整个广州通商时期内,瑞行的对华商务"略无龃龉,盖其国不强,故人多巽顺,势使然也"②。

尽管"瑞国在西北海中,达广州界俱系海洋,计程六万余里",但是通过一两个世纪的季节性互市,体现中华物质文明的丝、茶、瓷三大名产,终于由上而下地进入瑞典的千家万户。经过多年的仿制和吸收(主要是陶瓷器和丝织物),东印度公司时代的"舶来品",已经不同程度地变成近代瑞典人的日用品了。

五口通商之后访问过瑞典的中国人,如张德彝、王芝和洪勋等,虽然尚未形成完整的瑞典观,但他们在力所能及的考察中,对这个北欧国家在强邻(沙俄)威胁下的命运表示过关切,对它的"国俗秀良"也多所赞扬。很明显,在他们心目中,瑞典虽然是小国寡民,却是波罗的海之滨的文明之邦,同时,也是一个"重乡谊,尤好客"的友好之邦。

---

① 马克思:《东印度公司,它的历史与结局》,《马克思恩格斯全集》第9卷,人民出版社1961年版,第168页。

② 朱克敬:《通商诸国记》,载《小方壶斋舆地丛钞》第十一帙。

清代广州行商的西洋观

——潘有度《西洋杂咏》评说

清康熙二十四年(1685),粤海设关,开辟了中西通商的新时代。广州口岸的外洋商务,"令牙行主之,沿明之习,命曰十三行"①。十三行的行商,受命于官,包揽洋务,又称"官商"或"洋商"。如果说"广东通海最早,得洋气在先"(张焘《津门杂记》),那么直接参与华洋互市的广州行商,就首当其冲,处于中西文化交会的前沿了。他们对西洋文化与中华文化的差异,其感知程度如何,并形成什么样的西洋观,这是一个不易探索然而值得探索的问题。

现存的十三行史料,大多是商业性文件,包括商对官的"禀",官对商的"谕",以及行商对外商的"书",等等。从中固然可以了解跨文化贸易的状况,但难以直接提取跨文化传通的观念。换句话说,广州行商心目中的西洋形象,是要另辟途径才能追寻的。幸好乾嘉年间十三行的总商潘有度,写下了20首《西洋杂咏》,抒发自己对洋人、洋风和洋事的"竹枝词"式观感,使后人得以雾里观花,利用这个独一无二的历史标本,来评说清代广州行商的西洋观。

一、潘有度在乾嘉洋务中的地位

潘有度即潘致祥,字宪臣,又字容谷,出身于广东番禺一个行商

---

① 梁廷枏:《粤海关志》卷二五,"行商"条;印光任、张汝霖:《澳门记略》上卷,"官守"篇。

世家。① 父启,号文岩,创同文行,是十三行元老之一。潘启深于阅历,壮年离闽来粤经商,办事干练,资力雄厚,成为乾隆年间的头号行商。在广州洋场中享有盛名,被称为"潘启官一世"。乾隆五十二年(1787)十二月,潘启死,子承父业,同文行由潘有度主持,行务蒸蒸日上。至嘉庆二十年(1815)改名同孚行,仍居十三行的前列。关于他在乾嘉洋务中的地位和声誉,两广总督蒋攸铦有过如下评价:"其自身家素称殷实,洋务最为熟练,为夷人及内地商民所信服。"(《嘉庆外交史料》卷四)这个官方考语,已经将"潘启官二世"的财力、能力和公信力概括无遗了。

自乾隆五十三年(1788)接办行务,至嘉庆二十五年(1820)去世,潘有度的"洋务"生涯长达四分之一世纪(1807—1815年退商居家)。在官、商、夷三角关系中,他善于周旋,曾多次排忧解难,绕过了一个又一个的暗礁,使潘家在充满风险的商场中免于覆灭的命运。作为十三行的总商,潘有度除承担沉重的捐输任务外,还要面对许多棘手的问题,尤其是清偿行商的"夷债"和解决洋船违章贸易的纠纷。前者如乾隆六十年(1795),而益行石中和拖欠白银五十九万八千余两,弄得家破人亡,连累众商分摊偿债的悲剧性事件。② 后者如嘉庆十年(1805),俄国美洲公司"希望"号和"涅瓦"号违章到广州倾销皮货,清廷一月之内三次寄谕查究,即所谓"俄罗斯夷船来广贸易案"③。经过潘有度从中斡

---

① 潘有度的生卒年,尚难确考,暂采下说:"乾隆二十年(1755)生,嘉庆二十五年(1820)卒。"见陈国栋:《潘有度(潘启官二世):一位成功的洋商人》,《中国海洋发展史论文集》第5辑,"中研院"中山人文社会科研所1993年印行,第247页。

② 马士著、区宗华译:《东印度公司对华贸易编年史》第2卷,中山大学出版社1991年版,第569—577页。梁嘉彬:《广东十三行考》,商务印书馆1937年版,第286—287页;陈国栋:《潘有度(潘启官二世):一位成功的洋商人》,载《中国海洋发展史论文集》,"中研院"中山人文社会科研所1993年印行,第265—267页。

③ 详见拙著:《俄罗斯馆纪事》,广东人民出版社1994年版,第168—197页。有关俄船事件的香山县正堂公文三份,现存清代澳门中文档案内,即里斯本国家档案馆东坡塔顺序编号:C063—003、C0611—037、C0611—038。详见刘芳辑、章文钦校:《清代澳门中文档案汇编》下册,澳门文化基金会1999年印行,第696—700页。

旋,当然也有叩求和行贿,风波终告平息。可知,"洋务最为熟练"云云,并非虚誉。

在乾嘉年间广东十三行众商中,潘有度还有一个出类拔萃之处,这就是他的儒商风度。据张维屏记述:

> 容谷丈理洋务数十年。暇日喜观史,尤喜哦诗。有园在河南,曰"南墅",方塘数亩,一桥跨之。水松数十株,有两松交干而生,因名其堂曰"义松",所居曰"漱石山房",旁有小屋曰"芥舟"。(《国朝诗人征略》)

除个人喜爱观史哦诗外,潘有度也致力振兴文运,于嘉庆十六年(1811)七月带头捐送公产,在广州西关下九甫创建文澜书院,"为士子会文之所"①。

在幽雅的"南墅",潘有度多次接待洋商,与他们品茶赏园,纵谈西洋近事。俄国"涅瓦"号船长李香斯基,1806年就曾到南墅一游,在潘氏亲自陪同下,观看过潘能敬堂列祖列宗的五座神主牌。② 美国波士顿商人提登,1815年也受到过潘有度的款待,见到他收藏的"一些当时最佳的世界地图与航海图","并在英文地名旁边标注上国家、大城市与海港的中文名字以供他自己使用"。在这次晤谈中,甚至还有"讨论拿破仑战争"之类的话题。③

像潘有度这样一个具有儒商特点的行商,其眼界和学养是远出同辈之上的。他用诗歌形式来表达自己对洋情的理解,尽管浮光掠影,甚至包含着若干有趣的"误读",但毕竟是早期中西文化交流遗下的吉光片羽,后人没有理由漠然置之。

---

① 梁嘉彬:《广东十三行考》,第410页。
② 李香斯基:《涅瓦号环球游历记,1803—1806年》,莫斯科,1947年俄文版,第255页。
③ 陈国栋:《潘有度(潘启官二世):一位成功的洋行商人》,第254页。

二、《西洋杂咏》的题材和风格

《西洋杂咏》二十首,每首七言四句,附有详略不等的自注。全诗刊于《番禺潘氏诗略》(潘仪增编,潘飞声校,光绪二十年十一月刻)。编者因"其堂曰义松",故冠以《义松堂遗稿》之名。现将全诗及自注录附本文末尾,并依次编号,以便征引。

原诗未署年月。但从最后一首"廿年角胜日论兵"及其自注:"外洋争战,廿载未靖"之句来推断,当指震动欧洲的"拿破仑战争"。按中国人用虚岁纪年的习惯,从1793年(乾隆五十八年)法国对英、荷宣战,经过"廿年",应为1812年,即拿破仑入侵俄国之年。因此,《西洋杂咏》可断为潘有度在嘉庆十七年所作。当时他正"退商"赋闲,隐居南墅,大有余暇可以"酒后高哦"了。

据张维屏《谈艺录》云:"容谷善哦诗。土音哦诗,善吹笛者倚笛和之。"(《张南山先生全集》第三十册)这种土音吟哦、倚笛和声的逸雅气度,令人联想起"幽咽新芦管,凄凉古竹枝"①的唐代古风。看来,潘有度创作《西洋杂咏》,从内容到形式,从声到乐,几乎都是模仿"竹枝"风格的;归入清代海外竹枝词一类,想必不至于会是张冠李戴吧。

潘有度这组"杂咏",题材杂而不乱,可大别为六类:

第一,商业习惯:(一)(二),共二首;

第二,宗教信仰:(八)(十六),共二首;

第三,生活风尚:(五)(六)(七)(九)(十)(十四)(十五)(十七)(十八),共九首;

第四,婚丧礼俗:(三)(四)(十一),共三首;

第五,科学技术:(十二)(十三)(十九),共三首;

第六,外洋争战:(二十),一首。

---

① 《白居易集笺校》外集卷上,《听芦管》,上海古籍出版社1988年版,第3829页。

这二十首诗中,生活风尚类和婚丧礼俗类共十二首,占六成,可知潘有度咏写海外风土的重点所在。至于各诗的自注,旨在释名物,明词意,同时也就进一步把作者的西洋观具体化了。因此,对《西洋杂咏》的评说,应当是诗注并重的。

三、中西差异与文化误读

《西洋杂咏》对19世纪初的西洋文明,有咏有叹,亦赞亦议。它所流露的主体意识,既反映了中西差异,又包含着文化误读,是相当耐人寻味的"格义"现象。

一个妻妾成群的封建行商,怎样看待近代西洋人的婚姻生活呢?《杂咏》第三首写道:

缱绻闺闱只一妻,犹知举案与齐眉。
婚姻自择无媒妁,同忏天堂佛国西。

夹于诗句中的自注,又合成一段对洋人婚俗的具体描绘:

夷人娶妻不纳妾,违者以犯法论。夷人夫妇之情甚笃,老少皆然。男女自主择配,父母皆不与闻。合卺之日,夫妇同携手登天主堂立誓。

在潘有度心目中,一夫一妻与一夫多妻、婚姻自主与父母择配,这种显而易见的文化差异,竟然还有可以认同的一面:"犹知举案与齐眉。"言下之意,似乎"夷"俗也沾沐华风,岂不是咄咄怪事?众所周知,"举案齐眉"尽管是中国婚姻史上传诵百代的美谈,但它所表现的毕竟是妻子对夫权的婉娈依附,并不意味着夫妻双方在道义上的均衡。换句话说,梁鸿、孟光的故事,告诉人们的只是"和谐"而不是"平等",其伦理取向是对男方倾斜的。因此,所谓"犹知",其实正是潘有度不知不觉的"误读"。他作为行商,在英国东印度公司的"大班"面前低三下四,委曲求全;而作为儒商,文化上依然居高临下,"夷"不绝口。这种表卑里亢的精神状态,说明潘有度尽管处于中西通商的前沿,却抱着"朝贡体制"的老眼光,远远没有跨越华洋文化传通的心理障碍。

近代西洋的决斗之风,大悖温良恭俭让的儒家伦理。对潘有度来说,自然是闻所未闻、不可思议的异俗了。《杂咏》第七首云:

> 拌将性命赌输赢,两怒由来大祸成。
> 对面一声枪并发,深仇消释大轻生。

自注进一步解释道:

> 夷人仇深难解,约定日期,各邀亲故知见。各持鸟枪,入铁弹,对面立定。候知见人喝声,一齐放枪。死者不用抵偿。如不死,冤仇立解,永不再斗,以示勇而不怯之意。

从中世纪骑士文明演变而来的西洋"决斗",与中国古代的阵前"斗将"和近代的宗族械斗,可说完全风马牛不相及。潘有度虽然隐约地看出这种解仇方式的公正性,并觉察到"决斗"的文化内涵具有"示勇而不怯之意",但他还是指鹿为马,视之为"赌命"和"轻生",直截了当地将骑士风度当做君子风度的对立物了。

在清朝专制体制中被确定为"沐恩洋行商人"[①]的潘有度,对民主也像对平等一样,是非常隔膜的。当他咏写君民关系的时候,西方那套简化的威仪,难免要令他望"洋"兴叹了。《杂咏》第十首可作例证:

> 戎王匹马阅齐民,摘帽同呼千载春。
> 简略仪文无拜跪,逢人拉手道相亲。

---

① 许地山编:《达衷集(鸦片战争前中英交涉史料)》,商务印书馆1935年版,第170页。

自注无多,意思却一清二楚:

> 外洋国王出巡只单骑,不用兵侍从。外洋以摘帽为敬。夷俗无拜跪礼。

"戎王"的简朴,尽管并非平民化,但较之"天朝"那套三跪九叩首的繁文缛节,确实叫人耳目一新。潘有度对此津津乐道,未必没有一点言外之意。

至于近代科技如何引发这位行商浮想联翩,他从"千里镜"中看到了什么奇景,《杂咏》第十二首说得有声有色:

> 万顷琉璃玉宇宽,镜澄千里幻中看。
> 朦胧夜半炊烟起,可是人家住广寒?

自注云:

> 千里镜,最大者阔一尺长一丈,傍有小镜看月,照见月光约大数丈,形如圆球,周身明彻,有鱼鳞光。内有黑影,似山河倒照,不能一目尽览,惟向月中东西南北分看。久视则热气射目。夜静,有人用大千里镜照见月中烟起,如炊烟。

望月而思广寒,对喜爱观史哦诗的潘有度来说,原是一种顺理成章的思绪,老生常谈,未可厚非。不过,他的思想境界,倘若拿来与另一位也是"镜澄千里幻中看"的同时代人对比,那就相去远甚了。嘉庆二十五年(1820),两广总督阮元(1764—1849)在广州作《望远镜中望月歌》,却道出完全别样的感慨:

> 别有一球名曰月,影借日光作盈阙。
> 广寒玉兔尽空谈,搔首问天此何物?

> 吾思此亦地球耳,暗者为山明者水。
> 舟楫应行大海中,人民亦在千山里。①

以上对《西洋杂咏》的择要评说,属于历史视域的个人观察,谈不上严格意义的文化分析,但愿不会苛求于前人。事实上,即使进入近代,敢于走向世界的中国人,要消除对西洋文化的"误读",也并不是轻而易举的。

四、潘有度西洋观的历史特征

在广东十三行的历史上,"潘启官二世"是一个有见识、有作为的代表人物。他的传世组诗《西洋杂咏》,并不是亲历其境的直观吟咏,其中包含着大量得自"夷商"的传闻。对西洋文明的认识程度上,所述各节,自然有深浅之别。甚至个别场合,咏写海外风土,变成传播海外奇谈。他对外洋各国贫富关系赞不绝口(第九首),表现出理想化的倾向,就是一个例证。

乾嘉年间的广州口岸,享有独口贸易的优势,万商云集,"夷务"纠纷丛生。按道光初年两广总督李鸿宾的说法,西洋通商各国"气习各异:米利坚、港脚、吕宋、荷兰等国,虽非驯服,尚少刁顽;唯英吉利国夷商最为桀骜"②。潘有度本人,正是在与英商的长期交往中形成他的西洋观的。然而,对被官方视为"桀骜"不驯的贸易伙伴,《西洋杂咏》反而称许他们的商业信用:"忠信论交第一关","聊知然诺如山重"(第一首),等等。这说明,作为从朝贡体制向条约体制过渡时代的官商,潘有度尽管与自由贸易格格不入,但他在"理洋务"即介入世界市场的实务中,却已感受到"重然诺"即重契约的近代意识,合乎中华的"太古纯

---

① 阮元:《研经室集》下册,中华书局1993年版,第971—972页。
② 道光九年两广总督李鸿宾奏折,见梁嘉彬:《广东十三行考》,第238页。

风"。韦伯曾经"对和外国人做生意的中国行商的信誉卓著大感不解,以为或是因为行商垄断对外贸易,地位稳固之所致。他并且进一步推论,如果行商的诚实是真的,那一定也是受了外国文化的影响"①。行商重"义",植根于儒商传统,韦伯的"影响"说可以休矣。

《西洋杂咏》的创作时代,还不是中国人"开眼看世界"的自觉时代。在潘有度的诗歌和自注中,往往流露出主体文化的优越感。"以夏释夷"的思维倾向,不能不导致他对客体文化的"误读"。历史上已有先例,就是东晋时代的佛徒用外书配拟内典的"格义":"为我民族与他民族二种不同思想初次之混合品。"②从比较研究的角度看,《西洋杂咏》所表现的独特理念,正是19世纪初夷夏两种异质文化的"混合品"。潘有度留给后世的这个文本,是值得研究中西文化交流史的学人认真解读的。

广东十三行的历史,有经济方面,也有文化方面。前者早就引人注目了,后者则还不入时眼。本文通过《西洋杂咏》来评说清代广州行商的西洋观,探测一代巨商的文化心态被中西交会打上什么样的烙印,旨在推动广州口岸的研究"更物质化"和"更精神化"③,以适应当代史学的深层追求。

附录:

西洋杂咏

(一)忠信论交第一关,万缗千镒尽奢悭(华夷互市,以拉手为定,无爽约,即盈千累万皆然。既拉手,名为"奢忌悭")。聊知然诺如山重,太古纯风羡百蛮。

(二)客来亲手酌葡萄(客到饮葡萄酒,不饮茶,酒皆葡萄酿

---

① 余英时:《中国近世宗教伦理与商人精神》,安徽教育出版社2001年版,第237页。
② 陈寅恪:《支愍度学说考》,《金明馆丛稿初编》,读书·生活·新知三联书店2001年版,第173页。
③ 勒高夫等著、姚蒙译:《新史学》,上海译文出版社1989年版,第22页。

成),响彻琉璃兴倍豪(每饮以碰杯为敬)。寒夜煨炉倾冷酒(夷人饮冷酒,冬夏皆然),不知门外雪花高。

(三)缱绻闺闱只一妻(夷人娶妻不纳妾,违者以犯法论),犹知举案与齐眉(夷人夫妇之情甚笃,老少皆然)。婚姻自择无媒妁(男女自主择配,父母皆不与闻),同忏天堂佛国西(合卺之日,夫妇同携手登天主堂立誓)。

(四)生死全交事罕闻,堪夸诚悫质于文。素衣减食悲三月(夷人丧服,周身上下元色。父母妻俱服期年,朋友服三月),易箦遗囊赠一分(夷人重友谊,临终分财,友亦与焉)。

(五)金藤一丈绕银壶(夷人吸水烟,用银壶注水,约高二尺。烟斗大如碗,金饰藤管长一丈余。烟斗内载糖和烟叶,用炭烧),炉焫薰烟锦上铺(以锦铺地盛银壶)。更有管城分黑白(口衔火烟为笔形,黑者烟叶卷成,白者纸裹碎烟叶),无人知是淡巴姑(烟叶产自吕宋国,夷人名"淡巴姑")。

(六)头缠白布是摩卢(摩卢,国名。人皆用白布缠头),黑肉文身唤鬼奴;供役驶船无别事,倾囊都为买三苏(夷呼中国之酒为"三苏"。鬼奴岁中所获,倾囊买酒)。

(七)拌将性命赌输赢,两怒由来大祸成。对面一声枪并发,深仇消释大轻生(夷人仇深难解,约定日期,各邀亲故知见。各持鸟枪,入铁弹,对面立定。候知见人喝声,一齐放枪,死者不用抵偿。如不死,冤仇立解,永不再斗,以示勇而不怯之意)。

(八)养尊和尚亦称王(澳门大和尚,俗称"和尚王"),妇女填门谒上方(澳门妇女,日临大和尚寺,跪求忏悔)。斋戒有期名彼是,只供鱼蟹厌羔羊(葡萄牙等国,逢彼是日斋戒,只食鱼蟹海错,不食牛羊。斋戒期名"里亚彼是","里亚",日期也;"彼是",鱼也)。

(九)痌瘝胞与最怜贫,抚恤周流四序均,岁给洋钱过百万,途无踝丐忍饥人(外洋各国,岁敛洋钱百余万元,周给贫民,途无踝丐)。

(十)戎王匹马阅齐民(外洋国王出巡,只单骑,不用兵侍从),摘帽同呼千载春(外洋以摘帽为敬)。简略仪文无拜跪(夷俗无拜跪礼),逢人拉手道相亲。

(十一)一枪一剑渡重关(夷人出外,恒以一枪一剑自卫),万里浮航久不还。积有盈余归娶妇,问年五十须丝斑(夷人远出贸易,必俟富厚始归娶妇。年五十娶者甚多,新妇少艾,不以为嫌)。

(十二)万顷琉璃玉宇宽,镜澄千里幻中看(千里镜,最大者阔一尺长一丈,傍有小镜看月,照见月光约大数丈,形如圆球,周身明彻,有鱼鳞光,内有黑影),朦胧夜半炊烟起,可是人家住广寒(夜静,有人用大千里镜照见月中烟起,如炊烟)?

(十三)起居饮食定时辰(夷人饮食起居,皆按时辰表),人事天工善保身。见说红轮有迟速,一阳来复影初均(据称,夏至前太阳约慢两刻,冬至前太阳约快两刻。钟表准者,虽不对日圭,不可推快慢轮。每岁俟冬至后十日,自然与日圭相合。验之果然。是以夷人取所用之表,多不对日圭,名为"民点",即准时辰也)。

(十四)弟恭兄友最深情,出入相偎握手行(夷人兄弟之情甚重,出入握手同行)。海外尚饶天性乐,可怜难弟与难兄。

(十五)红灯白烛漫珠江(燃白蜡为烛),万颗摩尼护海幢(海幢寺与夷馆隔江相对)。日暮层楼走千步,呢喃私语影双双(夷人每日黄昏后往来行动,以运血气,俗称"行千步"。行必有偶,偶则私语)。

(十六)十字门中十字开(澳门海口有十字门,西洋教大庙内虔供"十字",咸称天主),花王庙里证西来(澳门有花王庙)。祈风日日钟声急(夷俗日日撞钟求风,以盼船行),千里梯航瞬息回。

(十七)百尺樯帆夜款关,重洋历尽贸迁艰。孩童不识风波险(孩童长成四五岁,即随父兄泛洋),笑指天南老万山(老万山在虎门外洋面,夷船到老万山,便无风波之险)。

(十八)数历三年无闰月(夷俗无闰),阳回三日是新年(中国冬至后十日,即夷人元旦,岁岁皆然)。头施白粉家家醉(夷人发涂白粉,新岁亦然),乱掷杯盘乐舞筵(故事:每逢新岁及大会,尽碎杯盘为乐,近日此风稍敛)。

(十九)术传星学管中窥,风定银河月满地。忽吐光芒生两乳,圭形三尺最称奇(夜用外洋观星镜,照见一星,圭形长三尺,头尾各穿一孔)。

(二十)廿年角胜日论兵(外洋争战,廿年未靖),望断遐方结好盟。海水不扬依化日,玉门春到自输平。

广州行商颜氏磊园的盛衰

"洋舶通时多富室",清初屈大均这句诗,概括了洋舶时代广州富室兴起的盛况。在当年诸多富室中,名列前茅的颜氏家族尤其显赫。承接父兄辈开创的业绩,富二代更富了。颜瑛舍、泰和行、磊园,犹如一张三联式名片,享誉华洋两界,有口皆碑。本文立意从磊园的盛衰看颜氏的家变,既不是单纯说园,也不是单纯考史,而是力求在两者的相互关照中梳理十三行一段旧闻,为洋舶时代广州独口通商添补一点文化纪事。

现存的磊园历史资料不多,完整的只有两篇,即颜嵩年的《磊园记》和陈湘舟的《颜氏园百韵》,前者多状物叙事,后者多怀旧抒情,一实一虚,胜似园谱。其文献价值无可取代,特附录于后,以便查阅。引用时略称《记》和《韵》,去繁存简,读者鉴之。

一、磊园的起源和景观

广州行商颜氏家族,源出福建晋江,明末入粤,落籍南海。自颜亮洲(号绰亭)始,弃儒经商。雍正末年,创泰和行,商名"德舍",靠与来广贸易的丹麦亚洲公司和瑞典东印度公司供销货物发家,随后又成为英国东印度公司和荷兰东印度公司的主要供应商,获得上述西洋四国留粤大班的信任。连年获利,遂成富室,居于公行前列。乾隆十六年(1751)亮洲殁,长子时瑞(号书巢)接手经营泰和行,商名"瑞舍"。他大力开拓货源,更新经营方式,直接到丝茶产地下单订货。1752—1762年,丹麦16艘洋舶的货物总量,34%是由瑞舍提供的。乾隆二十八年(1763),瑞舍病亡,二弟时瑛(号肇斋)接掌泰和行,商名"瑛舍"。继父兄之后,他大力扩充行务,将颜氏家业推向新的高度。1763—1772年,瑛舍提供丹麦16艘洋舶的货物,占总量44%,超过了其兄在世的规模。①

富室难得休闲,磊园是泰和行老板的安乐窝。从颜氏的发迹史看,无论经商还是造园,都类似一场接力跑,可谓两代三人步步高,最后才从悬崖跌入低谷。德舍是泰和行的创始人,也是磊园的第一代园主。他致富后,"从一位从事外洋贸易的富商杨氏遗孀手中购得园林巨宅一所,位于绣衣坊不远的十八甫,遂名为磊园。"②后经瑞舍、瑛舍兄弟扩建重构,这座半废的市园才成为西关的名园。下面分列三项,就园名涵义、园林格局及其对民俗的影响,试作简略的解释。

第一,园名涵义 《记》云:"中多磊英石为山,故名。"《韵》云:"嶙峋垒石冈(故名磊园)。"监生出身的德舍如此嗜石,也许与孤寒的家世有关,对"石不能言最可人"(陆放翁句)未能忘怀吧。构园所用石材,有英石,也有蜡石,都是就地取材的。据《广东新语》卷五,可知英州为奇石之薮,"其大者土人尝载至五羊,以轻重取值。使工层垒为山,连皱接笋,参差相配。卧者为嵩,立者为华,坐者华而行者岱。千岩万壑,磴道周迴,错植花木其际,宛若天成,真园林之玮观也。英石之外有曰蜡石,以黄润如玉而有岩穴峰峦者为贵。"③可知,磊园以石为特色,也是继承广州"园林之玮观"的历史传统。

第二,园林格局 《记》云:"仲伯祖肇斋公时瑛继先业,承充洋商,广交游,矜气谊,好画工诗,将先人故园增其廓式,令画工黎光因地布置,先绘全图,用纸竹扎成,然后大兴土木。落成后,景致幽雅,无一凡俗。"磊园大举重构,是在瑛舍主持下进行的。设计人"画工黎光",南海布衣,能诗能画,是乾隆年间岭南造园高手。(汪兆镛《岭南画征略》卷三)他先画出图样,制成模型,让园主按视觉效果修正审定,可谓郑重

---

① 范岱克:《颜氏家族——1734—1780年间的广州商人》,《澳门文化杂志》2005年冬季号,第16—17页。
② 黄国声:《十三行行商颜时瑛家世事迹考》,《中山大学学报》1990年第2期,第86页。
③ 屈大均:《广东新语》上册,中华书局1997年版,第177页。

其事了。《记》云全园十八境,虽未逐一标示,只提及始境和止境两处。但从南到北的总体布局,包含"无一凡俗"的建筑系列,则历历在目:(一)四箴堂(二)辉山草堂(三)桃花小筑(四)遥集楼(五)倚红小阁(六)留云山馆(七)一瓣厅(十)自在航(十一)跃如亭(十二)临溯书屋(十三)海棠居(十四)留春亭(十五)静观堂(十六)理寨轩(十七)酣梦庐。其创意在于"静观其中,游园如梦",颇具人文气息。

第三,民俗影响　清代广州民间有一种丧家为死者焚送阴宅的礼俗,是模仿颜氏家族为德舍举丧时的做派:"曾命工照所居磊园纸扎焚之,会城丧家焚阴宅自此始。"(颜嵩年《越台杂记》卷三)德舍"弃养"于乾隆十六年(1751),封茔于乾隆三十七年(1772),正当泰和行全盛之时。据荷兰东印度公司留粤大班1772年12月11日记述:

> 瑛舍的父亲老德舍今天被下葬了。他是在十六年前(引者按:应为乾隆十六年)去世的,但是今天他和两年前去世的妻子被合葬一处。他的墓地造价一万两白银,出席下葬仪式的超过一万五千人,光轿子就大约有一千顶。[①]

德舍的墓园位于白云山麓,如此惊人的耗费和排场,当然是难以为继的。物极必反,1772年成了颜家由盛而衰的转折点。仅仅过了七个年头,泰和行就破产了,磊园也被变卖了。

二、宴乐之堂和雅集之所

在颜氏的商业王国中,磊园堪称业绩工程,既是宴乐之堂,也是雅集之所。

以石为特色的磊园,本来是以静为基调的,故置"静观堂"坐镇中

[①] 范岱克:《颜氏家族——1734—1780年间的广州商人》,《澳门文化杂志》2005年冬季号,第19页。

央。《记》云:"静观堂在园之中,高广为冠,四面皆池,设朱栏木梁,以通往来,乃嘉会之堂也。时城中各官宦皆悉此园美观,常假以张宴,月必数举,冠盖辉煌,导从络绎,观者塞道。登门自桃花小筑,一路结彩帘,张锦盖,八驺直达堂阶,主人鞠躬,款接大吏,握手垂青。宴时,架棚堂前,演剧阶下,弄戏法,呈巧献技,曼衍鱼龙,离奇诡异。堂中琉璃璎珞,锦缎纱橱,徽徽溢目;檐前管龠之音,曲拍之声,洋洋盈耳。日晡,大吏旋车而散秩。闲曹又欲卜夜,请继以烛,主人素慷慨,亦欢欣优礼。"由此可知,静观堂已变成广州官宦"假以张宴"的免费会所,被赋予两项奢靡功能:宴会厅和娱乐场。"月必数举",夜以继日,俗气弥漫其间,静气随之消散。如按《韵》的说法,此堂已经不折不扣走向"静观"的反面了:"前宵车马客,继晷管弦觞。被地猩红罽,熏炉鸭绿香。步檐珠作络,舞榭锦为障。鼎食罗珍错,时馐杂芥姜。"据此描述,颜氏显然有家厨也有家班,以适应"张宴"和"演剧"的需要。

除应酬大吏闲曹之外,文人骚客也是磊园嘉宾,雅集之所就在"海棠居":"有海棠二、玉兰一,余花绕砌。主人与诸文士雅集之所。李南涧、冯鱼山、李载园、张药房、黄虚舟、黎二樵、吕石帆、冯箕村、吴竹函、陈季常诸君子,时相过从,煮酒联吟,殆无虚日。"[①]不难设想,海棠居尽管高朋满座,有诗友,有酒友,却未必有诤友。在如歌的岁月中,谁会给磊园园主输入忧患意识呢?至于陈湘舟《韵》里的诗句:"激流思勇退,良贾合深藏",那无非是失去告诫作用的挽歌,"慷慨"的主人颜瑛舍已经无缘听到了。

三、颜家破产与磊园衰落

在清代广州洋场上,行商借欠外商货款,称为"商欠"。[②] 犹如炸

[①] 参与磊园雅集的广州名流,其生平简介,可查阅中山大学中国古文献研究所编:《粤诗人汇传》第三册,卷七,岭南美术出版社2009年版。

[②] 章文钦先生著有关于"商欠"的专文,见《广东十三行与早期中西关系》,广东经济出版社2009年版,第231—290页。

弹,一旦引爆,就会导致倾家荡产。颜氏的悲剧,就是一个典型案例。

据广东巡抚李侍尧奏:乾隆四十四年(1779)九月,"有英吉利国土名文打剌沙船一只,船主名宾敦顺带港脚鬼子番禀一封,内称广东行商欠夷人银两甚多,求著行商还回。当传谕各国夷商大班传询,据称本国王盼咐不许放债,有违天朝禁令,二十年来俱是年清年楚,并无私相借贷之事。或我国港脚不肖鬼子,携带番银来广偷放私债,亦未可定。随据大班等报开,放债鬼子共十一人,泰和行颜时瑛欠夷人本利番钱一百三十五万四千余圆,裕源行商张天球欠夷人本利番钱四十三万八千余圆。"奏文所谓"港脚不肖鬼子",即英属印度的"孟买巴斯商人"。他们"来广偷放私债",成了东方的金融巨鳄,臭名昭著。《记》中含糊其词的"怨家暗陷",或与此事有关。

又据乾隆四十五年刑部奏议,"仰体皇上绥柔远人至意,按其原本,照例加一倍息追还。将颜时瑛、张天球革去原捐职衔,依例交结外国诓骗财物,发边远充军。所有资材、房屋交地方官悉行查明估变,除扣应完饷银外,俱付夷人收领。"(《粤海关志》卷二十六)

颜瑛舍乾隆四十五年流放伊犁,五十七年死于戍所。寄柩西安四年之后,才由儿子斯绣移棺回粤,葬于大北门外。一代巨商,身后别无他物,只遗留一首悲怨交集的"塞外怀内"诗:

老大悲歌枉自怜,瞻云盼月奈何天。
无边落叶随风下,不断离情似水连。
黄鸟不传丹凤诏,青鸾空寄锦鳞笺。
归期有待宜珍重,勿费金钱卜岁年。

(颜嵩年《越台杂记》卷二)

这首"老大悲歌",当应作于瑛舍流放的后期。其中第二联显然是套用杜甫七律《登高》的名句:"无边落木萧萧下,不尽长江滚滚来",流露自己塞外悲秋之意。他叮嘱老妻"珍重",情调犹如"临纸呜咽,情不能申。千万珍重,珍重千万!"(元稹:《莺莺传》)可见,这位破落的广州行商,在褪尽荣华之后尚存一点儒商的本色。

至于瑛舍惨淡经营的颜氏磊园,当然逃不脱估变易主的命运,最终落入行商巨富伍秉鉴之手。道光初年,仍存"磊园"旧名。① 随着十三行的没落,这座广州的百年名园,也消失得无影无踪,只留下"颜家巷"路牌供后人凭吊。② 历史已经远去,如今十字街头的匆匆过客,未必还会对磊园的盛衰怅惘低回了。

附录一:

磊园记

磊园在城西十八铺,先曾祖故宅也。弃养后,仲伯祖肇斋公时瑛继先业,承充洋商,广交游,矜气谊,好画工诗,将先人故园增其式廓,令画工黎光因地布置,先绘全图,用纸竹扎成,然后大兴土木。落成后,景致幽雅,无一凡俗,中多磊英石为山,故名。冯鱼山、李南涧及张、黄、黎、吕皆有诗,而陈湘舟缵芳《磊园百韵》为尤详,见《岭海诗钞》,不但甲西园,且甲羊城矣。辟十八境,一时巨观。从叔祖雨亭常博时普曾有《磊园感旧诗》,仿辋川故事,缀以短章,感慨系之矣。眷宅前厅为四箴堂,吾族远宗复圣,故取"四勿"之旨署之。堂东为辉山草堂,阶前叠蜡石作山,温润如黄玉,人皆奇之。草堂之东有小径,曰"桃花小筑",由径而北数十武至"遥集楼",进园第一境也;面北与"静观"相对,楼上贮古今书画、金石玩器,凭栏环眺,一园景色归焉。楼东由复道至倚虹小阁,阁旁环植花木,有飞桥一道,连接英石假山。日曛时,阁上红墙与晚霞掩映,突出众绿之上。阁前一路假山,峰峦向背,岩洞幽深,皆以英石垒成,玲珑臻妙。山腰为"留云山馆",李南涧司马文藻《寄张药房诗》云:"磊园曾共到,泉石最怜渠",盖指此也。山馆下为松径,一带青松,前临

---

① 谢兰生:《常惺惺斋日记》,广东人民出版社2014年版,第127—128页。
② 黄佛颐:《广州城坊志》卷五,广东人民出版社1994年版,第558页。

水,后依山,至山尽而止,远望竟忘城市中地。由松径度石梁,建厅如莲花瓣样,扁曰"一瓣"。园之北畔塘坳造一船,不能动,名曰"自在航",悬白沙子书一联云:"不作风波于世上,别有天下非人间。"航北为箭道,道之东树侯设鹄,覆以亭,名"跃如",文士聚会、集射于此。射毕,各有胜负,登自在航,奖功浮白,弦歌以侑之。由箭道西行,至临溯书屋,厅事三楹面南,于此讲经会文,西席课其功。上层为藏书阁,环书三十六架,东西耳室,肄业者起居焉。书屋前通一门,至此为"海棠居",有海棠二、玉兰一,余花绕砌,主人与诸文士雅集之所。李南涧、冯鱼山、李载园、张药房、黄虚舟、黎二樵、吕石帆、冯箕村、吴竹函、陈季常诸君子,时相过从,煮酒联吟,殆无虚日。居南为留春亭,在遥集楼西畔,环栽梨柳,亭之联云:"梨花院落溶溶月,柳絮池塘淡淡春。"(晏殊诗,"春"字原为"风")自亭东行,过静观堂,堂东为理塞轩,前后临莲池,左右辟大牖,种葡萄环之作帘幕,实时如贯珠,日光漏处,红绿相映,夏日迎凉,炎燠之气不染。园内荷塘湾曲环绕,名"碧荷湾",东岸在留云山馆,西岸在留春亭。前有二小舟,花时,命两小鬟扮采莲女,戴草笠,绸檐青纱,衣素纱裳,系紫绣带,着红宫鸡鞋,操柁登舟,一自东岸出,一自西岸出,二舟相遇则歌。采莲毕,左臂负笠,右手拈花,赴自在航献主人,犒以饼饵,仍至两岸舣舟而退。园之极北为"酣梦庐",中设一榻,需用之物悉备,地幽静,游人罕到止境也。其静观堂在园之中,高广为冠,四面皆池,设朱栏木梁,以通往来,乃乐嘉会之堂也。时城中各官宦皆悉此园美观,常假以张宴,月必数举,冠盖辉煌,导从络绎,观者塞道。登门自桃花小筑,一路结彩帘,张锦盖,八驺直达堂阶,主人鞠躬,款接大吏,握手垂青。宴时,架棚堂前,演剧阶下,弄戏法,呈巧献技,曼衍鱼龙,离奇诡异。堂中琉璃璎珞,锦缎纱橱,徽徽溢目;檐前管籥之音,曲拍之声,洋洋盈耳。日晡,大吏旋车而散秩。闲曹又欲卜夜,请继以烛,主人素慷慨,亦欢欣优礼。由是肇斋之名益著,此乾隆己亥已前事也。庚子,被怨家暗陷,坐事发遣,封变充公,一市伤之。后凡再易主,踵事增华,而旧日雅观荡然无存,今归伍紫垣方伯。抚今追昔,不胜乌衣巷口之感。

记中悉本雨亭叔祖小序,觍缕书之,以示后人。

此记可刻之,分送各房,俾知先世名园。

(录自《越台杂记》卷二)

附录二:

颜氏园百韵

绕郭苏青墓,周园嫩绿塘。华灯迟月落,水荇带星光。迤逦栽松径,嶙峋叠石冈。故名磊园。楼台朝倒影,亭馆远相望。细草绵芊发,林花次第芳。避人鱼乍跃,出谷鸟斯翔。逸兴差无闷,欢游际有庆。可怜文字饮,谁爱阮稽狂。白眼看天阔,青衫曳地长。前宵车马客,继晷管弦觞。被地猩红氍,薰炉鸭绿香。步檐珠作络,舞榭锦为障。鼎食罗珍错,时馐杂芥姜。太平分岳牧,陟降会衣裳。既见纷华悦,还安德谊常。周旋光禄宅,遥企鲁公乡。秉烛游桃李,藏春富辟疆。恂恂儒者似,落落大家方。留客频投辖,畸人半处囊。元龙床上下,伯乐马骊黄。我辈论交地,先公画影堂。乃兄坛坫宿,指书巢言。群季遏封行。荏苒皆双鬓,浮沉数野航。凤怀殊悒怏,今雨怅微茫。拜揖腰难折,趋迎臂莫攘。激流思勇退,良贾合深藏。廷尉门罗雀,将军第卧枪。所因文未坠,犹冀道能昌。百里遵骐骥,千金耻橐装。怀宁歌五袴,在疚乏春粮。马齿徒加长,牛刀试愈钢。累人余闵叔,弃学嗣陈相。聚散应难必,寒温尚未遑。山林朋友乐,游侠少年场。握槊红裙队,弹琴锦瑟傍。笑言纷哑哑,来往太穰穰。河满才人孟,玲珑小妇商。夜寒争半臂,酒罢解明当。眷彼温柔老,翳谁感慨伤。几希宁暴弃,些子或存亡。五十当闻道,初爻戒履霜。匪诗书发冢,惟芣苢倾筐。肉食从来鄙,田芜渐就荒。好为真率会,言念永丰坊。淡泊尝鸡肋,盈虚视蟹匡。莺花娇退士,云水礼空王。六凿为功赘,三刀入梦祥。昔游同轨辙,前道等秕糠。胸次存春盎,居停待夏凉。占星还聚并,听雨又连牀。北面犹思健,南方俟问强。优游林下有,惊悸梦中忘。扫径延求仲,书屏警子将。偃风看绿草,厄闰叹黄杨。物固齐难得,心何用不藏。周官司马法,小雅甫田章。夸矣谈天衍,铿然击磬襄。十禽羞诡遇，三命仰循墙。累黍吹寒律，分阴度夕阳。江山游目到，夷险易心详。诶者诬嘉树，饥人氏翳桑。色非谈虎变，足为画蛇忙。傀儡鱼龙戏，樱桃粉黛妆。宵行惊熠燿，九转妙蜣螂。黯爱乌衣燕，劳哀赪尾鲂。何增怀古兴，即大立身防。勉善如登木，闲邪似探汤。晏安诚厚毒，仁义岂将戕。端木方云达，申枨未是刚。学优从政见，德立令闻彰。家食烹葵藿，科名策茂良。邱园宣室召，龟筮丈人当。武库封樗里，中山将乐羊。始因贫贱累，终取事功偿。剑啸雷初殷，鸡鸣夜未央。授餐还适馆，招我且由房。客有谈铅汞，时当问稻粱。出山泉始达，于沼釜频湘。柳底矜分座，春波感逝梁。蓝苕新翡翠，汀渚野鸳鸯。杂佩都人士，明诗美孟姜。长贫陈孺子，湘舟自谓。未老杜秋娘。时湘舟得丽人，有惜老意，见周若谷诗注。新故分缣素，差池复颉颃。赁春贤尚尔，磨镜事何妨。黑白驰双卫，东西置两厢。散花归丈室，题壁疥回廊。此地多君子，于余偶首倡。后来薪渐积，佳境蔗余浆。淅米亲危甗，吹笙审涩簧。春虽饶反舌，天只听圆吭。蝙蝠徒交讼，蜉蝣不自量。桂森潜有蠹，窊落扣无瓢。顾菟工营窟，哀牛老服箱。未除喉里棘，奚补眼前疮。喜识惟元叹，贻讥少惠璋。一篇深致意，三益总颓唐。鲁亥存鱼豕，妃豨叶些羌。佣他镌石手，遗此辋川庄。

（录自《岭海诗钞》卷十一）

广州口岸与腹地商帮

在全球性的海陆交通网络中，口岸和边关一样，都是众多族类互通有无的交换中心。以亚太区域为例，可以说，巴达维亚、长崎如此，广州也是如此。

通商口岸的经济功能有二：一"吞"一"吐"。从市舶时代开始，广州长期"吞"舶来品，"吐"土特产，在海外贸易中起着枢纽作用。这样的历史地位，固然与滨海的地缘有密切关系，但在更大程度上是由于腹地商帮从货源到销路的支撑。换句话说，通商口岸联结国外和国内两大市场，其积聚能力和辐射能力是离不开腹地商帮的辛勤运作的。如果仅限于珠江三角洲，丝、瓷、茶三大名产就不可能获得长期大量的供应了。以下所作的论述，是广州口岸与腹地商帮的互动关系，着重发展趋势的观察，而不是对某商某号的具体研究。

一、市舶时代的广府与腹地

唐代的"广州通海夷道"是一条有明确地理走向的中西航路。由于海上物资流通的多样性，它实际上是一个跨海域、跨民族、跨文化的贸易网。作为首发港和目的港的广府，举足轻重，成为市舶贸易的中心。在"广州通海夷道"的起点上，从隋文帝开皇十四年（594）年开始，便屹立着一座南海神庙，它是海灵的象征。到唐玄宗天宝十载（751），册封南海神为"广利王"之后，这座神庙便成为通海放洋的"精神灯塔"了。

南宋乾道三年（1167），廖颙在《重修南海庙记》中写道：

> 胡商越贾,且万斛之舟,张超云之帆,转如山之柁,乘长风,破巨浪,往来迅速,如履平地。非恃王之阴祐,曷克尔耶?西南诸蕃三十余国,各输珠宝,辐辏五羊,珍异之货,不可缕数。闽浙舻舶,亦皆载而至,岁补何啻千万缗!(《南海名胜记》卷五,《南海庙志》)

在廖颙笔下,尽管五羊城的经济功能被颠倒成广利王的神话功能,但在列举"西南诸蕃"之后,明确提及"闽浙舻舶,亦皆载而至",可知他对腹地商帮的作用并未忽略。

又据元大德八年(1304)陈大震《南海志》卷七云:

> 广东南边大海,控引诸蕃,西通牂牁,接连巴蜀,北限庾岭,东界闽瓯。或产于风土之宜,或来自异国之远,皆聚于广州。①

陈氏说得明白,聚于广州的货物,既有"异国之远"的舶来品,又有"风土之宜"的土特产,边进边出,通商口岸的吞吐能力,已经一清二楚了。至于来自腹地的"闽浙舻舶",其商帮规模和商品结构虽难得详情,但个别客商的行迹,仍可在宋代传奇中略知梗概。

其一,"建康巨商杨二郎,本以牙侩起家,数贩南海,往来十余年,累赀千万。"(《夷坚志补》卷二十一)

其二,"庐陵商人彭氏子,市于五羊,折阅不能归。偶知旧以舶舟浮海,邀彭与俱,彭适有数千钱,谩以市石蜜。"(曾敏行《独醒杂志》卷十)

据上两例,可知市舶时代从江南、江西到广府贸易的腹地商帮,致富者有之,破产者也有之。商海浮沉,风险难测。尽管如此,发洋财之梦依然十分诱人,以致明清时代"闽浙舻舶"接踵而来,出现了盛极一时的"走广"潮流,为广州海事史续新篇。

---

① 《元大德南海志残本》,广东人民出版社1991年版,第27页。

二、明清时代"走广"和"漂广东"的商帮潮流

明清时代,海洋世界发生重大的社会变迁。传统的市舶被新兴的洋舶所排挤,蕃商的主导地位也被洋商取而代之了。广州口岸得洋气之先,其贸易网络在大航海时代由南海扩展到西洋,为腹地商帮提供了新的机遇。明世宗嘉靖年间(1522—1566),海道副使谭纶已觉察到经济生活中的新动向:

> 浙人多诈,窃买丝棉、水银、生铜、药材一切通蕃之货,抵广变卖。复易广货归浙。本谓交通,而巧立名曰"走广"。①

浙人如此行事,虽与受"倭患"之扰有关,但毕竟促进了腹地与口岸的经济互动,非同小可。作为商帮潮流的"走广"现象,自晚明的浙帮开其端,至清初又与徽帮的"漂广东"汇流,声势越来越浩大。② 无论是"走"还是"漂",其目的无非是扬州诗人林兰痴那句话:"想发广东财。"(《邗江三百吟》)被利驱动的腹地商帮,使广州口岸外销的丝、茶、瓷,获得源源不断的供应,同时代人对此如数家珍。乾隆三十五年(1770),寄寓广州的湖南诗人张九钺《番行篇》,内有提纲挈领的描述:

> 湖丝粤缎采离披,瓯茶饶瓷光错落。

"湖丝"即湖州丝,"瓯茶"即福建茶,"饶瓷"即江西瓷。三大名产均来自腹地,居于首位的"湖丝",竟被称为"腹地丝绸"(两广总督苏昌奏折),说明广州口岸是以"腹地"为后盾的。以外销丝为例,据乾隆二十四年

---

① 《筹海图编》卷十二下,中华书局2007年版,第831页。
② 参见王振忠:《漂广东:徽州茶商的贸易史》,载《千山夕阳:王振忠论明清社会与文化》,广西师范大学出版社2009年版,第107—147页。

(1759)李侍尧奏称：

> 外洋各国夷船到粤贩运出口货物，均以丝货为重，每年贩买湖丝并绸缎等货，自二十余万斤至三十二三万斤不等。统计所买丝货，一岁之中，价值七八十万或百余万两。至少之年，亦买至三十余万两之多。

分布于闽赣江浙徽的腹地商帮，常年风尘仆仆，贩货广州，远销西洋，形成一股巨大的"走广"和"漂广东"的经济潮流。所谓"走"和"漂"，是水陆联运的形象说法，概括了以"大庾岭道"为主干的商路全程的地理特征。徽帮的路线图大体如此：祁门—饶州—南昌—赣江十八滩—南安—大庾岭—南雄—北江南下—清远—广州，这条水陆联运的商路，为广州提供充足的货源，也为广货开辟畅销的渠道，使口岸经济具有持久不衰的活力。

"走广"的腹地商帮，有流动的，也有流寓的。后者便成为常驻的外来坐贾，不必通过牙行而直接与番夷市易。早在隆庆年间（1567—1572），霍与瑕在《上潘大巡广州事宜疏》（《皇明经济文编》卷三六八）中已经披露：

> 广东隔海，不五里而近，乡名游渔洲，其民专驾多橹船只，接济番货。每番船一到，则通同濠畔街外省富商，搬瓷器、丝、棉、私钱、火药违禁等物，满载而去，满载而还，追星趁月，习以为常。

至于清代"漂广东"的腹地商帮，又如何变本加厉、后来居上呢？晚明出现的"濠畔街外省富商"之类的人物，到乾隆二十五年（1760）建立公行之后，即演变成所谓"内地行栈商人"。他们为避免支付昂贵的中介费，暗中与夷商交易，成为入行众商的非法竞争对手。这是"漂广东"孕育出来独特经营方式。乾隆三十六年（1771），"公行"被裁撤后，行商各办欧西货税。他们不再坐待腹地商帮，而是派代理人深入丝、茶、瓷产区订货,以保证产品数量、质量、有利价格及交货期限。这种口岸与腹地的联动经营,加剧了行商与商帮在货源上的竞争。

夏燮在《中西纪事》中写道:"徽商岁至粤东,以茶商致富者不少。"其中最具典型性的豪门,当推歙县芳坑江氏茶商。江氏数代运茶入粤,转贩西洋,遂成巨富。江有科(1792—1854)创江祥泰茶号,子文缵(1821—1862)承继父业,都是"漂广东"的老手。现存道光七年《徽州至广州路程》《道光二十五年江祥泰进广誊清账册》《道光二十六年丙午进广誊清册》留下了详尽的经商记录。[①] 至咸丰初年,江氏改往上海开拓茶业。这个茶帮世家,在五口通商和太平天国时期,见机而动,改弦易辙,也汇入南帮北移的新潮流中去了。

三、南帮北移——从广州洋场到上海洋场

鸦片战争后订立的《南京条约》,为西方海运国家提供了对华贸易的更大空间,由广州独口变成五口通商。其中尤以上海的崛起,影响特别深远。它以其处于长江出海口的地理优势,吸引了大量腹地商帮,很快成了超过广州洋场的头号洋场。全汉昇先生作过如下的具体分析:

> 在闭关时代,广州是中国对外贸易的唯一港口,占出口价值最大部分的茶、丝都要先集中在那里,然后才能出口。可是,事实上,除附近有蚕丝出产外,广州和茶、丝重要产区距离很远,陆路交通不便,运费昂贵,故出口贸易大受限制。反之,自开关以后,上海因为距离茶、丝重要产区较近,水道交通较便,运费较廉,故在各地生产出来的茶、丝,自然而然的先在那里集中,然后运输出口。[②]

道光二十三年(1843),原在广州开设裕隆字号、贩运江浙各货的张

---

① 张海鹏、王廷元主编:《徽商研究》,第585—608页。
② 全汉昇:《中国经济史论丛(二)》,中华书局2012年版,第825页。

新贤,纠集伙友到上海创设敦利外贸商号,租赁栈房,招接各路商人。敦利号的大量商业文书,现存伦敦大英图书馆东方部,经王庆成先生辛勤搜索,引回国内,详见《稀见清世史料并考释》一书。敦利号存档逐日登录来自福建、江西、安徽、浙江、江苏等省丝茶的货源、货主和批量,以备官府稽核税款。从这种名为"循环簿"的文书中,可以看出腹地商帮已与广州日渐疏离,转向方兴未艾的上海口岸了。

　　腹地商帮的集散,直接影响通商口岸地位的升降,反映出近代外贸格局的新动向。从广州的历史看,大庾岭道的冷落与黄埔港的萧条,十三行的终结与南帮北移,可以说是互为因果的。至于清末出现的变局——"天竺新茶日本丝,中华争利渐难支"(黄遵宪句),那是来自国际市场的新挑战,与腹地商帮的转移不可同日而语。

广州海幢寺与清代"夷务"

清代广州的佛寺,介入"夷务"时间最久、程度最深的,当属珠江南岸的海幢寺。所谓"夷务",指的是中西之间的通使和通商关系。该寺从清初遗民僧弘法的道场,到海疆大吏接待英荷使团的临时会所和西方游客熙熙攘攘的观光胜地,涉及中外关系、政教关系和僧俗关系。这段罕见的佛门往事,反映出清代广州口岸寺院独特的社会功能,是值得关注佛教史和海事史的人探索的。

一、海幢寺介入"夷务"的历史因缘

从明代中期开始,葡萄牙人逐步向东扩张,其洋舶也前来广州进行窥探性的活动。在地方当局安排下,城西古刹光孝寺第一次与洋人洋事发生接触,揭开了寺院介入"夷务"的序幕。据刑部尚书顾应祥追忆:

> 正德丁丑,予任广东佥事,署海道事。蓦有大海船二叟(隻),直至广城怀远驿,称系佛狼机国进贡。其船主名加必丹,其人皆高鼻深目,以白布缠头,如回回打扮,即报总督陈西轩公金,临广城,以其人不知礼法,令于光孝寺习仪三日,而后引见。①

"正德丁丑"即正德十二年(1517),"加必丹"即船主,非人名,其人应为Fernao Peres d'Andrade,率船队自满剌加来华,先停屯门岛,后入广州。②

---

① 《筹海图编》卷十三下,中华书局2007年版,第903页。
② 张维华:《明史欧洲四国传注释》,上海古籍出版社1982年版,第4—5页。

所谓"习仪三日",当然是朝贡礼仪而不是奉佛礼仪。

在广州寺院介入"夷务"问题上,可以说光孝寺首发其端,海幢寺则是后来居上了。

海幢寺始建于明末,清初才大举扩建。经过曹洞宗四代僧人尤其是今无(阿字)法师(番禺人,俗姓万,1633—1681)的苦心经营(有诗自叹:"半生营一寺,甘苦向谁论!"),借助平南王尚可喜及广东巡抚刘秉权之力,逐步建成殿、阁、楼、塔、堂、舍一应俱全的丛林。到乾隆年间,该寺占地宽达10万平方公尺以上。其地理优势,今释在《募建海幢寺疏》(《遍行堂集》卷九)中已作简要介绍:"海幢之地,带珠江一水,近城郭而不嚣,入山林而不僻。潮汐吞吐,峰峦照映,烟云浮没,势高显而形平整。"这个与城郭隔江相望而又不嚣不僻的"海幢之地",比光孝、华林、长寿、大佛寺等城区四寺,更适合乾嘉时代处理海事和夷务的官方需要。因而,接待"粤道贡国"的差事,便一而再、再而三地落在海幢寺身上。

乾隆五十七年(1792),英王乔治三世派遣马戛尔尼率领使团来华,次年到达北京谒见清帝,停留47天后,于12月间经广州返回英国。新任两广总督长麟在海幢寺为使团举行"谢恩"仪式。据使团随员约翰·巴罗记述:"我们从这里(十三行商馆)前往河对岸,那里有一座为此用杆和席搭盖的临时建筑;其中有一幅黄丝屏风,上面用金字绣上皇帝的名字。总督和官员们在这屏风前例行跪拜,表示感谢皇恩,因为他恩赐我们旅行顺利。"①所谓"临时建筑",大概是在天王殿前平台搭建的彩门和红幡。使团人员下榻于附近的行商花园,并曾到花地游览,向花农购买玫瑰花籽,带回英国栽培。名贵的"马戛尔尼玫瑰",即由此而来。

乾隆五十九年(1794),荷兰东印度公司巴达维亚总管派团来华祝贺乾隆皇帝登位六十周年,正使德胜,副使范罢览。8月15日起航,经

---

① 《巴罗中国行纪》,见乔治·马戛尔尼、约翰·巴罗著,何高济、何毓宁译:《马戛尔尼使团使华观感》,商务印书馆2013年版,第469页。

澳门来广州。10月13日,两广总督长麟照例在海幢寺接见使团,亲自解释遵旨不得在官署接待外宾,上年12月马戛尔尼使团由北京返抵广州,也是在同一地点会晤的。当然,上次是"谢恩",此次是"接诏",地同而礼不同。据王文诰《长牧庵制府带同荷兰国贡使诣海幢寺接诏恭纪》一诗披露,气派十分可观:"龙象花宫涌海幢,桫椤贝树荫清江。慈容遥仰天威在,一日光荣遍海邦。万斛琉璃挂彩门,氍毹匝地映红幡。今朝节府承明诏,乐奏钧天语带温。"①

嘉庆二十一年(1816),英国阿美士德使团到北京,以不肯行跪拜礼被拒,次年1月1日返抵广州。1月7日两广总督蒋攸铦在海幢寺与阿美士德会晤,现场情况如下:

> 广东总督由抚院和海关监督陪同,于中午前往现在作为不列颠使团驻所的河南寺(海幢寺),事先已在通往主神殿的人行道两旁建了几个临时房间,大神前面一个为此次仪式使用的小房间,主要是以黄色装饰物装饰。上述的三位中国官员到来,进入这个房间,并坐在一张黄色的桌子左方,即大位。桌子放置皇帝函件,并向特使报告他们的到来。②

这次海幢寺会晤,是在室内举行的。它既不是"谢恩",也不是"接诏",当然就没有从前那样的排场了。

除上述三次"夷务"礼仪外,海幢寺还经历过一次道场被改成试场的突发性事件。咸丰十年(1860),英法联军入北京,火烧圆明园。英在华南割占九龙司,并一度兵临广州,贡院被占,致使当年南海、番禺两县童生的应试地点,只得改在海幢寺。这项意外的安排,令南海诗人劳重勋大发感慨:

---

① 另详拙作:《王文诰荷兰国贡使纪事诗释证》,已收入本书。
② 马士著、区宗华译:《东印度公司对华贸易编年史》第三卷,广东人民出版社2016年版,第305页。

芹香原不藉莲香,为避妖气借考场。
著论莫弹迎佛骨,作文应拟檄夷航。
偏师肃整操禅院,武库铺陈演上方。
望乞慈悲开慧眼,早搜奇士定边疆。

(《海幢寺应试》二首之二[①])

二、清代西方人士海幢之游的类型

海幢寺多次介入广州"夷务",尽管是出于无奈的被动差事,却为它带来与日俱增的信息效应,成了外销画的题材和新闻报道的对象。鸦片战争前的广州外销画,有洋人(英吉利、西班牙)订制的海幢寺全景图,全套九十余幅,精工细笔,多姿多彩。海外的英文报纸,也曾向读者推介该寺。马礼逊和米怜主编、在马六甲出版的英文季刊《印中搜闻》(Indo-Chinese Gleaner)第三卷第 19 期(1822 年 1 月号)"广州志"专栏,刊出长文介绍海幢寺的历史、主要建筑并附平面图一幅,连山门和殿柱的楹联也照录下来,可谓郑重其事了。[②]

声名远播的海幢寺,自然成为西方人士到广州的必游之地。何况早在乾隆年间,民间已形成一条跨越珠江两岸的环形游览线,其中心就在海幢寺。著名诗人袁枚的游踪可供参考。他在《留别香亭》六首之三种写道:"教侬远上五羊城,海寺花田次第经。沙面笙歌喧昼夜,洋楼金碧耀丹青。"步袁枚后尘的西洋游客,大有人在。下面分成三类,略加评述。

第一类:例行类游客

居于十三行商馆区的洋人,在乾隆末年获得一项官方许可的郊游权利,由此便出现了一批例行类游客,也即海幢寺的常客。有关条例,

---

① 释新成主编:《海幢寺春秋》,花城出版社 2008 年版,第 266 页。
② 《印中搜闻》,国家图书馆出版社 2009 年影印本,第 979—985 页。

屡经修订,概述如后。

乾隆五十九至六十年间(1794—1795),根据留粤英商波朗的禀求,两广总督长麟批示:

> 查广东人烟稠密,处处庄围,并无空余地,若任其赴野闲游,汉夷语言不通,必致滋生事故。但该夷等锢处夷馆,或困倦生病,亦属至情。嗣后应于每月初三、十八两日,夷人若要略微散解,应令赴报,派人送带海幢寺、陈家花园,听其游散,以示体恤。但日落即要归馆(商馆),不准在彼过夜。并责成行商严加管束,不准水手人等前往滋事。(《达衷集》卷下)

嘉庆二十一年(1816),两广总督蒋攸铦又作批示:

> 英吉利国夷人从前禀求,指一阔野地方行走闲散,以免生病。曾准于每月初三、十八两日,令赴关报明,派人带赴海幢寺、陈家花园内,听其游散,以示体恤,但日落即须归馆,不准在园过夜,并责成行商严加管束,不许水手人等随往嘈杂,滋生事端。兹查近已无陈家花园,各夷人每有前赴花地游散之事。从前原定每月两次准该夷人出外闲游,兹酌定于每月初八、十八、二十八日三次,每次十名,人数无多,随带通事,易于约束,添以次数,则夷人可以轮替前往,于俯顺体恤之中,仍寓稽查防闲之意。准其前赴海幢寺、花地闲游散解,夷人每次不准过十人以外,著令通事赴经过行后西炮台各口,报明带同前往,限于日落时仍赴各口报明回馆,不准饮酒滋事,亦不得在外过夜。如不照所定日期名数,或私行给与酒食,一经查出,定将行商通事从重究治,夷人即不准再去闲游。其洋货店铺人等,如敢私与夷人潜赴花地闲游,并引诱勾结作弊,军民人等无故阻拦滋事,并干严究。①

---

① 《粤海关志》卷二十六,广东人民出版社2014年版,第519页。

道光十五(1835)年，两广总督卢坤因"近年该夷人往往不遵旧章，必须重申禁令"，内称：

> 在馆居住夷人，只准于初八、十八、二十八三日，在附近之花地、海幢寺散游一次。每次不得过十人，限申刻回馆，不准在外住歇、饮酒。如非应准出游日期，及同游至十人以外，并赴别处村落、圩市游荡，并将行商、通事一并治罪。①

经过鸦片战争、签订《南京条约》之后，上述禁令已失去约束力，完全被置之不顾了：

> 自款成商裁后，夷众益无约束，往往挟鸟枪，或袖小枪，驶其小三板，或雇珠江小艇，远及四乡游泊。遇村集树林丛翳处所，恒登岸弹取鸟雀。村民妇孺聚观，言语不通，疑为嘲侮，动至角口，夷必以枪拟之，民畏之急走避，如是者不知其几矣。②

这里所谓"款成商裁"，指《南京条约》第五条废止行商独揽外贸的特权。很明显，在炮舰政策支持下，原先的"例行"类游客，已经蜕变为"横行"类游客。珠江南岸的村集树林，也从此不得安宁了。

第二类：寄寓类游客

寄寓海幢寺的西方游客，是身分特殊的美国传教士，与例行类游客不可相提并论，故作"另类"处理。

美国传教士得以寄寓海幢寺，是有美国外交官为前导的。1844年（道光二十四年），美国公使顾盛（C. Cushing）带着谋求"最惠国待遇"的使命，与清朝钦差大臣耆英在澳门谈判，7月3日，共同签署《望厦条约》（即《中美五口通商章程》），8月27日返美。顾盛离开澳门之前曾

---

① 《粤海关志》卷二十九，第571页。
② 梁廷枏：《夷氛闻记》卷五，中华书局1997年版，第145—146页。

到广州,在英国的"中国通"马礼逊陪同下,暗访过海幢寺。出面接待的方丈法号敬林(曹洞宗三十三世真源的法嗣),他在后来致顾盛的感谢函中写道:

> 美士高臣大人阁下,前在广东时,幸得拜识尊颜,深蒙过爱,赠我真容一幅,又送敝寺白米四十包并茶叶各物,更蒙尊驾同美士马礼逊诸君光临敝寺大餐,至今记念隆情,常日在心。

传递此函之人,就是寄寓海幢寺的美国海外传教士邦尼(Samuel W. Bonney)。他于1846年年底从香港转来广州传教,在敬林大力张罗下,才得以租住靠近该寺东门的阁楼,即敬林函中说的"在敝寺楼上读书"。凭借这个隐蔽的处所,邦尼便获得进行安息日礼拜的据点,召集信众,派发基督教福音书和传道小册。

以上这个海幢寺与清代"夷务"的独特个案,是香港大学中文学院杨文信博士从美国国会图书馆手稿部藏《顾盛文书》中清理出来的,前此罕为人知。欲得其详,可查阅他的专题论文:《1840年代中、美关系史料拾零——敬林与邦尼致顾盛函笺释》。①

第三类:观光类游客

这一类海幢寺游客,人数最多,国籍互异,身分悬殊,真是五光十色。现存资料,分属不同时段和语种,难以全面掌握。编年的分析既然不可能,就只好选取若干事例,看一看海幢丛林引发出什么样的洋人观感。

最早观光海幢寺的西方游客,是从北欧来的瑞典人彼得·奥斯贝克(Peter Osbeck)。奥氏是著名植物分类学家林奈的学生,1750年11月以随船牧师身分,搭乘瑞典东印度公司商船"卡尔亲王"号来华。1751年8月22日抵达广州,逗留到1752年1月4日离境,按农历同属乾隆十六年之事。此年颁令禁番妇来广州居住,幸亏他是男人。奥氏住宿于十

---

① 《明清史集刊》第九卷(2007),第263—275页。

三行区的"瑞行",曾到海幢寺观光两次(9月8日和12月17日)。他的兴趣集中在观察花木的种属和生态,对寺院本身只是轻描淡写而已。

嘉庆十年(1805)十月,俄国美洲公司商船"希望"号和"涅瓦"号携带大量毛皮,到广州"试做买卖"。次年正月返航回国。① 停留广州期间,"涅瓦"号船长李香斯基(清译"咏嘈咄")观光海幢寺,记述过寺院景观与寺僧对话的情况:

> 我在寺里待了几个小时,发现到处都很干净。供台上摆满了神像,一些殿里是中间三尊两侧十二尊,另一些殿里则是中间只有一尊,两侧数尊。所有神像都镀金涂漆。中间的神像高约1.5俄丈(2.7米),是坐姿。他们面前永远点着檀香末做的香烛,而每个来祭拜的人都会带贡品来。我的向导进入这个他们视为神圣的庙宇时,头上戴着帽子,而且,看起来景仰之情相当有限,尽管他们千方百计地要我坚信,给他们的神带贡品来就会有好的回报,也就是贸易的利润等等。其中一人指着一尊单独站立的神像,确定地告诉我,如果我向该神祈祷,那么,也能顺利航行回俄罗斯。参观了整座庙宇后,我拐进他们的膳堂。当时正是吃饭时间,听到钟声大家都聚到饭桌边。每个人面前摆着一碗米饭和青菜,用筷子吃。我得知,每个加入到住庙人群体的人在加入之前就必须放弃与女人有任何来往并禁食肉和鱼,违反这一誓言必定招致死刑。饭后向导领着我们到了一个关着20头猪的非常干净的地方。这是居民送给寺庙的,而我不知道何以会赐予它们这样一种神秘的地位。其中一头大约有30岁,它老得连走路都费劲了。②

俄国船长的海幢之游,并没有缓解他因俄船被粤海关扣留而引起的烦躁,但对鸣钟进食的斋堂和放生社(1658年立放生社)的养牲处,

---

① 详见拙文《俄美公司与广州口岸》。
② 伍宇星编译:《19世纪俄国人笔下的广州》,大象出版社2011年版,第63—64页。

还是留下难忘的印象。后者之所以享有"神秘的地位",晚清广东布政使王之春在《游海幢诗》中已一语道破:"剩有驯猪结善因。"猪为六畜之首,让它得享天年,体现佛门弟子对畜牲的慈悲情怀,这当然是信奉东正教的李香斯基"不知道"的。

道光十八年(1838),法国画家奥古斯特·博尔热游历世界,8月至10月在广州停留。他是著名作家巴尔扎克的朋友,艺术上造诣很深。博尔热曾到海幢寺多次,对其静穆的氛围十分赞赏:

> 进入寺庙时,我们走在一条铺着美丽石板的宽道上,它在数列树木中通向寺庙的第一座建筑。我无法向你说清,我亲爱的朋友,在这些美丽的树阴下,在如此的静寂中,我是多么舒适地呼吸着,在这里,只有我的脚步声打破了这片宁静,似乎我把所有日常的烦恼、一切不良的情绪都搁置在了门口,我希望在一个永恒的冥想中度过一生。

海幢寺的观音殿,是佛门信女祈福求子的处所。在"夷务"纠纷频发的道光时代,为免惹是非,这里是谢绝西方游客入内参观的。博尔热的游兴在此受阻,难免耿耿于怀:

> 这里是备受女性喜爱的女神的住所。无论我怎么请求,人们都不让我进去,对此我非常恼火,因为我觉得女人们可能把她们的温情性格都献给寺庙,她们到这里来为她们的孩子向诸神祈求。①

作为一名卓越的西方艺术家,博尔热的海幢之游,是既有诗情也有画意的。他用写生笔法,描绘了寺内多处场景,流芳后代,就不多说了。

最后,应当提及观光类游客中的一位"贵客",他就是俄国皇太子尼

---

① 钱林森等译:《奥古斯特·博尔热的广州散记》,上海书店出版社2006年版,第39—42页。

古拉(即末代沙皇尼古拉二世)。这位 22 岁的皇储,在环游世界的旅程中,于 1891 年(光绪十七年)4 月 5 日至 8 日停留广州,由沙面的法国领事馆安排食宿,受到两广总督李瀚章(李鸿章之兄)隆重接待。引人注目的是,尽管海幢寺到光绪中期已经今非昔比,盛名之下,其实难副,但尼古拉仍将海幢寺列为广州游的首选之地。抵达当天下午,"晚餐前太子殿下化名乘小舟去了城市南郊的河南岛,参观那里的佛教寺庙 Hai-Chwang-Sze(海幢寺)"。

随行人员中有汉学家璞科第,他于 1887 年毕业于彼得堡大学东方系汉语满语专业,1889 年受俄国外交部亚洲司资助,到五台山一带考察旅行,著有《五台山今昔》一书,对中国的寺院布局和佛门神谱,早已了然于心,故能胜任导游之责。① 这群微服私访的俄国游客,沿中轴线而行,从山门经天王殿、大雄宝殿、观音殿,直至普同塔。他们行色匆匆,并不流连于园林景物,感兴趣的是更具社会意义的问题:

第一,佛门与豪门的关系。在观音殿里,见到偶像座前一幅锦幛,"用丝纬绣着当地非常有影响的富豪浩官家族的女人的名字,这个家族在广州还未对外国人开放时曾经扮演过吃力的角色。"

第二,佛门与衙门的关系。"我们在这里没看到任何一个僧侣,与在中国享有非常优越地位的喇嘛不同,本地神职人员(和尚)在仪式和日常生活方面,与日本和安南的同教者比跟西藏人和蒙古人更接近,他们在自己的乡民中起着不重要的作用。很可能多少因为这一点他们今天没有在我们面前出现。地方当局很少对他们客气,比如说,1816 年阿美士德勋爵使团路过时,地方当局把河南庙(海幢寺)拨给他和随从,而主要神像被送到河对岸。19 世纪 50 年代混乱时期一度把这里变成中国兵士的宿营地。"②

---

① 另参拙著:《俄罗斯馆纪事》,中华书局 2006 年版,第 215—220 页。
② 伍宇星编译:《19 世纪俄国人笔下的广州》,第 218—219 页。文内所谓"变成中国兵士的宿营地",指的是第二次鸦片战争期间,海幢寺被贡院用为试场时有武装警卫的情景。

晚清到访的西方游客,尽管人物及观感多种多样,却产生过共同的影响,这就是提高了海幢寺在国际上的知名度,使它成了一张激发游兴的"广州名片"。凭借这个有目共睹的背景,本文最后才不惜独辟蹊径,试图探寻海幢寺在近代西方文学上留下的印痕。以下一节,纯属己见,是耶非耶,期待高明指教。

三、安徒生童话中的海幢寺情僧故事

19世纪的丹麦作家安徒生(1805—1875),毕生未到过中国,也不识中文。但他的著名童话,却含有中国题材的故事。《没有画的画册》是一个童话系列,他自称为"新一千零一夜"。他假托月亮行空巡游,一夜一地,"第二十七夜"望到一座中国城市,一所庙宇和一个想入非非的年轻和尚。红尘之思,跃然纸上,反映出人性被伦理压制的苦闷。场景虚中有实,隐隐约约,难以捉摸。全文如下:

"昨夜我望见一个中国的城市,"月亮说,"我的光照着许多长长的、光赤的墙壁;这城的街道就是它们形成的。当然,偶尔也有一扇门出现,但它是锁着的,因为中国人对外面的世界能有什么兴趣呢?房子的墙后面,紧闭的窗扉掩住了窗子。只有从一所庙宇的窗子里,有一丝微光透露出来。

"我朝里面望,我看到里面一片华丽的景象。从地下一直到天花板,有许多用鲜艳的色彩和富丽的金黄所绘出的图画——代表神仙们在这个世界上所做的事迹的一些图画。

"每一个神龛里有一个神像,可是差不多全被挂在庙龛上的花帷幔和旗帜所掩住了。每一座神像——都是用锡做的——面前有一个小小的祭台,上面放着圣水、花朵和燃着的蜡烛。但是这神庙里最高之神是神中之神——佛爷。他穿着黄缎子衣服,因为黄色是神圣的颜色。祭台下面坐着一个有生命的人——一个年轻的和尚。

他似乎在祈祷,但在祈祷之中他似乎堕入到冥想中去了。这无疑是一种罪过,所以他的脸烧起来,他的头也低得抬不起来。可怜的瑞虹啊!难道他梦见到高墙里边的那个小花园里(每个屋子前面都有这样一个花园)去种花吗?难道他觉得种花比待在庙里守着蜡烛还更有趣吗?难道他希望坐在盛大的筵席桌旁,在每换一盘菜的时候,用银色的纸擦擦嘴吗?难道他犯过那么重的罪,只要他一说出口,天朝就要处他死刑吗?难道他的思想敢于跟化外人的轮船一起飞,一直飞到他们的家乡——辽远的英国吗?不,他的思想并没有飞得那么远,然而,他的思想,一种青春的热情所产生的思想,是有罪的。在这个神庙里,在佛爷的面前,在许多神像的面前,是有罪的。

"我知道他的思想飞到什么地方去了。在城的尽头,在平整的、石铺的、以瓷砖为栏杆的、陈列着开满了钟形花的花盆的平台上,坐着玲珑小眼的、嘴唇丰满的、双脚小巧的、娇美的白姑娘。她的鞋子紧得使她发痛,但她的心更使她发痛。她举起她柔嫩的、丰满的手臂——这时她的缎子衣裳就发出沙沙的响声。她面前有一个玻璃缸,里面养着四尾金鱼。她用一根彩色的漆棍子在里面搅了一下啊!搅得那么慢,因为她在想着什么东西!可能她在想:这些鱼是多么富丽金黄,它们在玻璃缸里生活得多么安定,它们的食物是多么丰富,然而假如它们获得自由,它们更会活得多么快乐!是的,她,美丽的白姑娘是懂得这个道理的。她的思想飞出了她的家,飞到了庙里——但不是为了那些神像而飞去的。可怜的白啊!可怜的瑞虹!他们两人的红尘思想交流起来,可是我的冷静的光,像小天使的剑一样,隔在他们两人的中间。"

(录自《安徒生童话故事集》叶君健译本)

安徒生的《没有画的画册》创作于 1840 年。他在《前记》中声明:"我在这儿所作的一些画都没有经过选择,它们是依照我所听到的样子绘下来的。"可知他是从传闻中取得素材,并非依据直观或阅读。《第二十七夜》(以下简称《二七夜》)一篇,也同样具有"目之所未瞻,身之所未到"的文本特征,其叙事性与寓意性是融为一体的。

1840年,即道光二十年,中西关系仍处于自乾隆二十二年(1757)十一月开始的专限广州一口通商的状态。在西洋商人心目中的对华贸易,其实就是"广州贸易"。因此,《二七夜》里的"中国城市",不可能是宁波或厦门,更不可能是皇城北京,它只能属于独一无二的广州。

"中国城市"既经推定,"一所庙宇"也就容易落实了。如前所述,按照清廷规章,广州五大名刹,只有海幢寺可以定期、定额接受留粤洋商游览。因此,《二七夜》中月亮望见的庙宇,直截了当,仅此一家,无非是"河南庙"罢了。

关于"城"和"庙"的考述,当然不能满足于逻辑推理,必须进一步找出待发之覆,才能达到逻辑与历史的统一,从而完成对《二七夜》的解读。在这方面,那个"年轻和尚"的双音节名字,究竟何音何义,就具有"谜"一样的魅力了。在安徒生笔下,和尚之名按丹麦文拼写为 Souihoung(H. C. Andersen, *Samlede Eventyr Og Historier*, 2016, pp. 488—489),英译本拼写为 Soui-hong(*Fair Tales of Hans Christion Andersen*, The Floating Press, Auckland, 2010, p. 740),叶君健先生的中译本按普通话写成"瑞虹"(2015年人民文学出版社,第429页),无可非议。不过,倘要准确还原这个名字,则应于广州话中求之。在清代广州口岸的十三行区,瑞典东印度公司的商馆,历来以"瑞行"之名为人所知。该行的建筑形式是中西合璧:前两座中式大屋,后两座西式楼房。正门横匾,也即招牌,明确标出 Sui Hong 字号,一望而知是广州话拼音的"瑞行"。[①] 鄙见《二七夜》记广州事的推测,终获得内证。据此而说安徒生童话里有广州话,也不算是奇谈怪论了。至于安徒生为何会借行名作人名,那就要涉及丹麦与瑞典的密切关系了。简而言之,第一,在北欧,丹、瑞是一衣带

---

① Sven T. Kjellberg, *Sveuska Ostindiske Compagnie*, 1731—1813(瑞典东印度公司,雍正九年至嘉庆十八年),瑞典版,第102页。

水的近邻;第二,在中国,是接踵而来的贸易伙伴:雍正九年(1731)丹麦(黄旗国)来粤互市,次年瑞典(蓝旗国)来粤互市;第三,在广州商馆区,"黄旗馆"和"瑞行"并排而立,近在咫尺,是息息相通的老邻居。① 两馆人员,联袂出行,成为海幢寺的例行类游客,并不是没有可能的。现实事物经过童话化,造出"河南庙里有瑞行"倒影,何足为奇!

安徒生长期居住哥本哈根,这里既是首都又是对华贸易的重要港口,生活环境和信息环境,都有利于文艺创作。他可以直接或间接地从来粤通商回国者获得有关广州的传闻,一旦动笔,现成的素材便呼之欲出了。安徒生在《二七夜》中以海幢寺为想象的场景,给和尚安个"瑞行"的名字,这种移花接木、张冠李戴的手法,看似离奇,其实是给艺术虚构掺入历史因素,非如此不足以显示"中国城市"广州的南国风貌。读者切莫忘记,1840年的广州,已被鸦片战争的硝烟所笼罩,安徒生点出"辽远的英国",岂无故哉!

对《二七夜》的解读,到此为止。借用佛门话语,可说是"自家公案自家参",只取我自家明白,无意强求他人认同。即使引来"捕风捉影"之诮,也在所不计。从介入"夷务"到写入"洋书",海幢寺有幸也有不幸,足以发人浩叹。一百七十多年过去了,《安徒生童话》已经享有世界性的荣誉;饱经沧桑的海幢寺,时来运转,依然屹立于珠江南岸;至于来自西洋的"瑞行",则早已销声匿迹。这个世缘、佛缘和文缘的连环套,尽管扑朔迷离,却似乎可以在沉思静虑中解开,从童话中分解出历史的印记。此事蓄疑于心,已逾二十年(始于1996年访问瑞典),流光易逝,今年恰逢"中国丹麦旅游年",是抛砖引玉的时候了。②

(2017.7.25,晚)

---

① 1813年(嘉庆十八年),瑞典东印度公司解散,1820年(嘉庆二十五年)瑞典商人退出广州贸易。1822年(道光二年)馆址毁于火灾。后重建,仍称"瑞行",用作广州洋商的联合俱乐部。

② 2017年是中国丹麦旅游年,丹麦国家旅游局推出"丹麦行·安徒生印记"主题线路,以哥本哈根为起点,奥胡斯为终点,途经西兰岛、欧登塞(安徒生故乡)、比隆、里伯等丹麦知名城市,带给游客以全方位的童话王国深度旅游体验。

广州外销画图考例释

　　清代广州的外销画,是一种与传统文人画疏离的民间绘事。作为土洋合璧、空前绝后的独特画种,盛行于乾嘉年间,道光之后就逐步衰亡了。历经两百年沧桑岁月,当初洋人随意选购的手信式工艺品,如今升格为外销型艺术品,在欧美身价上涨,在中国体面回归,堪称洋舶时代广州海事的文化奇迹。最近二三十年,有关外销画的图录和专著频繁面世,蔚为大观。时来运转,当年奔忙于街边画店的众位"呱"字号匠师,含辛茹苦,终于赢得身后名,在社会文化史上取得应有的地位。

　　题材的社会性和技法的写实性,是广州外销画的特色。其中有三类画作,即市井画、船舶画和景观画,特别受到历史学界的关注。因为它们为今人揭开了回顾往事的窗口,提供了形象化的史源,可以与文献互补互证。不过,从研究现状来看,对这三类画作的探讨,还是很不平衡。猎奇者的眼光,不利于扩大学术视野。景观画尽管引人入胜,但只热衷于商馆区(十三行区),对黄埔港的地标、地物,似乎置之不顾。试问没有港口,何来洋场?船舶画中的花艇,一枝独秀,为人所津津乐道。至于与国计民生关系密切的其他水运工具,如盐船、炭船、西瓜扁、横水渡之类,就显得冷冷清清,几乎无人过问了。即使广涉三百六十行的市井画,尽管琳琅满目,令人叹为观止,可惜现有的研讨,也只触及冰山一角。其广度和深度,尚待进一步加强。

　　外销画的图像分析,可名之为"图考",旨在追寻和再现画面背后的历史。如果仅限于"卖花担头看桃李",那就只是图说,而不是图考了。中国有图考传统,如对武梁祠石刻和清明上河图的考释,就是难能可贵的样板。如果参照西方艺术史研究尤其是贡布里希(E. Gombrich)的学理和方法,力求中西会通,相信是大有可为的。

下面提出几项图考例释,据史释图,力求揭示画面的历史真相。当然,这并非什么研究广州外销画的经验之谈,它仅仅是一个求知问路者的尝试,聊备参考而已。

（一）"捶金箔"图考

外销的水粉画和线描画,屡见"捶金箔"的图像:主体部分是工匠抡器敲击成叠金箔,身旁摆一水杯或一葵扇,供解渴或纳凉之用。作这样的解读,似乎已无剩义了。其实,对比一下相关记载,才得知现场操作要复杂得多。据嘉道年间黄芝的《粤小记》卷一云：

广州南关外多以椎金箔为业,至其处则轰轰盈耳。其椎之之法,以精金少许置蜜纸中约百余,复以大蜜纸裹之置大木砧上,二人对坐极力椎之,虽隆冬犹裸体,童子扇以大葵扇,逾时其金箔过于蝉翼,见风款款欲飞。间有不能成箔,谓须创造无根之言,互相传说,使愚夫愚妇听信,金箔乃成云。

原来画面背后,隐藏着如此其多的细节:第一,广州南关外是捶金箔的专业街,已形成规模化生产。因此《粤海关志》的税则中,才将金箔纸列为专项征税。第二,画面的构图,将二人对坐简化为单人独椎,以适应市井画一行一人一事的体例。第三,葵扇不是歇工时才使用,而是由童工专司其事,使两位椎工在劳作时即能降温。为了加大风力,扇面大于常用扇,称之为"大葵扇",似即阔可遮阳的"腰扇"(吴震方《岭南杂记》)。第四,由于黄金纯度不足或蜜纸质地不佳,致使金箔有时未能达标,于是须求助于"说诳"的迷信,衍生出该行业特有的民俗。第五,这种箔逾蝉翼、迎风欲飞的"广货",远销江南,曾被扬州盐商用作挥金如土的豪举："有欲以万金一时费去者,门下客以金尽买金箔,载至金山塔上,向风飏之,顷刻而散沿江草树之间,不可收复。"(李斗《扬州画舫录》

卷六)除此之外,还有一事不可忽略:五金工匠的操作流程,源于师徒传承关系。清代的金箔工艺其实是明代金箔工艺的延续,宋应星的记述提供了更详实的细节:"凡金箔每金七分造方寸金一千片,黏补物面可盖纵三尺。凡造金箔,既成箔片后,包入乌金内,竭力挥椎打成(打金椎短柄,约重八斤)。凡乌金由苏杭造成,其纸用东海巨竹膜为质。用豆油点灯,闭塞周围,只留针孔通气,熏染烟光而成此纸。每纸一张打金箔五十度,然后弃去,为药铺包朱用,尚未破损。盖人巧造成异物也。"(宋应星《天工开物》卷中,"五金"第八)

顺带说明一下清代广州出现金箔专业街的缘由。在传统社会,金箔的用途颇广。其一,用于敷贴佛像。俗谚所谓"人要衣装,佛要金装",即是指一种源出印度的礼仪:"寺内佛事,皆是石像,庄严极丽,头数甚多,通身金箔,眩耀人目。"(《洛阳伽蓝记》卷五)景德元年(1004),沙州遣使向宋真宗请求:"龙兴、灵图二寺修像,计金十万箔,愿赐之。"(《宋会要辑稿》,《蕃夷》卷五)可知修像耗去大量金箔。其二,用于包装药丸。李调元的《粤东笔记》说过:"市人制丸裹蜡,系称广丸。"贵重的药丸,则以金箔为衣,如北宋《太平惠民和剂居方》所记的"金箔镇心丸",用金箔 1200 片为衣。① 如果考虑到当年广州佛寺林立、"广丸"远销外地的盛况,对"捶金箔"的形象屡见于外销画,就不足为奇了。

(二)"卖皮草"图考

走街串巷"卖皮草",如今已销声匿迹了,但在市井画中,却是屡见不鲜的主题之一。它在清代之所以列入三百六十行,乃是时代所赐。其深远的历史背景有二,一为清代皇族豪门服用毛皮的礼仪,在朝野中蔚然成风,逐渐变成社会上层身分的标志。即使四季如春的广州,也不例外。二为广州口岸是海运毛皮的集散地,早在乾隆年间,已出现毛皮市场,货源来自美国和俄国。仅嘉庆十年(1805)一年之内,两国货船输

---

① 《范行准医学论文集》,学苑出版社 2011 年版,第 95—96 页。

入广州的贵重毛皮(海獭)就多达 18423 件。十三行商人经营毛皮者,大有人在,广州成了与恰克图齐名的皮都。① 因此,在街头叫卖毛皮,以备补换衣领或袖口之用,并不罕见。广州的竹枝词,也曾透露出这样的信息:"皮褥山绸物价谐,兔肩鹿尾市门排。"据此可以推知,"卖皮草"的商贩,是土货、洋货混合零售的。至于市门的皮草店与市井的皮草贩是否存在雇佣关系,那就不得而知了。

(三)"红船班"图考

船舶画中五花八门的船型,游弋于珠江航道。其中有一种业已消失的戏船,船身头尾涂朱红色,又称"红船"(当代仿造的红船已落成,专供夜游珠江之用)。乘船下乡演出的戏班,统称"红船班",对粤剧普及化起过很大作用。红船是成对开行的,俗称"天艇"和"地艇"。外销画是单幅画,只能选取其一,未能反映戏船组合的全貌。戏船前头立牌,写上戏班的班名。现藏大英图书馆的一幅红船图,牌上标出班名"新新凤"三字。是虚是实,尚待求证。经过辑集与此相关的遗闻,才知道清代广州确有其班。乾隆末年,江苏诗人史善长《珠江竹枝词》已有"名班第一新新凤"之句,此外还有一段伶人与士人情深谊笃的佳话流传于世。十三行颜氏后裔、南海颜嵩年遗稿《越台杂记》卷二,详载其事如下:

> 闽中陈望坡司寇若霖,未第时,游粤不遇,落魄羊城,遂传食于戏船。时有土班"新新凤"武生大眼珠者,异而饭之,留司会计,若淮阴之遇漂母也。年余,岁逢大比,有感于中,咨嗟不已,遂为珠所觉,叩其故,以实告之。珠慨然告同侪,醵百金,办装归里。是科中式,联捷入词馆,珠竟不知也。道光初年,秉粤臬,甫下车,两首领晋谒,即饬查珠存活。邑令误会其意,差拘辕门。陈邀入署中,款留数日,赠朱提一千,令辍业焉。

---

① 另详本书专章《俄美公司与广州口岸》。

此事发生在嘉道之际，正是"红船"火红的年代。"大眼珠"有眼有珠，竟能识贵人于未第之时。陈望坡中举当官后也知恩图报，"赠朱提一千"即白银千两（汉代朱提县产善银，故"朱提"为银的代称），让"大眼珠"脱班享清福去。可以设想，红船班"新新凤"的取名命意，似取自晚唐诗人韩偓的名句"雏凤清于老凤声"。至于新上加"新"，则表明改组后，班主强烈的创新意识。难怪以武生为首的"老倌"（演员）们，会那样重义轻利了。

　　清代广州的外销画，尽管不是纪事文本，却是重要的形象化史源，其价值不限于为历史叙事提供插图，更在于蕴涵有丰富信息，尚待有心人去提取和阐释。近年已有学者对一批创作年代明确的建筑类画片进行编年研究，揭示出十三行街区布局的沿革和商馆的变迁。① 这样的"图考"是别开生面的，可以说发于画而归于史，足以加深对洋舶时代广州口岸文化的认识。

---

　　① Paul A. van Dyke and Maria Kar-wing Mok, *Images of the Canton Factories 1760—1822*, Hong Kong University Press, 2015, pp. 83—98.

广州风水观念"会城状如大舶"剖析

明清之际,广州民间流传过"会城状如大舶"的风水观念,源出形胜家,其先验性和诡辩性是不言而喻的。屈大均《广东新语》卷十九,早已记录在案:

> 形家者常谓会城状如大舶。二塔(花塔、光塔)其樯,五层楼其舵楼云。

按风水先生的说法,广州的轮廓像海船,前樯后舵,坐北朝南,是注定面向大洋的。难道自古以来,广州就有这样的"地灵"吗?花塔建于萧梁,光塔建于唐宋,都是前代遗物。只有五层楼是明洪武十三年(1380)建于越秀山左的新建筑,初名望海楼,后改称镇海楼。据此可知,由二塔一楼组合的风水观念是十四世纪末才形成的。它出现于从市舶时代到洋舶时代的转变过程中,可说应运而生,但毕竟是倒果为因的形家杜撰,把广州的地形地物神秘化了。我们应当从历史中来剖析玄言。

一、"海事"与海洋意识的觉醒

广州位于滨海地域,南粤先民的海洋观念,在广州话中有独特的表达方式:"凡水皆曰海,所见无非海也。出洋谓之下海,入江谓之上海也。"①

---

① 李调元:《南越笔记》,《小方壶斋舆地丛钞》第九帙,第229页。

原始的海洋观念,来自靠海吃海的生存状态,尚未融入丰富的海事内涵。到了唐代中期韩愈在评价广州刺史兼岭南节度使孔戣的政绩时,才首次明确提出"海事"概念,内容不仅涉及海神祭仪,而且涵盖海舶事务,即废止蕃舶的税外之税和延长海商遗产的有效继承期。[①] 可以说,唐人海洋意识的觉醒,大抵是由广州海事引发而来的。下面列举数事,以备参证。

其一,唐置市舶使于广州,始于开元初。此外又有临时派遣的"押蕃舶使"和"结好使"。置使的宗旨在于用羁縻手段收海舶之利,从海洋上为王朝开辟财源。经过制度化之后,便享有"天子南库"之誉了。

其二,天宝十载,唐玄宗封南海神为广利王,定祭仪,命祀官,每年一祭。南海神最贵,在北东西三神之上,尊号"广利",盖有广开海舶之利的深意存于其中。

其三,贞元年间,宰相贾耽撰《海内华夷图》,南海通路以广州为起点,称"广州通海夷道"。从南中国海到西印度洋的海洋交通地理,包括沿途所经的山、洲、城、国共百余处,第一次有了明确的表述,堪称广州海事的文化硕果。

其四,由广州泛舶南海,通过海路赴印求法的高僧人数激增,盛极一时,详见义净《大唐西域求法高僧传》。可知海洋意识的觉醒,在僧俗两界均有明显表现。

其五,唐末李珣著《海药本草》,收录海外香药131种,详记名称、产地、性状和类别,形式上是一本药书,实质上是一份"舶上来"的香药清单。舶货输入广州后再向腹地扩散,故有多种海药又称"广药"或"广香"。

其六,"舶"字在唐诗中出现,作为诗人咏叹的海外事物,均与岭南题材的诗篇有关,是前代所未见的。另详本书之《"舶"字述略》,不再赘述。

唐人海洋意识的觉醒,与广州海事密切相关,于史有征,于物有证。以上只勾画出粗略的轮廓,尚待贤者精详论证。

---

① 《韩昌黎文集校注》卷七,上海古籍出版社1986年版,第486、531页。

二、"广府"与市舶贸易的制度化

"广府"是广州都督府的简称,起源于唐代。① 市舶时代的蕃商称广州为"广府"(Khanfu),正像洋舶时代的洋商称广州为"广东"(Canton)一样,都是特定条件下特定的历史符号,标志着广州从中古到近代的国际地位。

市舶贸易是旧式的国际贸易,也即披着"朝贡"外衣的季节性贸易。广州是市舶贸易的发源地,也是市舶事务制度化的先行区。置市舶使,设市舶司,办市舶宴,立市舶法,构成一个从职司、礼仪到法制的"广州模式",推行沿海诸路:

> 元丰三年(1080)八月二十七日,中书言,广州市舶条已修定,乞委官推行。诏广东以转运使孙迥,广西以转运使陈倩,两浙以转运使周直儒,福建以转运判官王子京;迥、直儒兼提举推行,倩、子京兼觉察拘拦。其广南东路更不带市舶使。(《宋会要辑稿》,《职官》第四十四)

从全局来看,虽不能说宋代市舶惟广府是瞻,但它确实借诏令以行,已经成为朝廷一项制度性安排了。形象地说,广州的"大舶"对其他"小舶"具有举足轻重的示范作用,因此才会"委官推行"。如果这就意味着广州模式是以会城地形为基础,岂不是跟历史开玩笑。

三、"西城"与市区外向格局的形成

"会城状如大舶"的风水观念,是凭借明初广州西城的地形地物编

---

① 岑仲勉先生对"广府"一名的音义,作过精确考释,澄清了文本解读的混乱。

造出来的。宋初的广州，原是一座临江而筑的子城，无左右辅翼。为加强防备，才向东西两侧扩展，形成"广州三城"。熙宁二年(1069)，修筑东城，面积四里；四年，加筑西城，周十三里，面积超过子城和东城的总和。按规划修城门七座，面向珠江的东南四门，依次为航海、朝宗、善利、阜财(郭棐《广州通志》卷十五)。取名命意，出自追求市舶之利的社会心理，是显而易见的。就广州西城的人文景观而言，这里有番塔(光塔)，有番市(舶货交易场所)，也有番巷(蕃坊人家)。较之子城和东城，它确实别有风情。"梯航犹见外夷情"(《舆地纪胜》卷八十九)，是宋代广州知府程师孟题南濠边"共乐亭"之句，堪称西城外向格局的生动写照。到明清时代，十三行商馆区也是在西城奠基，"洋楼金碧耀丹青"(袁枚句)，广州已经由面向南海延伸到面向西洋了。

在对广州海事作了长时段的回顾之后，可以说"会城状如大舶"的风水观念，是一种错位的历史认识。在它形成前七百年，已经出现"广州通海夷道"的地理记述了。作为海上贸易的枢纽，汇聚大舶与状如大舶没有任何可比性，更没有任何同一性。用地缘代替人缘，把广州崛起归结为风水效应，难免有"荒唐言"之嫌了。

不过，平心而论，游谈毕竟不等于呓语，于无稽中也可探其理由。从直观来看，二塔一楼的"天际线"确实引人注目。在迁界、海禁和闭关的年代，"会城状如大舶"作为非主流的社会舆论，似乎也表达过不通商则难以图存的民间呼声。清初岭南高僧函可和尚(1611—1659)辑录的"俗讴"正是这样说的：

> 海舶来，海舶不来无剪裁。
> 海舶来，海舶不来饱难捱。①

2017.8.25

---

① 《函可和尚集》，广东旅游出版社2015年版，第363页。"饱"，或为"饿"之误。不过，若将"饱难捱"作"难得一饱"解，似亦可通。

附录　书目举要

一、基本资料

《唐会要》，中华书局1955年排印本。
《宋会要辑稿》，中华书局1957年影印本。
《太平广记》，中华书局1961年排印本。
《旧唐书》，中华书局1975年点校本。
《新唐书》，中华书局1975年点校本。
《宋史》，中华书局1977年点校本。
《岛夷志略校释》，中华书局1981年校释本。
《广东新语》，中华书局1985年点校本。
《阿拉伯波斯突厥人东方文献辑注》，中华书局1989年汉译本。
《元大德南海志残本（附辑佚）》，广东人民出版社1991年点校本。
《澳门记略校注》，澳门文化局1992年校注本。
《海国四说》，中华书局1993年点校本。
《桯史》，中华书局1997年点校本。
《鸡肋篇》，中华书局1997年点校本。
《海药本草》，人民卫生出版社1997年辑校本。
《岭外代答校注》，中华书局1999年校注本。
《葡萄牙东波塔档案馆藏清代澳门中文档案汇编》，澳门基金会1999年排印本。
《诸蕃志校释》，中华书局2000年校释本。
《两种海道针经》，中华书局2000年校注本。
《大唐西域求法高僧传校注》，中华书局2000年重印本。
《南海寄归内法传校注》，中华书局2000年重印本。
《通制条格校注》，中华书局2001年校注本。
《海录校释》，商务印书馆2002年校释本。
《粤海关志》，广东人民出版社2002年点校本。

《夷坚志》,中华书局2006年点校本。
《萍洲可谈》,中华书局2007年点校本。
《法显传校注》,中华书局2008年校注本。
《广东金石图志》,线装书局2015年排印本。
《东印度公司对华贸易编年史》,广东人民出版社2016年中译本。

二、期刊和丛刊

《海交史研究》(泉州)
《海洋史研究》(广州)
《国家航海》(上海)
《文化杂志》(澳门)
《中国海洋发展史论文集》(台北)

三、辞书和地图
（按第一作者姓氏音序排列）

陈佳荣、谢方、陆峻岭编：《古代南海地名汇释》,中华书局1986年版。
黄时鉴、龚缨晏：《利玛窦世界地图研究》,上海古籍出版社2004年版。
谭广濂：《香港与华南历史地图珍藏》,中华书局(香港)有限公司2010年版。
郑若曾撰、李致忠点校：《筹海图编》,中华书局2007年版。
朱鉴秋、李万权主编：《新编郑和航海图集》,人民交通出版社1988年版。
朱鉴秋、陈佳荣、钱江、谭广濂编著：《中外交通古地图集》,中西书局2017年版。
India-Asean Archaeology Atlas from Satellite Data, Bangkok, 2016.

四、中文论著
（按第一作者姓氏音序排列）

岑仲勉：《中外史地考证》,中华书局2004年版。
陈国栋：《东亚海域一千年——历史上的海洋中国与对外贸易》,山东画报出版社2006年版。
陈国栋：《清代前期的粤海关与十三行》,广东人民出版社2014年版。
陈希育：《中国帆船与海外贸易》,厦门大学出版社1991年版。
冯承钧：《中国南洋交通史》,商务印书馆1937年版。
关履权：《宋代广州的海外贸易》,广东人民出版社1994年版。

广东省文物管理委员会编:《南海丝绸之路文物图集》,广东科技出版社 1991 年版。
国家文物局编:《海上丝绸之路》,文物出版社 2014 年版。
韩振华编:《南海诸岛史地考证论集》,中华书局 1981 年版。
黄启臣主编:《广东海上丝绸之路史》,广东经济出版社 2003 年版。
李庆新:《濒海之地——南海贸易与中外关系史研究》,中华书局 2010 年版。
李玉昆、李秀梅:《泉州古代海外交通史》,中国广播电视出版社 2006 年版。
梁嘉彬:《广东十三行考》,广东人民出版社 1999 年版。
林天蔚:《宋代香药贸易史》,台北中国文化大学出版社 1986 年版。
罗香林:《蒲寿庚研究》,香港中国学社 1959 年版。
罗香林:《唐代广州光孝寺与中印交通之关系》,香港中国学社 1960 年版。
宋岘:《回回药方考释》,中华书局 2000 年版。
宋正海等:《中国古代海洋学史》,海洋出版社 1986 年版。
苏继庼:《南海钩沉录》,台湾商务印书馆 1989 年版。
田汝康:《中国帆船贸易与对外关系史论集》,复旦大学出版社 2015 年版。
王冠倬:《中国古船图谱》(修订版),生活·读书·新知三联书店 2011 年版。
王巨新:《清朝前期涉外法律研究——以广东地区来华外国人管理为中心》,人民出版社 2012 年版。
吴文良、吴幼雄:《泉州宗教石刻》(增订本),科学出版社 2005 年版。
谢方:《谢方文存》,中华书局 2012 年版。
徐俊鸣:《岭南历史地理论集》,中山大学学报编辑部 1990 年版。
曾昭璇:《广州历史地理》,广东人民出版社 1991 年版。
张维华:《明史欧洲四国传注释》,上海古籍出版社 1982 年版。
张秀民:《中越关系史论文集》,台北文史哲出版社 1992 年版。
章巽:《章巽文集》,海洋出版社 1986 年版。
章文钦:《广东十三行与早期中西关系》,广东经济出版社 2009 年版。
赵春晨、冷东主编:《广州十三行与清代中外关系》,世界图书出版公司 2012 年版。
庄为玑:《海上集》,厦门大学出版社 1996 年版。

五、汉译论著
(按第一作者姓氏汉译音序排列)

伯希和著、冯承钧译:《郑和下西洋考·交广印度两道考》,中华书局 2003 年版。
大庭脩著、朱家骏译:《唐船图考证》,海洋出版社 2013 年版。
费琅著、冯承钧译:《昆仑及南海古代航行考·苏门答剌古国考》,中华书局 2002 年版。
亨特著、冯树铁、沈正邦译:《广州番鬼录·旧中国杂记》,广东人民出版社 2009

年版。
柯丁著、鲍晨译:《世界历史上的跨文化贸易》,山东画报出版社2009年版。
劳费尔著、林筠因译:《中国伊朗编》,商务印书馆1964年版。
林肯·佩恩著,陈建军、罗燚英译:《海洋与文明》,天津人民出版社2017年版。
荣振华等著、耿昇译:《16—20世纪入华天主教传教士列传》,广西师范大学出版社2010年版。
桑原骘藏著、陈裕菁译订:《蒲寿庚考》,中华书局1954年版。
桑原骘藏著、杨炼译:《唐宋贸易港研究》,山西人民出版社2015年影印本。
苏基朗著、李润强译:《刺桐梦华录》,浙江大学出版社2012年版。
藤田丰八著、何健民译:《中国南海古代交通丛考》,山西人民出版社2015年影印本。
藤田丰八著、魏重庆译:《宋代之市舶司与市舶条例》,山西人民出版社2015年影印本。
王赓武著、姚楠译:《南海贸易与南洋华人》,香港中华书局1988年版。
夏德著、朱杰勤译:《大秦国全录》,商务印书馆1964年版。
伊本·胡尔达兹比赫著、宋岘译:《道里邦国志》,中华书局1991年版。
伊本·白图泰著、李光斌译:《异境奇观——伊本·白图泰游记(全译本)》,海洋出版社2008年版。
佚名著,穆根来、汶江、黄倬汉译:《中国印度见闻录》,中华书局1983年版。

六、外文论著

Dyke, Paul A. van, *Merchants of Canton and Macao, Politic and Strategies in Eighteenth-Century Chinese Trade*, Hong Kong University Press, 2011.
Hādī Hasan, *A History of Persian Navigation*, London, 1928.
Hirth, F. and W. Rockhill, *Chau Ju-Kua, on the Chinese and Arab Trade in the 12th and 13th Centuries*, St. Petersburg, 1911, reprint Amsterdam, 1966.
Hourani, G. F., *Arab Seafaring in the Indian Ocean in Ancient and Early Medieval Times*, Princeton University Press, 1951.
Karl Reinhold Haellquist ed., *Asian Trade and Routes, Continental and Maritime*, Curzon Press, 1991.
Krahl, Regina and John Guy, *Shipwrecked, Tang Treasures and Monsoon Winds*, Singapore, 2011.
Miksic, John, *Old Javanese Gold*, New Haven, 2011.
Pelliot, Paul, *Notes on Marco Polo*, V. I—III, Pairs, 1959—1973.
Tampoe, Moira, *Maritime Trade Between China and the West: an Archaeological Study of the Ceramics of Siraf (Persian Gulf), 8th to 15th Centuries*, A. D.

Oxford, 1989.

Wade, Geoff, *Southeast Asia-China Interactions*, Reprint of Articles from the JMBRAS, NUS Press, 2007.

桑原骘藏:《蒲寿庚の事踪》,岩波书店,昭和 23 年。

藤善真澄译注:《诸蕃志》,关西大学出版部,平成 3 年。

М. Ю. Ульянов, Чжоу Цюй-фэй, За Хребтами. Вместо ответов, Москва, 2001.

后　记

　　本书完稿之日,正是我大学毕业六十周年之时。一个甲子过去了,在历史学的园地里,我从一名年轻的学徒,变成一名年老的学人。"流光容易把人抛,红了樱桃,绿了芭蕉。"在求知的路上,个人取得的学术成果寥寥无几,有负师辈、亲朋的厚望,悔愧而已,岂敢自矜。饮水思源,谨以此书纪念对广州海事研究有开创之功的岑仲勉先生(1886—1961),聊表白头弟子感师恩、颂师德之微意。

蔡鸿生
二〇一七年八月二十五日
记于广州康乐园寓所